90년대생들이 ———— 정말 원하는 것

공정하지 않다

박원익 · 조윤호 지음

지와인

진보 정치에 뛰어들었을 때, 나는 20대였다. 20대의 친구들과 함께 새로운 세상을 만들겠다고 이 길을 달려왔다. 오늘 청년들의 목소리를 들으면서 놀란다. 당신들에게는 당신들만의 가능성이 있다. 이 책을 통해 그 가능성이 더 많은 청년들의 가능성이 되고, 그리하여 새로운 미래를 열기를 바란다. 그 미래를 여는 일에 나는 나의 몫을 다하는 것으로 끝까지 함께 하겠다. 오늘을 바꾸는 진짜 무기를 찾는 여러분을 응원한다.

심상정 | 정의당 당대표

한국 사회의 '태풍의 눈'으로 떠오른 청년세대. 성장배경부터 기성세대와 확연히 다른 2030들. 불공정·불평등에 분노하는 90년대생들. 미래의 권력을 잡고 싶다면 이 책에 답이 있다. 이 책은 청년들의 마음속을 들여다보는 창窓이다.

안일원 | 여론조사전문기관 리서치뷰 대표

"세대가 아니라 세상이 바뀐 것이다." 이는 내가 인터뷰와 강연에서 중점적으로 하는 말이다. 새로운 시대에 기존의 가치관으로 특정 세대를 별종으로 취급하는 일은 합당하지도 않고 합리적이지도 않다. 그리고 이미 변해버린 이 탁한 세상 속에서는 기성세대와 새로운 세대 그리고 남녀가 편을 나눠서 전쟁을 펼칠 이유도 없다. 이 불확실한 환경은 누구의 잘못도 아니다. 우리 모두는 단지 '공정함' 그리고 '서로에 대한 존중'을 이야기하고 있을 뿐이다. 그러한 점에서 이 책은 우리가 집중해서 극복해야 할 '최종보스'가 무엇인지 그리고 그 해법이 무엇인지에 대한 고찰을 담고 있다. 특히 본인 또한 『90년생이 온다』의 저술에 두 저자의 기존 저작물에서 많은 도움을 받았다. 꾸준한 연구를 통한 좋은 저서를 내준 것에 깊이 감사드린다.

임홍택 | 『90년생이 온다』 저자

이 책은 세대, 계급, 젠더를 둘러싼 당신의 생각과 이에 반대하는 생각을 모두 다루고 있다. 저자들은 '용맹'스럽게도 이를 '객관적'으로 진단한다. 나아가 청년세대를 격려하고 행동의 방향까지도 제시한다. 책을 읽는 동안 스스로의 생각을 바로잡아가며 해석과 대안의 대부분에 공감하게 될 것이라 믿는다. 함께 나머지를 채우고 실천할 용기도 얻게 될 것이다. 나서서 동세대 부모들에게 읽으라고 권할 생각이다. 우리 시대의 모든 이에게 이 책이 절실하다.

천호선 | 노무현재단 이사

세상을 변화시키고 싶은 이들이라면 나이와 관계없이, 위치와 관계없이 반드시 그 시대의 청년들과 소통해야 한다. 소통하겠다는 목적이 없으면, 청년세대에 대한 어떤 판단도 유효성을 갖기 어렵다. 어떤 소통이어야 할까. 이 질문에 실마리를 주는 책이다.

최재성 | 더불어민주당 국회의원

그들이 우리의 미래를 결정짓는다

청년들은 오늘의 현실과 어제의 비참을 비교하지 않는다.
그들이 비교하는 것은 오늘의 현실과 내일의 가능성이다.
독일 총리 빌리 브란트의 인터뷰 중에서

"당신은 다음 세대가 더 나은 세상에서 살 수 있도록 여러 가지 일을 해왔다. 혹시 오늘날의 청년들이 배은망덕하다고 생각하는가? 너무 맹목적이라고 생각하는가?"

1973년, 이탈리아의 여성 언론인 오리아나 팔라치가 독일 총리 빌리 브란트Willy Brandt를 인터뷰하면서 던진 질문이다. 당시 독일 청년들이 반정부 시위를 벌이는 것을 보고 그의 생각을 묻는 질문이었다. 청년들의 삶을 개선하기 위해 노력해온 진보적인 정치인으로서 정부에 시위하는 청년들이 괘씸하지 않냐는 뉘앙스 섞인 질문에, 빌리 브란트 독일 총리는 다음과 같이 답한다.

오늘날 청년들은 '오늘의 현실'과 '어제의 비참'을 비교하지 않는다. 전쟁 이후에 우리를 질식하게 만든 비참함과 비교하지 않는다.

공정하지 않다

청년 대다수는 우리가 전후의 비참함 속에서 허우적대고 있을 때 아직 태어나지도 않았다. 그들이 비교하는 것은 오늘의 현실과 내일의 가능성이다. (…) 청년들은 우리처럼 생각하지 않는다. 우리는 저울 위에 지금 가진 것과 1945년이나 1946년에 가졌던 것을 올려놓고 비교하면서 말한다. "잘 해왔네! 그래 잘했어!" 그리고 오늘의 청년들 앞에서 우리가 해온 일을 방어한다. "여러분 가운데 그 누구도 우리가 이룩한 많은 일에 대해 우리의 자부심을 없앨 순 없다"고 말한다. 하지만 그들이 내가 고민하는 문제를 고민하지 않기를 바란다. 내 문제는 그들의 문제가 아니다. 따라서 나는 내 시간을 방어하고 그들은 그들만의 시간을 방어한다.

빌리 브란트는 1969년부터 1974년까지 서독의 총리를 지냈다. 그는 독일사회민주당 출신의 총리였지만 10대 시절에는 조선소 노동자로 일하며 더 급진적인 독일사회주의노동자당에서 활동하기도 했다. 나치에 저항하여 망명생활을 했고 패전 후 돌아와 연합정치를 통해 총리에 올랐다. 전쟁으로 폐허가 된 독일을 재건하는 것은 물론 전 유럽의 자유와 평화를 위해 평생을 바쳤다. 그런 그에게 당시 독일 청년들의 반정부 시위는 서운했을지 모른다. 그러나 브란트는 이렇게 말한다.

"오늘의 청년이 불만을 갖지 않는다면, 독일의 내일은 없습니다."

: 90년대생들이 정말 원하는 것

『공정하지 않다』는 일차적으로 오늘날 청년세대의 '자기시간'을 설명하고자 하는 차원에서 쓴 책이다. 빌리 브란트의 말대로 모든 세대는 각자의 자기시간과 자기문제를 갖고 있다. 지금의 6070세대는 청년기에 빈곤과 전쟁, 산업화라는 과제를 안고 있었다. 586세대는 민주화라는 과제로 싸웠으며 40대들은 문화적 풍요를 누렸으나 사회에 갓 진출했을 때 IMF 사태를 맞았다. 이명박정부에서 희망버스를 탔던 30대들은 보수 정권 아래에서 심해지는 불평등을 겪으며 혐오와 체념에 지친 세대가 되었다. 오늘의 20대들은 어떤가. 그들은 IMF 사태와 글로벌 금융위기 이후 경쟁 시스템 속에서 자랐다. 동시에 촛불혁명이라는 세계사에 유례없는 경험을 한 세대들이다.

이처럼 세대마다 자신들의 청년기 때 가졌던 자기시간과 자기문제가 따로 있다. 중요한 것은 20대에 어떤 경험을 했는지가 평생 그 세대의 가치관과 행동 방식을 결정한다는 것이다. 그렇기 때문에 한 사회의 과제도 그 사회의 청년들이 안고 있는 고민이 무엇인지에 따라 달라진다. 그들의 불만이 우리의 미래를 결정짓는다. 각 시대의 청년들이 가진 불만이 어떻게 해소되느냐에 따라 그 사회의 미래가 결정된다.

여기서 주목할 점은 각 시대의 청년들이 원하는 '더 나은 미래'의 내용이 시대에 따라 달라진다는 것이다. 똑같이 정의로운 사회를 말해도 80년대 청년세대가 추구했던 '정의'로운 사회와 오늘 90년대생들이 지향하는 '정의'로운 사회는 확연히 다르다. 똑같이 '공정'을 요구해도 과거 청년세대의 공정함의 기준과 오늘 청년세대의 공정함의 기준은 다르다. 이 책이 "공정하지 않다"를 제목으로 삼은 것도 이 때문이다. 오늘날 '공정'이라는 가치에 대한 정의가 어떻게 바뀌었는지를 알아보는 게 바로 이 시대의 문제를 아는 일이기 때문이다.

* * *

오늘의 20대를 제대로 이해하는 것은 '변화한 세상을 이해하느냐 못하느냐'의 척도가 된다. 우리가 변화한 세상을 이해하지 못하면 어떻게 될까. 엉뚱한 해석만 늘어놓게 된다. 문재인정부에 대한 20대 청년들의 지지율이 하락한 것을 두고 서로 다른 해석을 하는 게 대표적이다. 가장 진보적이라는 20대가 촛불로 탄생한 문재인정부를 지지하지 않는다는 사실은 2018년 말부터 큰 화제였다.

리서치뷰의 2018년 12월 말 여론조사에 따르면 '문재인정부의 청년세대 지지율 하락 원인'으로 2030세대는 일자리·주거 등 사회경제적 문제(31%), 북한문제 몰두(24%), 성별갈등 관련 대응 미흡(20%) 등을 꼽았다. 이 중 남성 청년들은 성별갈등 관련 대응 미흡(32%), 일자리·주거 등 사회경제적 문제(29%), 북한문제 몰두(25%)를 주요 원인으로 꼽았으며, 여성 청년들은 일자리 · 주거 등 사회경제적 문제(34%), 북한문제 몰두(23%)를 가장 문제라고 대답했다.

보수파는 '북한문제 몰두'라는 원인에 주목하며 청년들이 문재인정부의 친북행보에 반감을 가진다고 반색을 표했다. 진보파는 남녀의 차이를 부각시켰다. 젠더 문제에 불만을 가지는 20대 남성이 우경화된 것처럼 교육을 못 받아서 그런 것처럼 몰아갔다. 둘 다 틀렸다. 보수파의 논리로는 문재인정부가 남북관계를 주도적으로 해결해 나갈 때 다수의 청년들이 정부를 지지했다는 점을 설명할 수 없다. 진보파의 논리로는 불과 몇 년 전 남녀를 가리지 않고 청년들 모두가 앞장서서 최고 권력자를 끌어내렸다는 점을 설명하지 못한다.

우리가 주목해야 할 것은 차이가 아니라 공통점이다. 2030세대 모두 일자리 · 주거 문제 같은 사회경제적 문제에 가장 불만이 많다는 공통점 말이다. 남성 청년들은 일자리도 구하기 힘든데 정부가 북한문제에 몰두하고 페미니즘에 편향적인 정책만 내놓는다고 생각하고 반응한 것이다. 즉, 정작 중요한 일은 하지 않고 있다고 분노한 것이다.

오늘날 우리가 목도하는 것은 바로 '청년세대계급'의 탄생이다. 청년세대계급이라는 용어는 청년세대 전체가 하나의 계급적 유사성을 가지게 되었다는 뜻이다. 대학진학률이 80퍼센트에 육박하는 시대에 지금의 청년세대는 동일 세대 안에서의 유사성이 과거 그 어떤 세대보다 높다. 이들은 20대의 대부분을 사회진출을 준비하는 '산업예비군'으로 보낸다. 취직을 준비하는 기간이 이토록 긴 세대는 없었다. 또한 이 세대 대부분이 사회에 진출하는 처음 형태가 비정규직이라는 공통점도 갖고 있다.

한 사회에서 가장 어려운 처지에 있는 이들이 누구인지, 하층 계급이 누구인지 물을 때 각 사회마다 떠오르는 대표적인 계층이 있다. 어떤 사회에서는 이민자일 수도 있고 어떤 사회에서는 특정 인종일 수도 있다. 오늘날 한국 사회에서는 편의점에서 심야 아르바이트를 하고 학자금 대출에 허덕이며 취업준비를 하는 20대가 바로 이 자리를 차지하고 있다. 한 세대가 계급의 이미지를 대표하고 있는 것이다. 이에 『공정하지 않다』에서는 오늘의 2030세대들을 '청년세대계급'으로 명명하고자 한다.

문제는 이들이 자신들을 대변하는 정치적 세력을 갖고 있지 못하다는 점이다. 오늘날 90년대생들은 후대에 촛불세대로 불릴 세대지만 현재 이들만의 요구를 대변하는 세력도 조직도 지도자도 없다. 온라인 세계에서 개인으로만 존재한다. 따라서 이들의 목소리를 이해하는 데 여러 가지 잡음이 발생한다. 보수화, 혐오, 이기주의 등이 바로 이와 같은 잡음 때문에 발생한 오해들이다. 청년세대에게 가장 시급한 것은 자신들의 '진짜 목소리'를 대변하는 스피커를 만드는 것이다.

: 90년대생들이 정말 원하는 것

이 지점에서 이 책을 쓰게 된 두 번째 목표를 밝히고자 한다. 이 책은 청년세대의 목소리를 이해하는 데 그치지 않고 나아가 그 목소리가 원하는 우리 사회의 실질적인 변화를 일으킬 수 있는 방법에 대해 이야기하고자 한다. 우리가 지닌 차이보다 공통점에 주목하는 것이다. 그래야 문제를 해결해 나갈 해법을 찾을 수 있기 때문이다.

* * *

또한 『공정하지 않다』는 세대갈등론의 함정에 빠지지 않으려고 노력했다. 이른바 '세대착취론'이 유행하면서 기득권을 가진 586세대가 20대에게 양보해야 한다는 식의 주장이 득세한다. 장년층의 임금피크제와 쉬운해고를 청년층을 위한 노동개혁이라 주장했던 박근혜정부는 물론 진보파 내에서도 이런 주장이 나온다.

하지만 이런 주장은 윗세대 내부의 가난과 불평등을 외면하는 결과만 낳는다. 586세대가 20대에게 양보하라는 주장이 득세하면 가장 피해를 볼 사람들이 누구일까. 임금피크제와 정년단축이 실행되면 하층 계급의 아버지와 어머니가 일자리를 잃는다. 이들에게는 모아둔 자본이 없다. 부모는 취업을 준비하는 아들딸을 뒷바라지할 수 없고, 당장 가족의 생계부터 위태로운 상황에 내몰린다. 그렇게 되면 자녀들은 빨리 취업전선에 뛰어들어야 하고 열악한 일자리라도 마다할 수 없다. 결국 가난이 악화되고 대를 이어 세습되는 결과가 이어진다. 무엇보다 한국 사회는 급격한 고령화 시대를 맞고 있다. 고령화 시대에는 누구나 더 오래 일할 권리를 보장받아야 한다.

지금의 20대 청년들은 윗세대의 양보가 아니라 공정한 세상을 원한다. 그 목표 앞에서 세대갈등도 성별갈등도 모두 '페이크 보스Fake Boss'일 뿐이다. 청년의 삶과 국민 다수의 삶을 피폐하게 하는 '최종 보스'는 따로 있다. 우리가 싸워야 할 최종 보스는 '불공정하고 불평등한 세상'이다. 영화 〈어벤저스 : 엔드게임〉에서 최종 보스 타노스를 물리치기 위해 타노스에게 당한 자들이 모두 하나로 뭉쳐야 했듯이 최종 보스를 이기려면 불평등하고 불공정한 세상에 맞서려는 모든 이들이 하나로 뭉쳐야 한다.

지금 필요한 것은 '양보'가 아니라 '더 과감한 상상력'과 '현실이 바뀔 수 있다는 믿음'이다. 지난날 북유럽의 사회민주주의자들이 여러 정치 세력을 설득하면서 이루어낸 복지국가, 여든이 다 된 미국의 정치인 버니 샌더스가 이야기하는 민주적 사회주의, 세계 지성사를 흔든 프랑스의 젊은 정치경제학자 토마 피케티가 주장하는 조세제도의 강화, 이 모두가 과감한 상상력과 현실적 가능성을 기반으로 다수의 삶을 바꾸는 보편적인 기획이다. 이들은 청년세대의 가난을 해결하기 위해 기성세대가 양보해야 한다고 말하지 않는다. 서로 다른 성별끼리 적대하라고 말하지도 않는다.

이들이 전하는 해법은 우리에게 어렵지 않은 일이다. 우리는 이미 다수가 하나로 뭉쳐 승리하는 위대한 경험을 한 적이 있다. 2016년 촛불광장에는 성별도 지역도 세대도 중요하지 않았다. 비선실세의 권력과 자본을 물려받은 특권층 자식이 "네 부모를 원망해"라고 했지만 청년들은 부모와 함께 손잡고 촛불을 들었다. 혜화역 집회에 참여한 20대 여성과 여성할당제에 반대하는 20대 남성이 모두 그 자리에 있었다. 1,800만여 명에 달하는 촛불시민들은 비가 오나 눈이 오나 촛불을 들었고, 불의한 권력은 촛불시민들의 외침대로 심판받았다.

최고 권력자를 몰아냈으니 다음 차례는 '불평등'과 '불공정'이다. 시민들 사이에서 편을 가르고 이 싸움을 방해하는 이들은 모두 최종 보스의 부하일 뿐이다. 낡은 시대와 결별하고 진짜 세상을 바꿀 수 있는 일에 집중하자. 우리가 잃을 것은 우리를 방해하는 페이크 보스들뿐이고, 얻을 것은 세상을 변화시킬 다수의 힘이다.

1부

달라진 세대, 달라진 시대

1   자격이 없는 이들에게
기회를 주는 것은 공정하지 않다

20대의 사회 인식은 FAIR라는 네 가지 키워드로 정리된다.
공정Fairness, 성취Achievement, 개인주의Individualism, 분노Rage다.
《매일경제》 기사 중에서

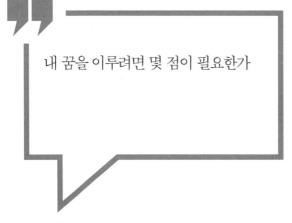

내 꿈을 이루려면 몇 점이 필요한가

"선배님, 학교 다닐 때 몇 학점 받았는지 알려줄 수 있나요?"

2013년, 대학 졸업 후 교수님의 요청으로 대학새내기들에게 취업특강을 한 적이 있다. 취업을 먼저 해본 이로서 어떤 것을 공부하고 경험해야 좋을지 나름대로 조언을 아끼지 않았다. 기자로서의 삶과 역할에 대해서도 신나게 떠들었다. 자격증이나 학점 등에 얽매이지 말고, 할 수 있는 한 다양한 경험을 해둬야 좋은 기자가 될 수 있다고 여러 번 이야기했다.

한 학생이 자신도 기자가 꿈이라고 밝히며 "학점이 얼마였냐"고 물었다. 나는 '학점보다 다양하게 경험하는 게 더 중요하다고 그렇게 말했는데……' 하고 생각하며 대충 얼버무렸다. 강연이 끝나고 몇몇 학생들이 나를 따로 찾아왔다. 그들이 하는 질문도 똑같았다. 기자가 꿈인데 학점을 좀 알려줄 수 없냐는 것이다. 그제야 그들이 정말로 학점 그 자체를 알고 싶어한다는 것을 이해했다. 순순히 알려주었다.

오늘날 20대에게는 학점을 묻는 이런 질문이 조금도 이상하지 않다. 우리 시대는 뛰어난 능력을 원하고 취업문은 좁디좁으니, 20대에게 점수와 학점은 어쩌면 무엇보다 중요한 기준이 될 수 있다. 그러나 취직이라는 건 학점만으로 결정되는 일이 아니다. 사회인으로서 직업을 갖는 것도 꼭 입사 시험이라는 형태로 결정되는 일이 아니다. 학점이나 시험보다 여러 가지 다양한 요소들이 복합적으로 작용한다. 때문에 학점보다 경험이 중요하다고 거듭 말한 것은, 기자라는 직업이 갖는 낭만을 이야기한 게 아니라 오히려 더 현실적으로 조언한 것이다. 하지만 이런 조언이 20대에게는 잘 먹히지 않는다. 이들에게 미래는 불확실하고 경쟁은 심하다. 그렇다면 경험 같은 막연한 준비에 노력을 쏟는 것보다, 확실하게 대비할 수 있고 확실하게 비교할 수 있는 것을 하나라도 더 준비하는 게 중요하다. 학점은 그중의 하나인 것이다.

1997년 IMF 이후에 태어난 아이들은 지금 만 스무 살이 되었다. 오늘날 20대들, 90년대생의 대부분 기억은 IMF 이후의 한국 사회에서 시작한다. 이들은 2008년 미국발 경제위기 시절에 성장기를 보냈다. 이들 눈에 비친 한국 사회는 정규직보다 비정규직이, 평생직장보다 상시해고가 일상이 된 모습이다. 좋은 일자리를 갖기 위해서는 바늘구멍 같은 취업문을 통과해야 하고, 끝없이 긴 경쟁의 줄에 서야 한다.

이 세대에게만 취업이 어려운 것은 아니겠지만 한국 사회를 거시적으로 보면 정도의 차이란 게 분명히 있다. 어느 시대에나 좋은 일자리를 두고 경쟁이 치열했지만, 그렇다 해도 독립적인 사회인으로서 경제생활을 할 수 있는 기회 자체가 이렇게 적은 시기는 없었다. 지금 청년세대는 태어나면서부터 불안을 학습해온 이들이다. 그래서 이들 세대만의 고유한 생존관이 만들어졌다. '믿을 건 나밖에 없다'는 사고방식이다. 『90년생이 온다』의 저자 임홍택은 한 라디오 인터뷰에서 이 세대의 특징을 다음과 같이 말했다.

(지금의 20대는) 자기중심적이라는 평가를 많이 받는다. 그런데 비

공정하지 않다

하하는 발언으로 쓰면 그들에게는 약간 억울할 수도 있을 것 같다. 왜냐하면 자기중심적일 수밖에 없는 삶을 살고 있기 때문이다. 회사에 충성해봤자 얻을 수 있는 게 없다. 선배들을 보며 정리해고, 상시해고, 수시해고를 학습해온 세대이기에 그들에게 가장 좋은 삶의 생존 방법은 자기 자신에게 집중하는 것이다.

취직을 한다고 해도 불안은 사라지지 않는다. 하늘 같은 상사가 하루아침에 정리해고되는 걸 직접 목도한다. 심지어 잘 다니던 회사가 망해서 다음날 백수가 되는 경우도 비일비재하다. 이런 시대에 승진을 꿈꾸며 회사를 믿고 상사에게 충성하는 건 바보 같은 짓이다. 그들은 자신이 승진할 수 있다는 것을 잘 믿지도 않을 뿐더러, 어차피 경영진으로 올라갈 확률도 낮은데 그 낮은 확률을 위해 경쟁에 몰입하느니 '오늘 나의 삶을 더 중요하게 여기자'라는 가치관을 갖고 있다. 이제까지 한국 사회에서 집단적으로 이런 가치관을 가진 세대는 없었다.

『88만 원 세대』라는 책이 나온 게 2007년이다. 그 뒤로 10년이 넘게 흐르는 동안 우리는 어떤 세상을 살아왔는가, 이런 관점에서 돌이켜보면 지금 20대의 사고방식을 이해할 수 있다. 이들 세대는 오로지 '늦게 태어난 죄'로 자신들이 어떤 미래를 살게 될지 너무나 잘 알고 있다. 미래가 불확실한데, 역설적으로 그 미래가 뻔하다.

: 90년대생들이 정말 원하는 것

기회와 자원이 적으면 경쟁은 과열된다. 90년대생에게는 고등학교 때 열심히 공부해서 좋은 대학 가면, 연애도 하고 놀 수도 있다는 말이 한가롭게 들린다. 이들은 10대 때도 20대 때도 서른이 되어서도, 끊임없이 경쟁해왔고 경쟁할 것이다. 경쟁의 시작점도 고등학교에서 중학교, 초등학교로 점점 빨라졌다. 정규직 입사 기회를 얻기 위해 비정규직이 되어 경쟁한다. 비정규직이라도 되기 위해 인턴이 되려고 경쟁을 벌인다. 인턴 기회를 얻기 위해 기업 서포터스, 대학생 기자단에 지원한다. 이력서 한 줄이라도 채워 넣으려 온갖 봉사활동과 스펙을 쌓는다. '우리의 소원은 통일'이 아니라 '우리의 소원은 정규직'인 셈이다.

몇 가지 통계를 보면 현재 20대가 어떤 삶을 살고 있는지 알 수 있다. 통계청이 발표한 「한국의 고용동향 2018」에 따르면 청년실업률(15~29세)은 8.9퍼센트지만 구직자까지 포함한 체감실업률은 23.2퍼센트에 달한다. 청년 다섯 명이 모여 있으면 그중 한 명 이상은 직업이 없다는 뜻이다. 취업이 어렵다 보니 아예 구직을 포기하는 사람들도 늘어나고 있다. 2018년 8월 기준으로 비경제활동인구 중 '그냥 쉬었음'은 총 182만 4,000명으로 이 가운데 20대(20~29세)가 15.7퍼센트를 차지한다.

90년대생들의 최대 고민은 사랑도 우정도 아닌 취업이다. 어느 세대나 생애주기에서 20대일 때 가장 미래가 불투명하지만, 오늘날 20대는 심리적으로만 불안정한 세대가 아니라 물질적으

공정하지 않다

로도 피폐한 세대가 되었다. 2018년 《매일경제》 기사에 20대 청년 1,000명을 대상으로 한 흥미로운 설문조사 결과가 담겼다. '현재 가장 필요한 것이 무엇이냐'는 질문에 1,000명 중 63.8퍼센트에 해당하는 청년들이 '생활비 등 경제적 지원'이라고 꼽았다. 이 결과는 청년세대 전체가 얼마나 어려운 경제 문제에 놓여 있는지를 잘 보여준다.

이 세대에게 '취업하기 힘들다'는 말은 절대적인 고용의 파이가 줄어들었다는 의미에 더해 '일자리가 일자리답지 않다'는 의미이기도 하다. 때문에 20대 청년들의 취업준비생 기간도 점점 늘어나는 경향을 보인다. 신한은행이 발표한 「보통사람 금융생활 보고서」에 따르면 2017년 기준 취업준비에 드는 총 지출의 평균비용은 384만 원이며, 평균 취업준비 기간은 약 13개월로 나타났다. 또 20대의 취업준비 기간과 비용이 전문직이나 좋은 업종일수록 더 늘어나는 추세라고 밝혔다. 20대 청년들은 왜 시간을 버리면서까지 '좋은 일자리'에 집착할까. 윗세대가 말하듯 청춘을 무기로 눈높이를 낮추고 무슨 일이든 하다 보면, 경력이 쌓이고 더 좋은 일자리로 옮겨갈 수 있지 않을까.

과거에는 비정규직 저임금 노동자로 사회생활을 시작해도 정규직으로 전환되고 평균임금 이상을 받는 일자리로 올라갈 사다리가 있었다. 그러나 이제 그런 시대는 끝났다. 비정규직으로 시작하면 평생 비정규직이다. 사정이 이렇다 보니 20대들은 처음부터 좋은 일자리를 마련하기 위해 취업준비 기간이 길어져도 견뎌낸다.

이렇게 긴 시간을 들여 준비하는 삶을 살게 되는 이들은 과연 어떤 가치관을 형성하게 될까. 오로지 '나 자신'에게 집중할 수밖에 없다. 시간과 돈을 들여서 '내가 한 노력'은 너무나 소중하다. 그래서 '다른 사람의 노력'과 '나의 노력' 사이에 엄격하고 공정한 평가가 이루어지길 바란다. 이는 '업적주의'를 낳는다. 업적주의란 주어진 신분, 출신, 가문이 아니라 개인의 능력과 노력으로 얻어진 지위나 임금을 중요시하는 가치관을 뜻한다. 이런 업적주의에 위배되는 것은 이들 세대에게 '정의롭지' 않다. 이제는 누구나 열심히 노력한다. '젊은 시절에 좀 놀 수도 있지'라는 생각이 이들에게는 없다. 그래서 나보다 '덜 노력한' 누군가가 기회를 갖게 되거나 혜택을 '더 받는다면' 참을 수가 없다. 그것은 정의롭지 않은 일이고 공정하지 않은 일이기 때문이다.

미국 정치학자 마이클 샌델Michael Sandel은 저서 『정의란 무엇인가』에서 "어떤 사회가 정의로운지 알려면 우리가 소중히 여기는 것들(소득과 부, 의무와 권리, 권력과 기회, 공직과 명예)을 어떻게 배분하고 있는지 살펴보아야 한다"고 말했다. 샌델은 "정의로운 사회는 이것들을 각각 자격 있는 사람에게 배분한다"고 말하며 "어려운 문제는 누가 무슨 이유로 그러한 자격을 갖는지 따져보는 것"이라고 했다.

문제는 한국 청년세대가 볼 때 '자격 없는 이들에게 기회가 돌아가는 일'이 벌어지는 현실에 있다. 그런 일을 목격하게 되면 경쟁이 살벌한 만큼 '공정하지 못한 일'에 더 크게 분노한다. 2017년 알바몬이 대학생 3,181명을 대상으로 한 설문조사에서 '가장 중요한 가치는 무엇인가'라는 질문에 '공정'이란 답변이 16.1퍼센트로 1위를 차지했다. 우리가 소중히 여기는 것들은 자격 있는 사람들, 즉 열심히 노력하고 치열하게 경쟁해서 마침내 얻어내는 사람들에게 배분되어야 한다. 반칙으로 중간에 누가 끼어들거나 특혜를 받아 정당한 노력 없이 관문을 통과하는 건 불공정하다.

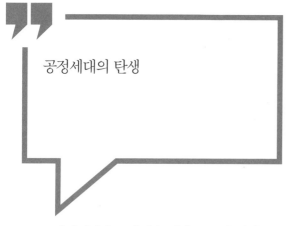

공정세대의 탄생

청년세대가 공정함을 가장 중요한 가치로 받아들이게 된 데는 지식과 기술의 평준화도 한몫했다. 이원재 랩2050 대표는 2015년 「청년세대 격차 문제와 새로운 정책 패러다임의 필요성」이라는 보고서에서 "청년세대 내 지식과 문화 격차는 어느 때보다 낮다"고 진단했다. 차이는 거의 없는데 경쟁은 더 치열하다. 이 때문에 청년세대에게는 "기회가 차단되면 과거세대보다 훨씬 더 심각한 갈등으로 번질 수 있다"는 것이다.

한국 대학진학률은 과거에 비해 압도적으로 높아졌다. 2009년 77.8퍼센트로 정점을 찍었다가 점점 줄어드는 추세이긴 하지만, 2016년 69.8퍼센트로 OECD 국가 가운데 1위를 기록했다. 이는 엄청난 변화다. 1980년대까지만 해도 한국 대학진학률은 20퍼센트 대였다. 1990년 대학진학률은 33.2퍼센트였다. 대학진학률이 20퍼센트 대였던 시대에 대학은 특별한 사람만 가는 곳이며 대학생은 소수 엘리트였다. 하지만 대학진학률이 70퍼센트 대인 지금은 대학 가는 게 특별한 일도 아니고, 대학생이 엘리트도 아니다.

기술접근성도 크게 늘었다. 개인컴퓨터의 보급률이 낮고 인터넷 사용자도 적던 시절에는 동일 세대 내에서도 새로운 기술에 대해 격차가 심하게 나타났다. 반면 지금의 20대는 중·고등학교 때부터 인터넷과 스마트폰을 끼고 살아왔다. 각종 컴퓨터 프로그램도 대학에서 전공을 뭘 했든 상관없이 웬만큼은 다룬다.

그래서 20대는 지식과 기술 측면에서 '쟤랑 나랑 다를 게 없다'고 느낀다. 다들 고등교육을 받을 만큼 받았고 기술을 다루는 능력에도 큰 차이가 없다. 그렇다면 아주 작은 차이가 관문을

공정하지 않다

통과하느냐 마느냐를 결정짓는다. 차이가 미세하기에 결과에 승복하기도 쉽지 않다. 차이가 미세하기에 '불공정함'이 조금만 개입돼도 결과가 뒤집혀버린다. 그만큼 공정한 경쟁에 민감하고 공정한 룰Rule에 대한 욕구가 클 수밖에 없다.

이 공정한 룰에 대한 열망은 종종 '공정한 시험에 대한 믿음'으로 나타난다. 2018년 7월 '숙명여고 시험 유출' 사건이 있었다. 숙명여고 2학년 쌍둥이 자매가 각각 문·이과에서 전교 1등을 차지했다. 1년 전만 해도 전교 121등과 59등이었다. 이에 대치동 온라인 커뮤니티에서는 쌍둥이 자매에 대해 의혹이 제기되었고, 서울시교육청이 특별감사를 벌이게 되었다. 이들 자매는 숙명여고 교무부장으로 근무했던 아버지를 통해 시험지를 미리 받아본 정황이 드러나 결국 퇴학당했다.

숙명여고 사건을 다루는 뉴스에서 가장 많이 보인 네티즌의 댓글은 "그냥 다 수학능력시험으로 뽑아라"는 것이었다. 숙명여고 사건처럼 내신 성적은 비리가 생길 수 있어 믿을 수 없으니, 국가에서 일괄적으로 실시하는 수능 비중을 확대하는 게 더 낫겠다는 것이다.

공정함에 대한 집착은 학생부종합전형, 이른바 '학종'에 대한 불신으로 이어진다. 학종은 원래 수능 대안으로 등장한 진보적인 교육제도였다. 단 하루에 치르는 수능으로 대학 합격 여부를 결정하는 것은 지나친 줄 세우기 교육이라는 비판이 많았다. 과거에 진보적인 시민단체나 교육단체 들이 학종을 지지했던 이유다. 수능보다 내신이나 학생부 등 고교 3년 동안 학생활동을 종합적으로 평가해 대학입시를 치르는 게 합리적이라는 판단이다. 실제 2019학년도 대입 기준으로 수시 전형 입학생의 비율은 76.2퍼센트에 달하는 반면, 수능 위주 전형 입학생은 19.9퍼센트로 20퍼센트에도 미치지 못한다.

그러나 학종도 내신 성적과 마찬가지로 사교육을 더 많이 지원할 수 있는 부유층에 유리한 것 아니냐는 비판이 높아지고 있다. 10대나 20대 청년들은 각종 입시비리가 등장할 때마다 "차라리 수능 점수로 줄 세우기를 시키는 게 가장 공정하다"는 반응을 쏟아내고 있다.

이와 같은 반응은 입시제도만이 아니라 취업 문제에도 동일하게 나타난다. 20대 청년들이 공무원시험에 몰리는 데는, 공무원이 평생직장이라는 이점도 있지만 공무원시험이 공정하기 때문이라는 믿음도 있다. 신입사원을 뽑을 때 이루어지는 심층면접이나 학교장 추천과 같은 채용 방식은 기준이 명확하지 않기 때문에 공정하지 않다고 느낀다. 그러나 공무원시험은 적어도 내가 노력해서 점수만 높으면 되는 일이기 때문에 '남 탓'을 하지 않아도 된다고 생각한다. 모두가 같은 시험을 치르고, 그렇게 받은 점수 순서대로 입사하는 공무원시험이라면 떨어져도 그 결과를 받아들일 수 있다고 생각한다.

공정하지 않다

왜 청년세대는 이렇게까지 생각하게 되었을까. 오늘날 청년세대는 초등학교 때부터 노력한 만큼 점수를 얻고, 그 점수에 따라 미래가 결정된다고 배워왔다. 그런데 현실에서는 다른 일들이 벌어진다. 몇 년 전 큰 인기를 끌었던 개그 프로그램에서 대기업 면접을 소재로 다룬 적이 있다. 최종 면접을 두고 두 청년이 경쟁한다. 둘 다 외국어 서너 개를 자유롭게 구사하고, 안 해본 게 없을 정도로 화려한 스펙을 지녔다. 서로를 견제하며 온갖 자기자랑으로 면접에 임하는 이들의 모습이 유머를 자아냈지만, 결과는 둘 다 탈락이다. 최종 합격자는 사장의 아들이었기 때문이다. 이런 현실을 받아들이기 싫은 청년들로서는 공무원 시험에 매진할 수밖에 없는 것이다. 그나마 그 시험이 공정하다고 믿기 때문이다.

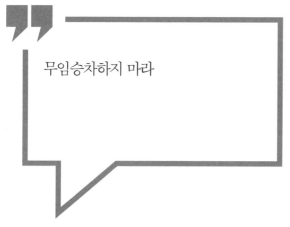

무임승차하지 마라

업적주의와 공정함을 내재한 20대가 자아내는 풍경은 과거에 '젊은 세대는 진보적'이라고 예상되던 모습과 많이 다르다. 2018년 평창올림픽에서 '남북 여자 아이스하키 단일팀'이 추진되었을 때 이제까지 노력해온 이들의 수고가 헛수고가 된다는 이유로 반대한 세대도 20대였다. 한겨레경제사회연구원의 여론조사에서 '평창올림픽 남북단일팀 구성은 올림픽을 앞두고 애써 준비했던 남한 아이스하키 선수들에게 피해를 줄 수 있는 공정하지 못한 일이다'라는 문항에 20대의 76.2퍼센트가 동의한다고 밝혔다.

이들이 민족주의나 통일에 부정적이어서 단일팀을 반대한 게 아니다. 20대는 이 사안을 비인기종목, 메달 가능성이 없는 종목이 겪은 '불공정한 대우'로 받아들였다. 메달을 딸 가능성이 높은 쇼트트랙 같은 종목에서는 이런 단일팀 논의가 나오지 않는다는 것을 지적했다. 여기에 여자 아이스하키팀 선수들의 의견이 반영되지 않았다는 사실, "여자 아이스하키가 메달권에 있지 않다"는 이낙연 국무총리의 발언에 20대는 더욱 불공정하다고 느꼈다.

'비정규직의 정규직화'를 둘러싸고도 비슷한 논란이 있었다. 20대는 기본적으로 비정규직에 반대하지만 공공기관 비정규직의 정규직화가 추진될 때, 비정규직 교사의 정규직화 논의가 있을 때 "애써 시험을 보고 들어간 사람들은 뭐가 되냐"며 반대 의견을 제시했다.

공정하지 않다

한겨레경제사회연구원이 2018년 1월 실시한 여론조사에서 응답자의 81퍼센트가 '정규직과 비정규직이 하는 일이 동일하다면 비정규직 차별을 없애고 정규직과 동일하게 대우해야 한다'고 답했다. 반면에 '어렵게 취업을 준비해 정규직으로 입사한 사람과 그렇지 않은 비정규직의 차등 대우는 불가피하다'에 동의한 사람도 61.3퍼센트나 됐다.

'하는 일이 같다면 정규직과 비정규직 사이에 차별을 없애는 건 당연히 공정한 일이지만, 모든 비정규직을 정규직으로 전환시키는 건 공정하지 않을 수 있다. 왜냐하면 정규직이 되기 위해 애쓴 사람들의 노력을 무시하는 처사일 수 있기 때문이다.' 90년대생은 이와 같이 사고하는 것이다. 이런 반응을 성급하게 일반화하면 20대가 진보적 의제에 반대하기 때문에 보수화되었다고 생각하게 된다. 그러나 20대로서는 특정 사안에 대한 의견만으로, 자신들 전체가 보수화되었다고 쉽사리 판단하는 걸 받아들일 수 없다.

일정한 기준과 자격을 갖추기 위해서 10대 때부터 노력해온 이들 세대는, 사회 전체의 이익을 위해서 개인이 희생하는 것에 대해서도 예민하다. 희생하는 개인이 있는 반면에, 혹 '무임승차자'가 생긴다면 그에 대해 심하게 분노한다. 2018년 서울교통공사 특혜 채용을 두고 논란이 일었다. 유민봉 국회의원실이 공개한 「서울교통공사 친인척 재직자 현황조사」 자료 때문이었다.

서울교통공사 임직원 1만 7,000명 가운데 1,900명이 6촌 이내 친인척 관계였다는 것이다. 이는 비정규직이나 무기계약직이었던 인원들이 정규직으로 전환되면서 벌어진 일인데, 이 논란을 두고 여러 해석이 있었다.

설득력 있는 해석 가운데 하나는 비정규직 채용 절차의 특수성 때문이라는 것이다. 김종진 한국사회연구소 부소장은 한 주간지 인터뷰에서 "정규직으로 전환된 무기계약직 중 다수는 이전에 서울교통공사에서 기간제로 일하거나 용역업체에서 일하다 무기계약직이 된 사람들"이라며 "이런 자리는 보통 공채를 하지 않고, 한다고 해도 노동 조건이 좋지 못해 모집이 잘 안 된다. 그 때문에 비정규직 고용 자체가 지인이나 친인척의 소개로 채워지는 경우가 많다"고 지적했다.

고용환경이 좋지 않은 비정규직이니까 아는 사람을 통해서 들어와도 누가 그런 걸 문제 삼을 리 없었다. 그렇지만 이들이 정규직 전환 정책 덕분에 갑자기 공공기관 정규직이 된다면 어떻게 될까. 공공기관의 정규직이 되기 위해서 노량진에서 시간과 노력을 쏟아부어야 하는 20대 청년들은 이런 정규직 전환을 무임승차라고 생각한다.

《매일경제》는 2018년 신년기획 기사에서 20대의 사회 인식을 FAIR라는 네 가지 키워드로 정리했다. Fairness(공정), Achievement(성취), Individualism(개인주의), Rage(분노)다. 이들은 공정하게 얻은 성취에 열광하고, 이 과정에서 믿는 건 나 자신밖에 없다고 생각한다. 그러면 이들이 가진 마지막 키워드 '분노'는 무엇에 대한 분노일까. 무임승차에 대한 분노다.

20대는 윗세대보다 훨씬 더 개방적이고 소통에 능하고 협업을 잘하는 세대처럼 보이지만, 대학에서 이들이 조별 토론이나 집단 과제를 그다지 좋아하지 않는 현상을 종종 목격할 수 있다. 외국 대학에서도 한국유학생들이 이런 개인주의적 행동을 보여 당황했다는 이야기가 종종 들려온다. 한국유학생들은 다른 조 모임과 경쟁하는 것은 물론이거니와, 같은 조모임 안에서도 다른 조원보다 자신이 더 높은 평가를 받기 위해서 과도하게 경쟁한다는 것이다.

한국의 대학생들은 왜 이와 같이 행동하게 되었을까. 이들 세대에게는 학점 1점이 인생을 결정짓는 중요한 차이인 것처럼 여겨진다. 때문에 조별 과제에서 아무것도 하지 않으려는 사람, 모임에 나타나지 않고 이름만 올리는 사람에 대해서 매우 민감하게 반응하고 분노한다. 그런 무임승차자가 생기는 조별 토론을 하느니, 차라리 암기식 시험을 보는 게 낫다고 생각한다.

그래서 승진에 대해서도 과거세대와 다른 이해를 보인다. 승진이란 각 부서의 조건이나 업무내용에 따라 다르게 적용되는 경우가 많지만 20대들은 이를 이해하지 못한다. 부서가 아무리 달라도, 하는 업무가 아무리 달라도, 같은 회사에 다니는데 왜 승진이 달라져야 하냐고 묻는다. 반대의 요구도 있다. 똑같이 입사한 동기라도 내가 그 친구보다 근무시간이 더 길었다면 승진이 더 빨라야 한다고 생각한다. 이에 반할 경우 납득할 수 있게 설명해달라고 회사에 당당하게 요구한다. 회사규정이란 게 오랜 시간에 걸쳐 여러 상황을 고려해 정해졌을 거라는 신뢰가 이들에게는 없다. 이들 세대의 태도가 얼핏 보면 모순적이고 이기적으로 보인다. '자신에게 유리한 쪽'으로만 상황을 설명하는 것처럼 보인다. 그러나 이는 무임승차자가 발생해서는 안 된다는 가치관이 낳는 행동이고 이들이 요구하는 건 '공정한 기준'에 대한 설명이다.

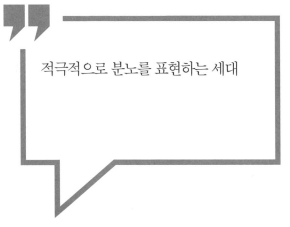

적극적으로 분노를 표현하는 세대

청년세대의 정서는 대체복무제 논쟁에서도 드러난다. 대체복무제는 종교와 양심에 따른 병역거부자들을 위해 전 세계적으로 시행되고 있는 제도다. 오랫동안 평화·인권단체에서 대체복

공정하지 않다

무제를 실현하기 위해 노력해왔다. 그런데 대법원이 양심적 병역거부를 인정하는 판결을 연달아 내리자 "양심적 병역거부라는 말은 대한민국 군필자 모두를 비양심적인 인간으로 만드는 말이다" "누구는 하고 싶어서 총 들고 전쟁 기술 배우는 줄 아나. 우리도 하기 싫다" "평화를 위해 2년을 희생하며 총을 들었던 내 가치관은 양심적이지 않은 건가" 같은 반응들이 쏟아졌다. 양심적 병역거부자들이 차별받는 소수라는 입장으로만 보면, 이런 반응들이 쉽게 이해되지 않는다.

과거에 비해 지금 20대의 경우 사회진출을 위해 준비하는 기간이 길다. 그런 상황에 2년이라는 기간을 단지 대한민국의 남자라는 이유로 후진적이고 억압적인 병영환경에서 생활해야 한다. 윗세대들은 과거에 비해 군복무 기간이 많이 단축되었는데, 2년 가지고 뭘 그렇게 억울해하냐고 반응할 수도 있다. 그러나 여전히 존재하는 군대 내 폭력 문제, 후진적인 복무환경 등은 오늘의 20대에게 '과거에 비해 참을 만한 일'이 아니라 '현재 겪어야 할 위험'이다.

만약 먼저 군복무환경을 획기적으로 개선시킨 다음이었다면 이 판결에 대해 청년세대는 다르게 반응했을 것이다. 양심적 병역거부에 대한 인정도 넓은 의미에서 적극적인 군복무환경 개선이라고 생각할 수 있었을지 모른다. 그러나 군복무환경 개선이 미진한 상황에서 양심적 병역거부에 대해 먼저 논의하자 예기치 못한 반응들이 나온 것이다. 이에 정부는 청년세대의 반발을 잠재우기 위해 양심적 병역거부자들의 대체복무를 징벌적 성격이 강화되는 방향으로 결정할 수밖에 없었다. 이것이 대체복무가 36개월 교도소 근무로 결정된 이유다.

20대의 공정함을 바라볼 때 가장 유념해야 할 점은 과거의 사회적 통념으로 이들의 행동을 이해해서는 안 된다는 것이다. 무엇보다 사회를 위해 개인이 희생할 수도 있다는 생각이 이들 세대에게는 거의 없다. 그들이 태어나서 지금까지 봐온 사회란 각 개인에게 '삶은 네가 알아서 챙겨라'고 말해왔다. 각 개인을 경쟁으로 내몰기만 할 뿐, 사회적 시스템 안에서 개인이 보호받는 경험을 주지 못했다. 그런데 강제적으로 군복무까지 해야 한다면 더 분노할 수밖에 없다.

이들의 분노가 비단 사회를 부정적으로만 보는 것은 아니다. 사회에 대한 분노는 변화에 대한 요구와 동전의 양면이다. 20대들은 그 윗세대인 30대와 또 다른 양상을 보인다. 한 세대의 사회적 정체성은 그들이 20대를 어떻게 보냈느냐에 따라 결정된다. 한국 사회의 20대는 다수 시민들이 참여해서 최고 권력자를 끌어내리는 경험 한복판에 있었다. 이들은 사회적 공정함을 요구하고 분노를 표현하는 데에 30대보다 더 적극적이다. 그렇기에 촛불혁명으로 탄생한 정부를 지지하지만, 이 정부가 공정하지 않은 행보를 보인다면 거침없이 지지를 철회하기도 한다.

공정하지 않다

이와 같은 특징은 단지 정치 이슈에만 해당하지 않는다. 이들 세대는 소비 방식에서도 '신뢰, 투명함, 공정함'이라는 키워드를 적극적으로 요구한다. 20대는 온라인을 통해 기업과 직접 소통하는 게 익숙하다. 만약 기업이 잘못을 저지르면 이에 대해 정직한 사과를 요구하고, 그 사과의 방향이 잘못되었을 때는 더 냉정하게 질타한다.

2019년 배달의민족에서 유명연예인을 비롯한 인플루언서들을 대상으로 무료쿠폰을 나눠준 것이 알려졌다. 여기에 "혜택을 주려면 더 많이 이용한 실사용자들에게 줘야 하는 것 아니냐"고 격렬하게 반발했던 것도 이 세대들이다. '내가 쓰는 앱을 유명 연예인이 쓰는 건 좋으나, 그렇다고 내 돈으로 공짜 혜택을 주는 건 안 된다'고 생각한다. 배달의민족은 사과문에서 나누는 즐거움을 위해 무료쿠폰은 5년 전부터 해온 일이라고 밝혔다가 더 거센 항의를 받았다. 5년이나 무료쿠폰을 나눠주었다는 사실에 더욱 격분한 것이다.

20대들이 좋아하는 인플루언서들을 활용한 마케팅 방법이 왜 20대에게 분노를 일으킨 것인지, 과거의 사고방식을 가진 이들은 도저히 예측할 수 없는 일이다. 30대만 해도 멘토에 열광했던 세대들이다. 그러나 20대들은 멘토나 유명인에 대한 경외심이 높지 않다. 그들 유명인들도 '나'인 대중이 존재하지 않으면 살지 못한다는 생각이 분명하다.

: 90년대생들이 정말 원하는 것

무엇보다 기성세대는 무료쿠폰 이벤트가 그토록 분노할 일인지부터 이해할 수 없다. 그러나 '기업의 이익은 소비자인 나에게서 나온다'는 경제 논리가 너무도 분명한 청년세대들은, 기업이 하는 여러 행위에 대해서도 정당하게 요구할 권리가 있다고 생각한다. 누군가에게 혜택이 돌아간다면 그것은 모두가 받아들일 '자격'이 있어야 한다고 생각한다.

2 '돈도 실력인 사회'는 공정하지 않다

코인 판에서는 아버지가 누구인지 묻지 않는다.
비트코인 규제에 대한 네티즌의 반응 중에서

아버지가 누구인지 묻지 마라

90년대생들이 갖고 있는 업적주의와 자기중심주의 가치관을 쉽게 보수화라고 규정하는 경우가 있다. 그리고 이를 '기득권을 물려받으려는 욕망'으로 해석하기도 한다. 이근형 윈지코리아 컨설팅 대표는 한 라디오 프로그램에 출연해 20대 남성이 보수

: 90년대생들이 정말 원하는 것

화되는 이유에 대해 다음과 같이 진단했다.

기회가 없는 겁니다. 이미 큰 절벽이 앞에 버티고 서 있는 거죠. 특히 가장 큰 피해자가 20대 남성이라는 겁니다, 여성보다는. 현실적인 그런 부담감 때문에. 그러다 보니까 이 남성들 입장에서 보면 가장 효과적인 경제 방책이라는 게 자기 아버지 재산을 물려받는 겁니다. 만져볼 수도 없는 돈이죠. 그러니까 어떻게 보면 자기 아버지의 재산을 어떻게 지키느냐. 그것이 결과적으로 자기에게 어떻게 돌아오게 하느냐. 이게 내면 깊숙이 다 자리잡고 있다고 보는 겁니다. 어떤 정책이 본인에게 미치는 영향 못지않게 아버지의 자산에 어떤 영향을 미치느냐. 이게 굉장히 중요한 판단 기준이 된다는 것이죠.

이와 같은 분석에 대해 2030세대 커뮤니티를 중심으로 비판이 쏟아졌다. 청년세대들은 온라인에서 "와, 누구는 상속받을 돈이 있구나. 난 빚밖에 없는데……" "물려받은 재산 1원도 없다" "애초에 아버지에게 재산 물려받을 애들은 보수 쪽 찍었지"라는 반응을 보였다.

우선 20대가 보수화되었다는 주장이 틀린 가장 단순한 이유는 청년세대, 특히 20대 남성의 경우 문재인정부 초기까지 다른 어떤 세대, 동일 세대의 여성들에 비해서도 진보 진영을 지지하는 성향이 강했다는 점이다. 그리고 과거에 비해 지지율이 낮아지기는 했지만, 여러 여론조사 결과가 확인해주듯 여전히 진보 진영에 대한 지지율이 높은 편이다. 그렇다면 과거에 비해 20대 남성들의 지지율이 떨어진 이유는 정부 정책이 이들의 입장에서 볼 때 도리어 '진보적'이지 않아서다. 즉 '공정하지 않다'고 느껴졌기 때문이라고 해석해야 한다. 게다가 젊은 남성들이 보수 정당을 압도적으로 지지하는 쪽으로 돌아선 것도 아니다. 20대가 정치에 비판적으로 변한 것과 이들이 보수 진영을 지지하는 쪽으로 돌아섰다는 것은 전혀 다른 해석이다.

무엇보다 가진 게 없는 청년세대가 아버지의 재산을 물려받기 위해서 보수화된다는 주장은 '재산을 물려줄 만한 여력이 있는 계층'에게나 가능한 관점이다. 그러나 저성장, 불평등, 고령화가 극심한 한국 사회에서 자본을 20대에게 상속해줄 수 있는 계층이 과연 얼마나 되는지 생각해봐야 한다.

물론 부모한테 상속받을 수 있는 청년들은 지금 이 시대에도 있다. 핵심은 오늘날 청년들이 속해 있는 가구의 경제력 격차가 커지고 있다는 것이다. 2008년부터 2016년까지 미성년자 46,542명이 총 5조 2,473억 원을 부모한테 물려받았다. 반면 2018년 금융위원회의 「금융실태조사」에 따르면 대학생이 아닌 만 19~31세 청년 다섯 명 중 한 명에 해당하는 20.1퍼센트가 '대출 경험이 있다'고 답했다. 이 중 15.2퍼센트는 '이자를 제때 갚지 못한 경험이 있다'고 답했다. 2017년 통계청의 「가계금

융복지조사」에 따르면 20대의 일인당 부채는 2,385만 원에 달한다. 2016년 같은 조사에 비해 41.9퍼센트가 늘어난 수치이다. 즉, 오늘날 청년세대 내부의 계급 격차가 매우 커지고 있다. 이렇게 되면 대다수 청년들이 오히려 특권층의 상속에 대해서 부정적인 입장을 가지게 된다.

프랑스 정치경제학자 토마 피케티는 저서 『21세기 자본』에서 소득 대비 자산소득의 비중이 커질 때, 자산소득이 경제적으로 차지하는 비중이 극단적으로 커질 때, 내가 부모한테 자산을 얼마나 물려받는지에 따라 사회적 계급이 결정되는 '세습자본주의'로 이행한다고 말한 바 있다. 이때 부만 세습되는 게 아니라 가난도 세습된다.

오늘날 대한민국은 청년들이 가난의 세습에서 벗어나지 못하는 사회가 되고 있다. 20대가 대한민국을 불공정하다고 생각하는 이유는, 개인의 힘으로 성공하는 게 공정하고 정의로운 일인데도 현실에서 실제 이루어질 확률이 점점 희박해지고 있어서다. 2019년 《내일신문》 신년 여론조사에서 '누구나 노력하면 지금보다 더 높은 계층으로 옮겨갈 수 있다고 생각하느냐'는 질문에 20대 응답자 44퍼센트만이 '그렇다'고 답했다.

교육도 어느덧 세습의 수단이 된 지 오래되었다. 2014년 한국개발연구원KDI에 따르면 직업계 고등학교 학생 가운데 아버지의 학력이 고졸 이하인 사람은 73.1퍼센트였다. 반면 특목고는

10분의 1인 7.9퍼센트에 불과했다. 또 직업계 고등학교 학생 가운데 가구소득이 500만 원이 넘는 비율은 4.8퍼센트에 그쳤지만 특목고는 그 10배가 넘는 50.4퍼센트에 달했다. 같은 자료에 따르면 소득 1분위(하위 20퍼센트)의 4년제 대학진학률은 39.8퍼센트였지만 소득 5분위(상위 20퍼센트)는 75.2퍼센트로 높았다. 상위 30개 대학진학률로 비교하면, 1분위는 4.3퍼센트밖에 안 되지만 5분위는 19퍼센트이다. 이처럼 내가 어떤 대학을 가는지도, 나의 공부시간과 노력 정도가 아니라 부모의 재력이 결정하는 사회가 되었다.

20대가 부모세대의 자본세습으로 얼마나 박탈감을 심하게 느끼고 있는지는 '비트코인 거래소 폐쇄 반응'에서도 볼 수 있다. 2018년 1월 법무부는 비트코인 등의 암호화폐를 강력하게 규제하겠다고 밝히며 거래소 폐쇄 가능성까지 시사했다. 이에 대해 2030세대 커뮤니티에서 유행한 말이 있다. "코인 판에서는 아버지가 누구인지 묻지 않는다." 이 말은 청년들이 '부의 세습'을 목격하며 느낀 좌절감을 단적으로 보여준다.

비정상적인 시세 차익을 노린 비트코인 거래가 도박에 가깝다면 이를 강력히 규제하는 것은 필요하다. 그 규제의 일환으로 거래소 폐쇄 가능성을 거론하자, 젊은 네티즌들은 박상기 법무부장관의 '부동산 투기 의혹'을 재조명해 연관검색어로 만들었다. 이유는 자기는 땅 투기로 돈 벌었으면서 비트코인은 도박 취급한다는 것이다. 청년세대들의 주장은 암호화폐를 규제한다면 더 큰 금액이 오가는 부동산 투기도 똑같이 강력하게 규제해야 마땅하다는 것이다. 부동산 규제에 비해 신속하게 이뤄진 암호화폐 규제를 보면서 청년세대들은 이를 기성세대의 '사다리 걷어차기, 신분상승 기회 박탈하기'로 해석한 것이다.

청년들이 보기에 삶의 기본 조건인 '주거'야말로 오늘날 한국 사회에서 가장 불공정하게 분배된 자원 가운데 하나다. 천문학적 금액이라고 느껴지는 강남아파트 가격상승분은 노력 없이 얻은 불공정한 결과물의 결정판이기 때문이다. 대다수의 청년들이 원룸에 살면서 매달 50만 원씩, 1년에 600만 원을 집세로 내기 위해 죽어라 일한다. 그런데 한쪽에서는 부모 잘 만나 큰 재산을 거저 물려받고 증여세마저 부모 돈으로 해결한다.

아버지의 재산을 지키려고 20대 남성들이 보수화되었다는 주장이 맞다면 정부는 20대 남성의 지지를 회복하기 위해 종합부동산세를 더욱 약화시키고, 부동산 정책에 대한 정부 개입을 최소화해야 한다. 하지만 이런 정책들을 실시한다면 오히려 20대 남성들이 가장 반발할 것이다. 세습과 특혜에 가장 분노하는, 집 없고 재산 없으며, 동시에 생존에 대한 부담이 높은 세대이기 때문이다.

> 나쁜 놈과 위선자 사이

　　문제는 이러한 불공정한 세습사회에 불만과 분노를 품은 청년들에 대해 기성사회가 둔감하다는 것이다. 2019년 3월 김의겸 청와대 대변인이 부동산 투기 논란에 휩싸여서 결국 사표를 냈다. 일각에서는 평생 무주택자로 살다가 처음으로 구입한 부동산을 투기로 규정하는 것은 과도하다고 변호했지만 청년들의 여론은 싸늘했다. 애초에 평생 내 집 마련이 불투명한 청년들에게 이 같은 항변은 '배부른 소리'로만 들린다. '강남 좌파'라는 말이 있는 것처럼, 586엘리트들 가운데 일부는 고성장 시대에 소득 증가와 상대적으로 낮은 집값으로 내 집 마련이 가능했던 시대적 수혜를 입었다. 비록 김의겸 전 대변인이 일찍이 강남불패신화를 일구어낸 다른 586엘리트들과 달리 늦게 '올인' 투자를 감행했을지라도, 죽어라 일하고 저축하고 대출받아도 25억 원짜리 상가건물을 산다는 건 상상도 할 수 없는 청년세대에게는 와 닿지 않는 이야기다.

이에 앞서 장하성 청와대 정책실장은 2018년 9월 한 라디오 프로그램에서 "모두가 강남에 살 필요는 없다. 내가 살고 있어서 드리는 말씀"이라고 말한 바 있다. 서울 부동산 가격이 급등한 시기에 나온 이 발언도 여론의 질타를 거세게 받았다. 당시 장하성 실장은 부동산 가격상승의 혜택을 입은 이른바 '강남 3구'라 불리는 서울 송파구의 아파트에 거주하고 있었다. 강남불패신화의 최대 수혜자가 모든 국민이 강남에 살 필요는 없다고 했으니, 상대적 허탈감을 불러일으키기에 충분했다.

이처럼 청년들은 앞뒤가 맞지 않는 기성세대의 발언에 혼란을 느낀다. 특히 촛불혁명으로 개혁정부가 들어선 이후에 이와 같은 일을 겪게 되면 반발이 더욱 거셀 수밖에 없다. 과거 부동산에 집착하는 이들을 보수로 규정하고 비판했던 진보 인사들이 정작 그렇게 많은 대출을 받아서 강남아파트를 매수하거나 건물주가 되려 한다면, 이를 어떻게 이해할 수 있겠는가. 한쪽이 나쁜 놈들이라면 다른 한쪽은 위선자들이라는 게, 오늘날 기성세대를 바라보는 청년세대의 관점이다.

2019년 6월 한국보건사회연구원이 발표한 「저출산·고령사회 대응 국민 인식 및 욕구 모니터링」 보고서에 따르면 '우리나라의 미래를 위해 주택 가격이 앞으로 어떻게 변화되어야 한다고 생각하는가'라는 질문에, 무주택자가 대다수인 20대 이하 연령대 77.9퍼센트가 '하락해야 한다'고 응답했다. 이는 전 세대 중에서 가장 높은 응답률이다. 이처럼 자신들의 미래를 위해서라도 집값 하락을 기대하는 20대는 부동산 문제에 대한 강력한 개혁이 표면화된다면 열성적인 지지자가 될 가능성이 가장 높다. 때문에 20대가 부모에게서 물려받을 자산을 기대하며 보수화되었다는 진단은 여전히 '부동산 신화'에 사로잡혀 있고, 그 신화를 현실로 만드는 게 가능했던 기성세대이기에 나온 해석이었던 것이다.

기성세대 중에서 진보 진영을 대표한다는 이들이 '기득권 엘리트' 계층으로서 위선을 드러내게 되면, 당연히 20대는 이들이 주장해온 진보적 의제에 대해서도 비판적 시각을 갖게 된다. 무엇보다 청년세대는 진보 진영이 집중해야 할 의제는 따로 있는데 집중해야 할 곳에 집중하지 않는다고 느껴지면, 한국 사회의 주요 권력이 일부 엘리트 손에 휘둘리고 있으며 이런 기득권 아래에서는 진보, 보수의 차이가 없다고 여기게 된다.

어느 세대나 엘리트 특권층에 대해 반발심을 갖고 있다. 김의겸 대변인이나 장하성 정책실장에 대해 40~50대 역시 매우 비판적이다. 다만 동일 세대의 경우 이것이 세대갈등의 양상으로 나타나지 않을 뿐이다. 반면 20대의 경우 엘리트 특권층에 대한 반발은 자연스럽게 기성세대에 대한 반발로 표현된다. 이를 두고 '진보적인 윗세대에 반발하는 아랫세대의 보수화'라고 해석해서는 안 된다.

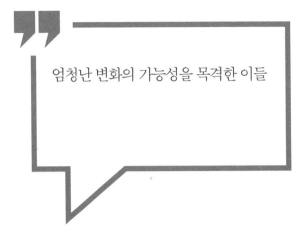

엄청난 변화의 가능성을 목격한 이들

　오히려 지금의 20대는 보수화되었다기보다 더 강력한 '공정함'을 요구하고 있고, 이것을 실현하는 데 주저하는 이들을 기득권이라 칭하며 강력하게 비판한다고 보아야 한다. 특히 20대는 공정함이라는 가치를 가지고 최고 권력자를 끌어내리는 일에 가장 앞장섰기에 과감한 변화에 대한 기대치가 높다.

　이들이 가진 공정함에 대한 분노를 상징하는 인물이 바로 이들과 같은 세대인 '정유라'이다. '최순실'이라는 이름 석 자가 언론에 등장하고 최씨와 청와대 인사들이 대기업에서 자금을 끌어모았다는 의혹이 계속 터져 나왔지만, 당시 박근혜 대통령의 지지율은 콘크리트처럼 단단하기만 했다. 그러나 이 콘크리트를 깨부순 결정적 트리거는 최순실의 딸 정유라였다.

　2016년 10월 13일 CBS 보도로 정유라가 대학에 제출한 리포

공정하지 않다

트가 공개됐다. 인터넷에 올라온 글을 짜깁기한 형편없이 쓴 리포트였다. 이 리포트로 정유라는 B학점을 받았고, 담당교수는 무슨 말인지도 모를 리포트에 '이건 왜일까요?' '괄호 안에 영어 표기를 넣어주세요'라며 친절하게 첨삭까지 해주었다.

이화여대를 포함해 청년들이 모인 커뮤니티는 정유라 리포트와 특혜 입학을 풍자하는 패러디 게시물로 도배가 됐다. 이후 정유라가 제대로 된 절차 없이 특혜를 받아 대학에 입학했다는 증거, 수업을 빠지고도 높은 학점을 받았다는 증거, 교수들이 정유라에게 특혜를 제공했다는 증거들이 줄줄이 튀어나왔다. 여기에 정유라가 과거 자신의 SNS에 올렸던 글이 청년들의 분노에 기름을 부었다. "능력 없으면 네 부모를 원망해. 있는 부모 가지고 감 놔라 배 놔라 하지 말고. 돈도 실력이야. 불만이면 종목을 갈아타야지, 남 욕하기 바쁘니 아무리 다른 거 한들 어디 성공하겠니?"

돈도 실력이라는 그녀의 말이 젊은 세대에게 어떻게 들렸을까. '저런 소리 안 들으려면, 나도 열심히 노력해서 돈을 벌어야겠다'고 마음먹었을 리 없다. 정유라의 실력이 부모의 돈에서 나오고, 그 부모의 돈이 불의한 권력을 통해 벌어들인 거라면, 그 불의한 권력을 끌어내려야 한다. 이렇게 "돈도 실력이야"는 대한민국이 불공정한 사회임을 상징하는 청년들의 캐치프레이즈가 됐다. 촛불혁명은 청년세대의 분노가 정권의 지지율에 균

열을 냈기 때문에 가능한 일이었다.

《내일신문》, 서강대 현대정치연구소, 한국리서치는 2017년 신년 여론조사에서 '국정농단이 발생한 원인이 무엇이냐'고 물었다. '비정상적 통치행위'라는 답변이 42.5퍼센트를 차지해 정경비리 유착(30.4퍼센트), 과도하게 쏠린 권력(23.6퍼센트)보다 많았다. 하지만 20대 응답자 중에는 '정경비리 유착'이 원인이라는 응답이 49.3퍼센트로 가장 많았다. 이 세대는 분배의 공정성에 대해서도 다른 어떤 세대보다 문제의식이 뚜렷했다. '우리 사회의 부가 공정하게 분배되고 있다고 생각하냐'는 질문에 응답자의 14.5퍼센트만이 '공정하다'고 답했다. 이 중에서도 20대는 12.3퍼센트만 '공정하다'고 답했다.

2016년 촛불혁명의 원인은 박근혜의 비정상적인 국정운영만이 아니다. 특히 청년세대는 비정상적인 국정운영 못지않게 불공정과 반칙, 특권으로 가득찬 대한민국에 대해 분노를 표출하기 위해 거리로 뛰쳐나왔다. "이게 나라냐"라는 구호에는 정확히 "'돈도 실력'이라는 이 나라가 진정한 나라냐"라는 의미가 담겨 있다. 정유라 사건에 대한 1심재판 판결문은 정유라 사건을 단지 입시비리 사건이 아니라 대한민국이 얼마나 불공정한지를 드러내는 상징적인 사건으로 규정한다.

최순실 씨의 범행으로 인하여 국민과 사회 전체에 준 충격과 허

공정하지 않다

탈감은 그 크기를 헤아리기 어렵다. 누구든지 공평한 기회를 부여받고, 누구든지 열심히 배우고 노력하면 그에 상응하는 정당한 결과를 얻으리라는 믿음 대신 '백back도 능력'이라는 냉소가 사실일지도 모른다는 의구심마저 우리 사회에 생기게 했다. 비단 어떤 한 사립대학의 입시 전형이나 몇몇 교수에 관한 문제에 국한된 것이 아니라 피고인들의 범행은 누구나 자신의 노력과 능력에 따라 공평하게 기회를 부여받을 수 있다는 우리 사회의 믿음을 뿌리부터 흔들리게 했다.

경쟁 논리를 내면화한 20대가 보수화되었다는 말이 맞다면, 보수화된 20대가 돈도 실력인 세상을 타파하기 위해 거리로 쏟아져 나왔으며, 무려 대통령까지 끌어내렸다는 당황스러운 결론에 도달하게 된다. 어느 나라에서 보수화된 집단이 세습자본주의와 불공정을 타파하기 위해 최고 권력자를 끌어내리는 위대한 일에 성공한 적이 있을까. 촛불혁명이 한국 역사에서 4.19혁명, 1987년 민주화운동의 뒤를 잇는 중요한 변곡점이라면, 그 시기를 정면으로 통과한 세대는 과거세대와 다른 가치관과 행동 양식을 보여줄 수밖에 없다.

> '세습사회'라는 고전적 사회에
> 던져진 세대

    공정함을 내세우는 90년대생에게 '가장 공정하지 못한 것'은 무엇일까. 바로 계층이동성이 차단된 세상이다. 통계청은 2년마다 '자기 세대 계층이동 가능성'에 대해 묻는다. 전 연령 중에서 계층이동 가능성이 상대적으로 높은 집단은 20대이므로, 이들이 어떻게 답변하는지에 따라 그 사회의 성격을 가늠할 수 있다.

    2009년 당시 20대 45.6퍼센트가 자신들의 계층이동 가능성에 대해 '비교적 낮거나 매우 낮다'고 응답했다. 그런데 2017년에 이 비율은 65.0퍼센트로 늘어났다. 과거에는 절반에도 못 미쳤다면 8년이 흐른 시점에는 3분의 2에 달하는 청년들이 자신들의 계층이동 가능성에 대해 비관적으로 생각한다.

    이 결과를 두고 이미 저성장 기조가 확연해진 한국 사회에서는 어느 세대나 이렇게 생각한다고 여길 수도 있다. 그러나 2019년 2월에 발표된 한 보고서는 이 문제가 짐작 이상으로 심각할 수 있다는 사실을 알려준다. 국회예산정책처에서 작성한 「연령-소득 프로파일 추정을 통한 세대 간 소득 격차 분석」에 따르면 생애 동안 받을 수 있는 평균 실질임금을 추정한 결과 58년생에서 72년생까지는 임금이 꾸준히 상승했지만, 외환위기 직후 노동시장에 뛰어든 78년생 이후부터는 소득수준이 정체되거나 이전 세대보다 떨어진다는 결과가 나왔다.

IMF 이후 노동시장에 진입하는 청년들의 초임 수준이 계속 낮아진 데다, 이전보다 소득증가율도 떨어지는 탓에 생애에 걸쳐 받을 수 있는 노동소득의 경우, 청년세대가 기성세대보다 더 적게 받을 수 있다는 분석이다.

저성장 기조라고 해도 지난 20여 년 동안 대한민국 경제는 꾸준히 성장해왔다. 20년 전에 비하면 오늘날 대한민국은 세계적인 강대국이다. 하지만 전세대보다 후세대의 실질적인 소득이 더 줄어드는 사회구조가 만들어졌다. 이는 IMF 이후 한국 사회가 매우 불평등한 구조를 갖게 되었다는 것을 뜻한다.

'부모세대보다 가난한 청년세대'라는 현상은 비단 한국만의 문제는 아니다. 미국이 전 세계에서 가장 높은 순위로 소득과 부의 불평등에 시달린다는 사실은 이미 잘 알려져 있다. 2017년 《파이낸셜타임스Financial Times》는 밀레니엄 세대가 왜 부모보다 경제사정이 나쁜지를 다섯 개 차트로 보여주었다. 이에 따르면 30세 미국인 청년이 부모가 30세였을 때보다 더 많이 벌 수 있는 확

(%)

100

80

60

40

20

0

1940   1950   1960   1970   1980   (출생년도)

30세였을 때의 부모보다 더 많이 버는 30세 자녀의 비중
《파이낸셜타임스》, 2014년 달러 기준

률은 출생년도를 기준으로 전후 1940년생의 경우 90퍼센트에
육박했다가 1980년생 이후로는 50퍼센트 이하로 떨어졌다. 이
는 영국에서도 비슷하게 나타나는 현상이다.

경제성장과 함께 부가 축적되고 전체소득도 늘어났는데, 왜
부모보다 가난한 자녀세대가 대규모로 나타나는 것일까. 우선
노동소득은 정체했지만 주거비와 교육비가 오른 탓이 크다. 또한
자산의 소유 집중 현상이 심화되고 자본세습 구조도 강화되면서
물려받을 재산이 적거나 없는 청년의 경우 부모보다 가난해질 가
능성이 증가했다. 이것은 몇몇 문화적 현상과도 관계가 있다.

최근 서구언론은 예전과 다르게 더 '모범생화'된 청년 문화에 주목하고 있다. 《이코노미스트》는 2018년 1월 기사에서 최근 서구 10대들에게 마약 등과 같은 일탈행위는 물론 흡연 및 알코올중독 비율이 줄어들고 첫 성관계 연령대가 높아지고 있으며, 이전과 다른 분위기가 감지되고 있다는 기사를 실었다. 이는 그만큼 취업준비 기간이 길어지고 부모에게 경제적으로 의존하는 시기가 길어진다는 것이다. OECD 교육지표에 의하면 미국의 경우 25~34세 고등교육(대학·대학원 포함) 진학률은 2009년 41퍼센트에서 2018년 48퍼센트로 증가했다. 대학진학률이 높아지면 사회진출 시기 또한 늦어진다. 서구에는 예전보다 부모한테 의존하는 캥거루족이 늘어나면서 이들 세대를 부르는 용어들도 새롭게 생겨났다. 미국에서는 이를 트윅스터twixter, 영국에서는 키퍼스kippers라고 부른다.

일각에서는 이런 현상을 우스갯소리로 '동아시아화Easternisation'라고 부르기도 한다. 과거 일부 서양인들이 좋은 대학에 가기 위해 부모한테 기대어 공부에만 열중하는 동양인 학생들을 우습게 취급했던 것을 생각해보면, 격세지감이라 해도 과언이 아니다. 여기서 우리가 주목할 것은 '부모세대보다 못사는 청년세대'라는 구조가 만들어지는 것과 그 이면에 존재하는 극심한 자본소득과 노동소득의 격차이다.

토마 피케티가 『21세기 자본』에서 말한 핵심은 오늘날 '자본소득으로 부가 증가하는 규모와 속도가 노동소득으로 부가 증가하는 것보다 훨씬 크고 빠르다'는 것이다. 이로 인해 사회 전체에서 이미 많은 부를 차지한 상위 10퍼센트까지 차지하는 부의 비중이 급속하게 늘어난다. 이렇게 되면 계층이동성이 거의 작동하지 않는 세습자본주의 사회가 된다.

일부는 이 같은 현상을 두고 기술이 발전할 때는 노동소득보다 자본소득 면에서 상대적으로 유리하게 진행된다는 의미에서 '자본편향적 기술진보'라고 설명하기도 한다. 또는 무역과 금융 전반이 세계화되어서라고 설명한다. 하지만 피케티를 비롯한 여러 학자들은 자본축적 그 자체가 재분배 시스템의 결함과 결합될 때 세습의 규모를 확대시킨다는 점을 지적한다.

경제적 불평등이 심화되는 것은 대다수 선진국에서 동시적으로 일어나는 추세다. 이렇게 되면 자본을 '먼저' 축적한 과거세대가, 노동소득을 통해 자본을 축적해야 할 미래세대의 기회를 잠식한다. 불평등이 심화될수록 집단적으로 가장 큰 고통을 겪게 되는 계층은 어느 나라에서든 바로 청년세대들이다. 영세자영업자의 소득까지 고려해도 그렇다. 영세자영업자의 소득을 노동소득으로 보정한 한국노동연구원의 분석에 따르면 한국 역시 1990년대 이래로 꾸준히 노동소득분배율이 낮아지는 추세를 보인다. 청년 노동자만 힘든 게 아니라, 청년 자영업자도 마찬가지다.

경제발전과 노동운동의 성장으로 오늘날에 비해 상대적으로 노동소득의 비중이 높았을 때는 계층이동성이 확보됐다. 그러나 오늘날 20대가 마주한 세상은 과거세대가 이룩한 자본축적으로 만들어진 '세습사회'이다. 이제 '태어나기를 어디에서 태어나느냐' 외에는 달리 방법이 없는 세상과 마주하게 된 것이다. 21세기 기술혁명 시대를 사는 젊은이들이 고전적 신분사회에 처하게 된 것이다. 불과 20년 전과 비교해도 완전히 다른 사회가 된 것이다. 지금과 달리 과거의 한국은 분명 계층이동성이 높은 나라였다. 많은 전문가들은 그 주된 배경으로 한국의 교육열이 높아서라고 입을 모아 말해왔다. 그러나 교육열 자체가 계층이동성을 확보해주지 않는다. 지금도 한국의 교육열은 높다. 서울 강남 8학군에서 지방의 소도시까지, 각자 주머니 사정에 맞추어 더 높은 학벌을 거머쥐기 위해 사교육에 몰두한다.

그러나 한국 사회에서 과도한 사교육비는 대다수 서민들이 감당할 수 있는 수준을 넘어섰다. 이로써 부모의 소득수준이 자녀의 학력에 직접적으로 영향을 미치는 구조가 만들어졌다. 오늘날 사교육비 지출을 감당하지 못하거나 부모가 가진 자산에 의지할 수 없는 청년들은 자신들이 평생 하류인생을 살 거라는 사실을 이미 '고정값'처럼 받아들이게 됐다. 한국 사회에서 교육은 계층이동이 아닌 계급고착화의 지렛대인 셈이다.

교육이 계급을 고착화하는 수단으로 변질되면서 대학진학률도 저하됐다. 2008년 당시 83.8퍼센트에 달했던 대학진학률은 2018년 69.7퍼센트로 내려앉았다. 어차피 대학을 졸업해도 마땅한 일자리도 없고 부모에게서 물려받을 자본도 없는데, 학자금 대출로 빚쟁이가 되느니 차라리 일찍 취직하는 게 낫겠다는 청년들이 늘고 있다.

그러나 일찍 취직을 한다고 해도 문제는 해결되지 않는다. '내가 버는 돈'만으로 버틸 수 없기 때문이다. 피케티가 주는 통찰에 주목하자. 피케티는 경제적 불평등은 전체 국민소득 중 노동소득이 차지하는 비중이 하락하는 것과 연동된다는 점을 지적한다. 또한 불평등한 사회는 노동소득 내부에 불평등과 양극화를 동반한다. 자산소득이 많은 사람들은 그만큼 노동소득도 높지만, 자산이 없는 사람들은 노동소득도 낮다. 부모한테 받을 유무형의 자산 없이 사회에 진출하는 청년들의 처지가 그만큼 불안정하다는 뜻이다. 오늘날 한국 사회에서 공정한 경쟁에 대한 믿음, 노력에 대한 보상, 능력주의의 가치가 불평등 때문에 흔들리고 있는 것이다.

피케티는 불평등은 민주주의 사회의 토대를 이루는 능력주의 가치들을 근본적으로 침식한다고 말한 바 있다. 때문에 오늘날 다수의 청년들에게는 그 어떤 진보적 의제보다 '경제적 자원의 분배가 공정한가'라는 문제가 가장 중요하다. 분배 정의에 민감해지면 그것이 아무리 조그마한 부당함이라도 분노하게 된다.

공정하지 않다

> ## 왜 이들은 너나 할것 없이
> ## 정치 덕후인가

　불평등한 시대에는 어느 나라든 청년세대가 사회에 대한 불만이 가장 높다. 그만큼 정치에도 관심이 높다. 청년세대는 자신들을 대변하는 이들을 적극적으로 지지하고, 새로운 정치적 흐름을 주도한다. 스페인에서 돌풍을 일으켰던 포데모스^{Podemos} 같은 급진적 정당의 주요 지지층도 청년세대들이다. 힐러리 클린턴과 경쟁했던 미국 민주당의 대선 후보 버니 샌더스의 주요 지지층도 청년들이었고, 최연소 미국 민주당 하원의원으로 당선되며 돌풍을 일으키고 있는 젊은 여성 정치인 알렉산드리아 오카시오-코르테스의 지지층도 마찬가지다.

　이들 청년세대의 지지를 받는 급진적 정치 세력은 기존의 정치체제를 과감하게 비판하지만, 오히려 기존의 정치질서를 유지하는 역할을 한다. 포데모스와 같은 정당이 존재하고 오카시오-코르테스와 같은 정치적 리더가 탄생하면, 청년들의 분노와 요구는 기존의 정치 시스템 안으로 수용된다. 이때 청년들의 분노는 변화에 대한 합리적인 요구로 바뀌고, 자신들의 분노에 대한 사회적 해법을 찾으려는 노력으로 바뀔 수 있다. 하지만 이들 세대가 정치적 대변자조차 없는 상황에 놓이면, 자신들을 쓸모없는 '잉여'라고 자조적으로 규정하게 되며 더욱 극단적인 성향으로 기운다.

다행히 한국 사회는 촛불혁명을 겪었다. 변화에 대한 믿음이 있다. 더 좋은 방향으로 변화할 수 있다는 믿음이 있을 때, 이 믿음을 실현시키는 게 전 사회적으로 매우 중요하다. 오카시오-코르테스, 버니 샌더스와 같은 진보 정치인에 열광하는 미국 청년과 586진보 엘리트에 대해 불만을 쏟아내는 한국의 청년들은, 비록 다른 정치 문화 속에 놓여 있지만 모두 같은 문제에 직면한 동시대인들이다.

오늘날 청년세대들은 불공정하고 불평등한 사회를 만든 책임이 '정치'에 있다는 것을 알고 있다. '문제는 정치'라고 학습한 세대이기 때문에, 정부에 요구하고 기대하는 수준도 높다. 그만큼 기존 체제를 유지하려는 기득권 세력에 대해 무서울 만큼 냉정하게 평가한다. 청년들은 보수 우파들이 권력과 자본의 편에서서 세습과 불공정을 옹호하는 것을 용서하지 않는다. 진보 엘리트의 무능과 위선 또한 용서하지 않는다. 청년세대들의 눈에는 우리 사회를 소수 특권층을 위한 리그로 만드는 데 동조한 보수 우

파나 학벌사회의 수혜자이자 부동산버블에 일조한 586엘리트
들이나, 오십 보 백 보의 모습으로 비춰진다.

'오십 보와 백 보는 다르다'는 게 기성세대의 입장이라면, 그
오십 보와 백 보가 왜 다른지를 증명하라는 것이 이들의 요구이
다. 오늘날의 불안정한 삶의 문제를 직접적으로 해결하는 데 소
심한 모습을 보인다면, 그건 결국 별반 다르지 않다는 것이다.
'노인은 보수적이고 청년은 진보적'이라는 선입견을 가진 기성
세대들은 진보 엘리트에게 냉소와 환멸을 퍼붓는 이런 청년세
대의 모습에 당혹감을 느낀다. 그러나 애초에 한국 사회의 청년
과 기성세대는 별세계에 사는 다른 종족이 아니다.

예를 들어 한국의 노인빈곤 문제는 청년들의 경제적 불안정
과 동전의 양면을 이룬다. 통계청이 발표한 「한국의 사회동향
2017」에 따르면 2013년 기준 66세 이상 연령대의 상대적 빈곤
율은 49.6퍼센트로 집계됐다. 이는 OECD 평균 12.6퍼센트보
다 훨씬 높은 수준이다. 노인빈곤율 통계가 보유 자산은 빼고 소
득만을 기준으로 해서 현실을 반영하지 못한다는 주장도 있지만,
소득이 낮은 노인들 대부분은 자산도 하위 계층에 속한다.

이런 노인빈곤은 청년들의 미래가 될 수 있다. 사회보장이 미비
하다면 청년 시절의 빈곤은 중·장년기 낮은 저축 수준으로 이어
지고 그 결과 노인빈곤이라는 악순환으로 귀결된다. 직장에서 정
리해고를 당하거나 조기은퇴하는 경우 빈곤의 나락으로 떨어지

는 시기는 더욱 앞당겨질 수밖에 없다.

청년들이 모여 있는 인터넷 커뮤니티에는 기초생활수급자로 폐지를 주우며 살아가는 한국전쟁 참전용사들의 힘든 현실에 공감하는 반응을 쉽게 볼 수 있다. 한국전쟁이 과거세대 다수가 겪어야 했던 역사적 비극이라는 사실을 청년들은 알고 있다. 청년들 자신도 노인빈곤 문제를 자신과 동떨어진 문제로 생각하지 않는다. 청년들도 본능적으로 '생애 초기의 낮은 소득 → 생애 후기의 낮은 자산'으로 이어지는 빈곤의 악순환 고리를 느끼는 것이다.

지금 청년세대가 겪고 있는 딜레마는 '이제까지 모두가 믿고 있는 시스템'이 작동하지 않는데, 그 시스템 외에 다른 대안은 없다는 데에 있다. 흔히 좋았던 옛 시절로 여겨지는 서구사회의 1950~60년대 자본주의 황금기는 물론이고, 한국과 일본의 고도성장기에는 노력만 하면 청년들도 자신들이 번 돈으로 집도 사고 차도 사고 노후계획도 세울 수 있었다. 노동소득을 저축하고, 그 저축을 기반으로 자산소득을 만들 수 있었을 때에는 많은 사람들이 자본주의 경제 시스템을 긍정할 수 있다. 회사의 평가와 승진 시스템이 부당해도 어느 정도 참을 수 있었다.

하지만 청년기에 번 노동소득으로 노후설계는 물론 당장 신혼집 마련도 할 수 없다면, 미래를 위해 노력할 눈꼽만 한 의욕조차도 사라지게 된다. 욜로YOLO(You Only Live Once)나 소확행(소소하지만 확실한 행복) 등의 유행어를 이 세대가 적극적으로 받아들인 이유가 여기에 있다. 취미생활에 한 달 월급을 날려버리는 상황 등을 자조적으로 표현하는 '탕진잼'도 마찬가지다. 실제로 2015년 가족실태조사를 보면 생애설계 준비에 대해 묻는 설문에서 20대는 '재무설계'와 '노후설계'에 대한 준비도가 가장 낮았고 거꾸로 '여가설계' 항목에서 가장 준비도가 높게 나타났다.

이들 행동 패턴은 주류경제학의 관점에서 볼 때 비합리적일 수 있다. 주류경제학은 현재의 소비를 극대화하는 것보다 생애 전체의 효용을 극대화하는 것이 더 중요하다고 말한다. 그 때문에 이제까지 많은 경제학자들은 이성적인 경제주체라면 소득수준이 높을 때 적절한 수준으로 저축하여, 생애주기에 걸쳐 고른 소비수준을 추구할 거라고 예측했다. 하지만 불안정하고 불평등한 사회를 살아가는 청년들이 볼 때는 순간의 쾌락을 지향하는 소비주의적 생활 풍조가 더 합리적이다. 부모한테 이렇다 할 재산을 물려받는 게 아닌 이상, 결혼과 내 집 마련 그리고 출산과 같은 장기적 인생플랜은 세워봤자 빚더미에 오르는 지름길이기 때문이다.

: 90년대생들이 정말 원하는 것

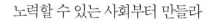

노력할 수 있는 사회부터 만들라

그렇다고 20대들에게 자신의 노력으로 미래를 설계하려는 가치관이 없다고 판단하기는 어렵다. 그들의 요구는 '최소한 개인의 노력 앞에 공정한 세상'이 되게 해달라는 것이다. 어쩌면 본인들이 '더 노력할 수 있게' 해달라고 요구하는 것이기도 하다. 때문에 앞으로 한국 사회는 기본소득, 부유세, 공적 자본의 상속 금지 등에 대해 더욱 적극적으로 검토해야 한다.

청년세대는 다른 연령대보다 기본소득에 대해 긍정적인 반응을 보인다. 2019년 5월 서베이몹이 발표한 「서울시 청년수당 동향」을 보면 '청년수당이 구직 목표 달성에 매우 도움이 된다'고 응답한 비율은 2018년 기준 83.0퍼센트로 나타났다. 경기복지재단이 2017년 2월 발표한 「기본소득 쟁점 분석 및 시범사업(안)」에서도 기본소득에 대해 20대 찬성률이 다른 연령대보다 상대적으로 높았다. 안정적인 사회진출을 위해서라도 직접적인 형태의 재분배 정책이 필요하다고 절감하는 청년이 그만큼 많다는 방증이다.

기본소득과 함께 최근에는 청년사회상속제에 대해서도 논의되고 있다. 청년사회상속제는 일정 연령대에 도달한 청년에게 창업과 주거자립의 밑천 마련을 위해 공적 자금으로 조성된 사회적 부의 일부를 배당하는 제도를 말한다. 2017년 대선 당시 정의당 심상정 후보가 공약으로 발표한 바 있다. 청년사회상속제는 다른 나라에서도 논의되고 있는 정책이다. 1988년에 설립되어 사회경제적 대안을 활발히 제시해온 영국공공정책연구소IPPR는 최근 시민들이 사회적 부를 보다 공정하게 공유할 수 있도록 국가가 나서서 '시민 국부 펀드'를 조성하고, 이를 통해 만 25세가 된 청년들에게 1만 파운드(약 1,500만 원)에 해당하는 '시민배당'을 보장하자고 제안했다. 젊은이들이 안정적으로 가정을 꾸리고 미래를 계획할 수 있도록 하기 위해서는 획기적인 부의 재분배가 필요하다는 인식을 확인할 수 있다.

이와 같은 분배 정책은 물론이거니와, 더 중요한 것은 세습자본주의가 강화되는 것을 직접적으로 막는 일이다. 그 핵심은 공공 자원이 혈연이라는 이유로 특정 개인에게 세습되는 일을 완전히 없애는 것이다. 한국 사회는 오랫동안 주식회사의 오너가 회사 경영권을 자식에게 세습하고, 대형교회 목사가 신도들의 교회를 친인척에게 세습하고, 국가보조금을 받는 사학재단의 이사장이 교육기관을 손녀손자에게 세습하는 것에 관대했다. 그러나 공적 자원을 세습하는 것은 개인의 노력으로 일군 사적 자산을 상속하는 것과는 차원이 다른 문제다. 적어도 이런 공적 자원은 세습되지 않도록 해야 한다.

불평등과 세습사회를 없애려는 노력이 이루어질 때 청년세대 내부의 갈등은 물론 우리 사회 전체가 겪고 있는 여러 갈등을 해결할 수 있다. 사회가 불평등해질수록 줄어든 자원을 놓고 첨예하게 갈등을 벌이는 양상이 나타난다. 최근 우리 사회에 민감한 문제로 떠오른 젠더갈등은 이런 차원에서 이해되어야 할 것이다. 젠더갈등은 불평등 사회라는 배경에서 탄생했고, 20대들을 중심으로 과열되었다. 우리 사회의 진보적 담론들이 한국 사회, 특히 20대들이 겪고 있는 불공정과 불평등에 집중하지 못하고, 성평등의 문제를 '남성이 여성을 차별하고 있다'는 방식으로만 접근했기 때문이다. 미래를 잃어버린 20대 남성에게 "남자로서 더 많은 자원을 갖고 있고, 여성을 차별하고 착취한다"고 말하면, 이들이 쉽게 동의할 리 없다. 이런 접근법으로는 '누가 더 소수인지, 누가 진짜 차별받고 있는지, 누가 먼저 차별했는지를 가려보자'는 비교게임과 진실게임만 가동된다. 무엇보다 20대들은 왜 사회적 책임을 '개인 윤리'에 묻는지 이해할 수가 없다. 돈 있고 힘 있는 놈들은 내버려두고, 만만한 자신들만 두들겨 패는 것 같아 억울하기만 하다.

공정하지 않다

3 사회의 책임을 개인에게 묻는 것은 공정하지 않다

착한 사람은 스스로 돕지 못하고, 신들은 무력해요.
베르톨트 브레히트 『사천의 선인』 중에서

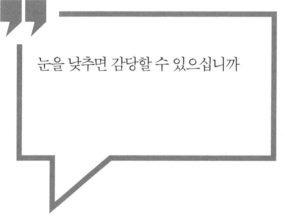

눈을 낮추면 감당할 수 있으십니까

인터넷에서 한동안 화제가 된 〈눈을 낮추라〉는 사회풍자 만화가 있다. 첫 번째 컷에서 텔레비전 속 뉴스 앵커가 점점 심각해지는 20대 취업난에 대해 보도한다. 이를 본 아버지는 "요새 젊은 애들은 고생은 싫고 눈만 높으니까 취업을 못한다"며 한탄한

다. 그러자 아들이 "아버지, 전 그런 의미에서 어제 짜장면 배달부로 취업했습니다"라고 대답한다. 아들의 말에 아버지는 "내가 그런 곳에 취업하라고 대학 보낸 줄 알아!" 하며 아들을 나무란다는 내용이다.

공정하지 않다

이 '웃픈(웃기면서도 슬픈)' 만화는 직업 눈높이를 낮춰 막상 취업했더니, 그것을 제대로 된 직장으로 인정하지 않는 윗세대의 이중태도를 풍자하고 있다. 이 네 컷 만화를 퍼나르는 청년세대들은 "어른들이야말로 세상물정을 너무 모른다" "멀리 내다보고 중소기업에 안 가는 거다. 미래가 없으니……" "눈 낮춰서 취업했더니 돈 적게 받는다고 뭐라고 한다. 어쩌라는 거지?"와 같은 반응을 보인다.

말이 나온 김에 이야기하자면, 이 만화에서 배달노동은 작업환경이 열악하고 임금이 낮은 일자리를 대표하고 있다. 그럼에도 배달노동은 이미 청년들의 일상 가까이에 다가와 있다. 배달노동은 청년세대에게 운전면허증과 맨몸만 있으면 할 수 있는 아르바이트로 인식되고 있다. 2007년에 방영된 드라마 〈커피프린스 1호점〉에는 가정형편이 어려운 젊은 여주인공(윤은혜)이 배달 아르바이트를 하며 생계를 이어나가는 장면이 나온다. 이당시만 해도 철가방을 들고 다니며 배달을 하는 아르바이트생은 중국집 사장에게 고용된 신분이었다.

하지만 오늘날 대다수 배달노동자는 음식점이 아닌 배달대행업체에 소속되어 있다. 배달대행업체는 음식점 주인이 배달을 요청할 때마다 배달기사를 붙여주고 배달대행 서비스를 제공한다. 정확히 추정하긴 어렵지만 이미 8만여 명에 이르는 배달기사 중에서 상당수가 직접 고용이 아닌 앱, SNS 등을 통해 '플랫폼 노동자'로 등록되어 자신의 노동력을 거래하고 있는 것으로 추산된다.

배달대행 플랫폼에 소속된 기사들은 고정급을 받지 않고 배달 건당 수수료를 받고 일한다. 동시에 여러 배달대행업체에 소속되기도 한다. 문제는 이들이 지속적인 고용관계에 있지 않다 보니, 4대 보험은 물론 각종 사회안전망의 보호를 받지 못한다는 점이다. 배달노동환경 또한 매우 위험하다. 고용노동부에 따르면 2016년 한해만 13,076건(사망 428명, 부상 15,773명)에 달하는 이륜차 산업재해가 발생했다. 해를 거듭할수록 사고는 늘어나지만, 이들을 보호할 안전망은 부족하다.

2019년 3월 고용노동부와 한국노동연구원이 공동조사한 「특수형태 근로종사자의 규모추정」을 보면 플랫폼 노동자와 같이 새롭게 생긴 '특수고용노동자'는 55만여 명에 이른다. 이처럼 '노동자를 노동자라고 부르지도 못하는' 사각지대에 놓여 있는 불안정한 노동자들이 해마다 늘어나고 있다. 누군가에게는 기본적인 사회안전망이 누군가에게는 '사치'인 시대가 된 것이다. 젊을 때 건강한 몸뚱이 하나 밑천 삼아 바짝 일해 돈을 모을 생각으로 배달기사를 시작하는 청년들이 없는 것은 아니다. 그러나 그 누구도 극단적으로 불안정한 노동이 자신의 지속적인 '미래'가 되면 좋겠다고 생각하지 않는다. 아무도 오토바이와 함께 차가운 길바닥에서 나뒹굴고 제대로 보상도 받지 못하는 비극

공정하지 않다

을 원하지 않는다.

그러나 20대가 쉽게 얻을 수 있는 일자리는 안정적이지도 안전하지도 못한 게 대부분이다. 이 때문에 많은 젊은이들이 사회적으로 인정받는 직업을 갖기 위해 학업을 지속하고 자기계발에 열중하고 노량진 고시원을 전전한다. 이런 현실을 두고 왜 젊은 시절에 고생하지 않느냐 말하는 윗세대가 간혹 있다. 반대로 어째서 짱돌을 들고 저항하지 않고 자기계발에만 골몰하느냐고 나무라는 윗세대도 있다. 이들에게 하고 싶은 말이 있다.

과연 현재의 대한민국이 과거 70년대나 80년대와 같은 사회인가. 이 사회의 시스템과 자원이 아직도 그토록 후지고 부족한가. 우리 사회의 경제와 민주주의가 도대체 어느 수준까지 발전해야 안전한 일자리를 기대해볼 수 있는가. 여전히 20대의 노동을 갈아 넣어 버티는 사회가 과연 미래가 있는 사회인가. 청년세대의 분노는 바로 이런 항변에 다름없다. 오늘날 20대는 집단적으로 억울하다.

> 젊은 세대는 왜 억울해하는가

구조의 문제를 개인이 초인적 노력으로 극복하거나 해결하라고 이야기하는 기성세대의 사고방식을 청년들은 이해할 수 없다. 잘못된 구조를 만든 책임자들이 뻔히 현재의 기득권을 누리고 있는 상황에서는 더욱 그렇다. '잘못된 구조를 만든 사람이 자신의 잘못을 책임져야 한다. 그와 별개로 나는 내가 행복해지기 위해 들인 노력 앞에 떳떳하다.' 이것이 오늘날 청년들의 사고방식이다. 20대 남성의 경우 이러한 사고방식은 남성으로서 잘못을 추궁하는 페미니즘에 대해 불만을 표현하는 것으로도 나타난다.

리얼미터가 실시한 「2018년 공동체 회복 관련 여론조사」에서 '가장 심각한 한국 사회의 갈등이 무엇인가'라는 질문에 20대의 56.5퍼센트가 젠더갈등을 뽑았다. 젠더갈등이 빈부갈등(22.2퍼센트), 이념갈등(9.3퍼센트), 세대갈등(1.6퍼센트)처럼 한국 사회에서 전통적으로 문제됐던 다른 갈등들을 밀어낸 것이다. 해당 조사기관은 이런 결과에 대해 "청년세대의 남녀 간 혐오, 즉 성별 갈등이 심화되고 있는 현실과 무관해 보이지 않는다"며 설명을 덧붙였다.

'메갈리아'나 '워마드'와 같은 사이트 이름을 이제는 윗세대들도 많이 알고 있다. 이 두 사이트는 법원 판결문에도 거론되는 대표적인 남성 혐오주의 사이트로 알려져 있다. 그러나 이 사이트들이 극렬 페미니스트 사이트로 처음 알려지고 20대 남성들이 이에 반발할 때만 해도, 여성주의자나 진보 진영은 물론 대다수 윗세대들은 20대 남성들의 반발을 '여성들이 그동안 당한 게 많아서 과격하게 반발하는 것을 이해하지 못하는 속 좁은 태도'로 취급했다. 도리어 공론장에서 적극적으로 이 사이트의 활동이나 회원들을 응원하고 지지하겠다고 입장을 밝힌 이들도 많았다.

극우 성향의 사이트 일간베스트(일베)가 '나쁜 남자애들'이라면 메갈리아나 워마드는 '진취적인 여자애들'이고, 이들을 일베에 맞서는 용감한 전사처럼 여기는 분위기도 있었다. 한편으로는 현실과 별로 관계없는 온라인상의 말싸움 정도로 치부하는 분위기도 있었다. 일상에서 온라인의 영향을 지대하게 받는 청년세대로서는 이런 반응들이 답답하기 이루 말할 수 없다. 가장 답답한 것은 여성들의 주장이라면 그 어떤 것이어도 그간의 성차별을 대변하고 성평등을 지향한다고 판단하는 사회적 분위기였을 것이다. 메갈리아와 워마드 회원들의 폭력적 혐오주의가 사회적으로 용인되면서, 청년세대 사이에서 젠더갈등은 더욱 심해졌다. 그 젠더갈등을 대표하는 사례가 바로 2018년 혜화역 시위다.

혜화역 시위는 홍익대 회화과 누드 크로키 시간에 남성 모델을 몰래 촬영한 사진이 유포된 사건에서 시작되었다. 몰카 사진을 찍어 유포한 범인이 워마드 여성 회원임이 밝혀지고 경찰수사와 처벌이 이루어지자, 워마드에서는 여성 몰카를 찍는 남성들에게는 솜방망이 처벌을 하고, 남성 몰카를 찍은 여성에게만 가혹하다며 혜화역에서 몰카 사건의 범인을 두둔하는 집회를 열었다. 이에 대해 여성계와 기성언론이 옹호하는 태도를 보이자, 젊은 남성들을 중심으로 격렬한 반발이 일었다.

몰카 범인이 오직 '여성'이라는 이유만으로 그 죄를 옹호하는 것은 공정하지 않다는 것이다. 무엇보다 '피해자 중심주의'를 원칙으로 삼아온 페미니즘이 그 원칙을 저버리고 '여성 이기주의'를 드러냈을 때, 왜 이에 대해서 기성세대나 주류사회는 비판하기는커녕 오히려 옹호하느냐는 것이다. 이는 오늘날 한국 사회의 젠더 담론이 왜 젊은 여성의 '젠더 감수성'에만 초점을 맞추느냐는 항의이기도 했다. 물론 가부장제와 성차별을 반대하는 데 여성들의 주장을 더 많이 반영하는 것은 당연하다. 하지만 성평등 사회에서 절반의 몫을 담당할 미래세대인 남성들을 담론에서 소외시키고, 잠정적 가해자로만 취급하는 것은 문제다.

예를 들어보자. 그동안 젊은 여성들은 인터넷에 만연한 '김치녀, 된장녀' 등의 여성비하적 표현에 상처받아왔다. 그런 표현에 반발하고 분노를 표현하는 것은 당연하다. 그러나 그 분노를 '한남충, 냄져' 등으로 맞대어 표현해서 젊은 남성들에게 혐오를 표출하는 것은 또 다른 성차별이라는 것이 젊은 남성들의 주장이다.

오늘날 청년세대 남성들도 예민한 젠더 감수성을 가졌다. 2016년 여성가족부가 진행한 「양성평등실태조사」에 따르면 '학교 선생님이 성차별적 용어를 자주 사용하는 편이다'라고 응답한 남녀 청소년은 각각 23.0퍼센트와 20.4퍼센트로 나타났다. 남성 청소년은 여성 청소년과 다를 바 없는 예민한 젠더 감수성을 가지고 있다. 그러나 기성사회가 남녀 문제를 판단할 때는 마치 여성만 젠더 감수성을 갖고 있는 듯이 접근한다. 인터넷에서 혐오 논쟁이 한창 고조되고 있을 때, 2016년 3월 여성정책연구원은 김치녀, 된장녀 등 여성혐오 표현에 대한 설문조사 결과를 발표한 바 있다. 하지만 같은 시점에 인터넷에서는 '한남충, 재기해(자살해)' 같은 남성혐오 표현이 크게 늘고 있었고 10대인 어린 남학생들도 이러한 표현에 무차별적으로 노출되고 있었다. 그러나 언론이나 정책기관 어디에서도 이를 사회문제로 인지하지 않았다. 바로 이러한 인식의 사각지대가 청년세대의 젠더갈등을 키워왔다고 할 수 있다.

페미니즘은 가부장제와 성차별에 반대하는 것인데, 왜 젊은 남성들이 페미니즘에 반대하냐고 묻는다면 젊은 세대의 절반을 영원히 이해할 수 없다. 지금의 젊은이들은 이념을 양자택일의 문제로 생각하지 않는다. 젊은 남성들은 페미니즘에 대해 '여성차별에 반대하지만 페미니즘도 반대한다'고 인식한다. 왜일까. 이들에게 페미니즘은 성차별에 반대하는 운동이 아니라 '남성혐오 운동'으로 인식되기 때문이다. 일베가 아닌 일반남성에게까지 남성비하적 말과 행동을 쏟아내는 메갈리아와 워마드를 두둔한 여성운동가들을 신뢰하지 않는 것이다.

2019년 5월, 나윤경 양성평등교육진흥원장은 "부정할 수 없는 사실은 메갈리아만큼의 화력을 낸 세력이 이전엔 없었다는 거예요. 우리 모두 메갈리아에게 빚을 지고 있어요"라고 이들을 두둔한 바 있다. 이 발언은 삽시간에 온라인을 통해 퍼져 나가며 공분을 샀다. 사정이 이러하니 젊은 남성들의 눈에 지금의 페미니즘 담론은 가부장제를 없애려고 하기보다 젊은 남성들에게 죄의식과 잠재적 가해자 프레임을 뒤집어씌우려 드는 대표적인 불공정 담론이다.

같은 맥락에서 리얼미터가 앞에서 실시한 여론조사를 다시 한 번 살펴보면 몇 가지 흥미로운 대목이 나온다. '페미니즘 운동에 반대한다'는 문항에 20대와 30대 남성들은 각각 75.9퍼센트와 66.1퍼센트의 비율로 응답했다. 한편 20대와 30대 여성들의 찬성 비율은 각각 64.0퍼센트와 44.0퍼센트로 나타났다. 페미니즘을 반대하는 20대 남성 중 반대하는 이유로 '일방적인 남성혐오'에 답한 비율은 78.1퍼센트를 차지했다. 30대 역시 47.6퍼센트가 같은 이유를 들었다. 아랫세대로 갈수록 남성들은 페미니즘 편향에 반대하는 성향이 더 강해지는 것이다.

여기서 눈여겨보아야 할 것은 '페미니즘을 지지하지 않는 젊은 여성'의 인식이다. 이들이 페미니즘에 동의하지 않는 주된 이유는 20대 여성과 30대 여성 모두 '일방적인 남성혐오(20대 39.2퍼센트, 30대 47.2퍼센트)'였다. 성차별을 이유로 친구, 연인, 가족에 대해 공격하는 것을 용납할 수 없다는 태도를 보이는 것이다. 이뿐만 아니라 '남녀 차이를 인정하지 않는 태도(20대 33.9퍼센트, 30대 22.8퍼센트)'도 무시할 수 없는 비율을 나타냈는데, 최근 페미니즘 운동이 '탈脫코르셋 운동' 등을 주장하면서 미용과 패션에 관심이 많은 일반여성까지 비판하는 모습을 보인 게 주된 원인으로 작용한 듯하다.

워마드 회원이 몰카 범죄를 두둔해서 논란이 일었던 혜화역 시위 이후, 페미니즘에 대한 부정 여론은 남녀 모두에게 더욱 확산됐다. 2019년 초에 발표된 여성정책연구원의 조사에 따르면 혜화역 시위를 거치며 20대 여성 중 페미니스트라고 응답한 비율은 48.9퍼센트(7월)에서 42.7퍼센트(11월)로 하락했다. 남성 또한 14.6퍼센트에서 10.3퍼센트로 하락했다.

주목할 점은 페미니즘이 강화되면 강화될수록 한국 사회에서 젠더갈등은 더 커지고 있다는 사실이다. 그리고 젊은 여성보다 오히려 젊은 남성들을 더욱 결집시킨다는 점이다. 페미니즘은 성평등주의와 같지 않을 뿐더러, 반反성평등주의라고 생각하는 게 오늘날 20대 남성들 대부분의 생각이다. 그러나 이런 인식을 윗세대들은 이해하지 못한다. 심지어 젊은 남성들이 자신들과 같이 나이든 남자보다 젠더 감수성이 더 떨어지고, 여성비하적이며 보수적이라고 생각한다. 이는 청년세대가 남북 여자 아이스하키단일팀 구성에 대해 비판하는 것을 보고 보수적이라고 판단하는 것과 다르지 않은 태도다.

"

> ## 90년대생들은
> ## 어떤 세상에서 자라났나

왜 90년대생 이후의 젊은 남성들이 젠더 이슈에 대해 주류여성계와 시각을 달리하는지는 이들의 사회적 조건을 살펴보면 알 수 있다. 우선 이들은 남아선호사상이 해체되던 시기에 태어났다. 1970년대 "많이 낳아 고생 말고, 적게 낳아 잘 키우자"라는 구호는 80년대에 "잘 키운 딸 하나, 열 아들 안 부럽다"로 바뀌었다. 한국 사회의 출산억제 정책은 '한 자녀 정책'으로 강화되었다. 하지만 1983년 출산율이 인구대체율 수준(현재 수준으로 인구를 유지할 수 있는 출산율 수준)으로 간주되는 2.1명 이하로 떨어지자 출산억제 기조는 흔들리기 시작했고, 90년대 들어 전면 재수정되었다.

정부는 1989년에 피임지원 사업을 중단하고 1996년에는 인구 정책의 목표를 산아통제가 아닌 인구의 질적 향상으로 전환했다. 인구 정책 기조에 반전이 일어난 것이다. 현재의 20대는

2000년생에서 1991년생에 걸쳐 있다. 2019년을 기준으로 볼 때 지금 20대 젊은이들은(넓게 보면 30대 초반까지) 산아제한 정책이 완화된 이후에 태어난 세대들이다.

한편 엄격한 산아제한 정책을 시행하던 시기에는 성비 불균형이 극심했다. "사랑으로 낳은 자식, 아들딸로 판단 말자"는 구호를 통해 당시의 남아선호사상 분위기를 엿볼 수 있다. 일부에서는 이러한 남아선호사상을 남성 우월주의의 잔재로 해석하기도 한다. 남아선호사상을 잘못된 이데올로기의 문제로 접근하는 것이다. 남아선호사상을 전통적 유교주의의 산물인 것처럼 여기는 태도가 대표적이다. 이런 태도는 남아선호사상을 가진 미개한 개인을 계몽해야 한다는 식의 해법으로 이어지고, 남성들을 마치 유물처럼 남아 있는 윗세대 전통주의자들의 협력자인 것처럼 오인하게 만든다. 나아가 남아선호사상이 존재하는 원인을 사회구조적 문제로 보는 시선을 막아버린다.

남아선호사상은 가족제도와 사회경제적 구조의 변화 측면에서 접근하는 것이 더 합리적이다. 미국 플로리다 주립대학 로이 F. 바우마이스터 교수는 그의 저서 『소모되는 남자』에서 남아선호사상이 어떤 사회에 등장하는지 설명한 바 있다. 그의 설명에 따르면 남아선호사상은 대가족체제와 지역연고가 해체되고 가계 단위별로 생존의 책임을 떠안아야 하는 상황에서 부각된다. 여기에 국가 주도의 산아제한 정책이 겹쳐지면 더욱 극심해진다.

공정하지 않다

우리나라도 예외는 아니었다. 1970년대부터 한국 정부는 4인 핵가족을 정상가족 모델로 삼고 산아제한 정책을 펼쳐 나가기 시작했다. 이 시기에 급격한 산업화, 농촌사회의 해체, 그리고 핵가족 중심의 가족제도 재편이 동시에 일어났다. 이에 따라 가계의 부양책임은 지역공동체와 대가족의 손에서 벗어나 남성가장에게 집중되었다. 당시는 사회복지 시스템이 미약했기 때문에 남성가장은 노부모의 생계까지 전적으로 책임져야 했다. 여기에 더해 아직 여성들의 사회진출 빈도가 낮아 남성들에게 부여된 가정과 국가 내 책임과 기대는 더욱 높아졌고, 산아제한 정책으로 출산율을 옥죌수록 남자아이를 더 선호할 수밖에 없었다.

남아선호사상은 장남에게 '자원 몰아주기'로 이어졌다. 저소득층 가계에서는 여성들이 오빠와 남동생을 위해 학업을 포기하고, 이른바 '공순이' 혹은 '식모'로 일을 해야 하는 상황이 전개되었다. 남성이라고 해도 가장 먼저 사회에 진출할 수 있는 장남을 위해 차남들이 학업을 희생하는 경우가 빈번했다. 더 높은 임금을 받을 예비 남성가장을 키우는 일에 모두가 목을 매야 하는 상황이 연출된 것이다. 여기에 정부가 나서서 자녀수마저 제한하자, 어떻게 해서든 남자아이를 낳아야 한다는 풍조가 만연했다. 즉, 남아선호사상의 근본적인 배경은 도시화 속에 고립된 가족공동체가 홀로 가난과 열악한 사회복지 시스템을 헤쳐나가야 했던 데서 찾아야 한다.

: 90년대생들이 정말 원하는 것

1980년 남녀 출생 성비는 105.3(여아 100명당 남아 수)이었지만 1990년에는 116.1까지 치솟았다. 생물학적 남녀 자연 성비는 보통 106~107로 간주된다. 세계보건기구WHO는 공식 웹사이트에서 105를 기준점으로 잡고 있는데, 다른 동물과 달리 인간의 자연 성비가 왜 이렇게 되었는지 여러 가지 가설만 있을 뿐 명확한 정론은 없다. 이를 기준으로 삼으면 한국 사회에서 남녀 출생 성비의 불균형 문제는 1990년에 정점을 찍은 후 꾸준히 하락하다가, 2000년대 중반에 비로소 자연 성비를 회복한다. 한편 과거에는 의사의 태아 성별 고지를 전면적으로 금지했으나, 2008년 헌법불합치 결정을 받은 후 현재는 임신 32주차부터 성별 고지를 허용했다. 그만큼 남아선호사상에 대한 인식이 변화한 것이다.

이처럼 출생년도를 기준으로 보면 2030세대 중에 80년대생은 남아선호사상이 강화되던 시기에 태어났고, 90년대생은 남아선호사상이 해체되던 시기에 태어났다고 할 수 있다. 우리는 흔히 20대와 30대가 매우 비슷할 것이라 생각하지만 실상은 매우 다르다. 누구도 지금의 40대와 50대를 같은 세대로 여기지 않고, 50대와 60대는 더욱 그렇다. 이런 흐름만 보아도 지금의 20대는 바로 윗세대인 30대와도 매우 다른 성장배경을 갖고 있음을 확인할 수 있다. 그만큼 대한민국의 시대변화가 빨랐다는 증거이기도 하다.

공정하지 않다

다시 말하지만 남아선호사상은 단순히 남아를 선호하는 문제가 아니라 핵가족으로 가족제도가 재편된 이후 가족부양의무를 개인과 사회가 어떻게 분담할지에 더 가까운 문제다. 사회적 관계망에서 단절된 핵가족이 홀로 자립할 것을 요구받으면 장시간의 위험한 노동을 견뎌낼 것으로 기대되는 남성에게 경제적 부양의무가 전가되고, 반대급부로 여성에게는 가정 내 재생산 역할이 일종의 사회적 규범으로 요구된다.

그러나 이런 역할분담론은 사회변화에 따라 달라져왔다. 노동시장에서 성인남성 중심의 가족임금제도가 해체되고 일과 가정의 양립을 지원하는 제도가 갖춰지자 역할분담론은 희미해졌다. 무엇보다 사회적 안전망과 복지제도를 통해 육아와 노후를 보장해야 한다는 사회책임론이 부상하면서 남아선호사상은 사라지기 시작했다. 그것이 미약하게나마 1990년대 이후부터 우리 사회가 밟기 시작한 경로이다. 이처럼 90년대생은 인구 정책의 변화와 출생 성비의 변화를 겹쳐서 볼 때, 가족구조와 젠더의식의 변화를 태어나면서부터 체험한 세대라 할 수 있다.

> ## 평등의식이 가장 높은 세대

2018년 통계청 조사에 따르면 가사분담에 대한 견해를 묻는 항목에 '공평하게 분담해야 한다'는 응답이 20대 남성의 경우 80.0퍼센트, 20대 여성의 경우 83.0퍼센트로 나타났다. 여기서 주목할 점은 이 조사결과가 불과 10년 전 20대의 인식과는 확연한 차이를 보인다는 것이다. 2008년만 해도 20대 남녀의 긍정 응답률은 각각 44.0퍼센트, 61.3퍼센트에 불과했다. 지금의 20대 남성은 전 연령대 성인남성 중에서 남녀 역할 변화에 대해 가장 개방적인 연령 집단이라 할 수 있다.

다시 출생 성비 문제로 돌아가보자. 우리나라가 자연 성비를 회복한 것은 겨우 10여 년 전 일이다. 우리나라 출생 성비의 회복 과정은 고정된 성역할의 해체 과정과 맞물려 있다. 90년생이 이제 막 10대가 된 2000년대부터 정부 정책과 예산에 '성性인지 관점'을 반영하도록 하는 제도가 시범적으로 운영되기 시작

공정하지 않다

했다. 또한 민주화운동 세대인 1세대 여성운동가들이 사회지도층에 본격적으로 진출하면서 '남녀 역할의 구속에서 벗어나야 한다'는 성평등 가치가 교육계에 확산되기 시작했다.

하지만 여전히 사회 곳곳에 '성역할'은 잔존한다. 90년대에 출생한 젊은이들은 이러한 변화 과정을 겪으면서도, 기존 문화의 잔재로 인한 모순 역시 한몸에 떠안아야 했다. 남녀 모두 암묵적으로 성역할을 기대받는, 이른바 '이중구속double bind' 상태에 놓여 있다. 예를 들어 명절에도 여전히 남아 있는 성역할을 보자. 남성들은 성묘를 가서 예초기를 돌릴 때 여성들은 음식을 마련하는 역할분담이 아직도 남아 있다. 반면 성역할을 수행하지 않을 때 발생하는 혼란도 존재한다. 무능력한 가장 아래에서 그다지 화목하지 못한 유년기를 겪은 젊은 여성의 경우 '아버지답지 않은 아버지'에 대해 양가적인 감정을 가질 수 있다. 남녀 간의 고정된 역할에서 자유로워져야 한다고 생각하지만, 그 생각이 가족생계를 책임져야 하는 부모의 역할로 이어질 때는 작동하지 않는 것이다. 그런데 문제는 주류사회와 언론이 이러한 이중구속 혹은 심리적 혼란을 20대 여성들만이 아니라 20대 남성들 역시 겪을 거라고 생각하지 못한다는 것이다.

웹툰 작가 김댐의 만화 〈남자는 갑옷을 입는다〉는 젊은 남성들이 성장기에 겪는 혼란을 잘 보여준다. 만화 속 어린이집에서 여자아이와 남자아이가 싸운다. 여자 선생님은 우는 여자아이에게 "여자애가 남자애들이랑 똑같이 치고받으면 어떡하니!"라며 나무란다. 남자아이에게도 "갑옷 입은 멋진 왕자님은 여자를 지켜줘야 해요"라며 편향된 성역할을 심어준다. 여자아이에게도 남자아이에게도 각자의 구속이 있는 것이다. 마찬가지로 여자아이가 먼저 싸움을 걸었지만 "지영이가 먼저 때렸어요"라는 남자아이의 항변을 선생님은 들어주지 않는다. 먼저 때린 아이가 먼저 사과한다는 룰이 여기서는 지켜지지 않는다. 맞은 아이가 작고 힘이 약해도, 단지 앞으로 힘이 센 남자가 될 거라는 이유로 지켜줘야 한다고 요구받거나 혹은 잘못했다고 판단해버린다.

작가는 이외에도 자신이 성장 과정에서 겪은 성평등 교육 이면의 모순을 지적한다. 엉덩이에 피멍이 들 정도로 남자아이들에게 유독 가혹했던 체벌, 체육시간 전 옷 갈아입을 장소가 부족하면 남학생들만 더러운 화장실이나 창고에서 체육복을 갈아입게 했던 일, 군대를 제대하고 복학한 후 사회적 관계가 단절되어 고민할 때 남자가 '그깟 걸 가지고 징징댄다'며 사소한 것으로 치부하는 분위기 등등. 결정적으로 작가는 단지 '남자'라는 이유만으로 2년가량 짊어져야 했던 병역의무를 지적한다. 이는 젊은 남자 세대에게 심각하게 느껴지는 문제이지만, 정작 기성사회는 이를 '별것 아닌 것'으로 폄하한다. 이런 인식의 간극을 좁히기 위해서는 젠더 문제를 논의할 때 미래세대의 나머지 절반인 남성에게도 발언권을 부여하고, 그들을 '계몽의 대상'이 아

공정하지 않다

닌 '대화의 파트너'로 수용하는 것이 유일한 대안이다.

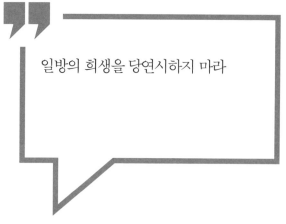

일방의 희생을 당연시하지 마라

앞에 나온 웹툰처럼 '역지사지易地思之'로 남성들의 처지를 공감해주기 바라는 콘텐츠들이 온라인에는 수없이 존재한다. 이런 콘텐츠들은 처음에는 '공감해주기'를 바라는 태도로 시작한다. '차별은 나쁜 것'이라고 배워온 젊은 남성들이 자신들이 느끼는 부당함을 설득하고 설명하려고 한다. 처음에는 부드럽게 '공감 청유형'으로 시작하지만 이를 사회가 지속적으로 무시하면 어떻게 될까. 사회를 향해 불만과 분노를 쏟아놓게 된다.

지금의 20대 남성들이 '젠더갈등'을 가장 중요한 갈등으로 인식하는 이유가 바로 여기에 있다. 자신들에게 일관된 잣대를 적용해달라는 간절한 호소를 외면한 기성사회를 향한 불만이다. 이 중에서 군대 문제는 20대 남성들에게 가장 민감한 아킬레스건이다. 최근에는 하루 일과가 끝나면 휴대전화를 허용하는 등 다양한 개선이 이루어지고 있지만, 징병제를 운용하는 국가들 중에서(특히 소득수준이 우리보다 낮은 다른 국가들과 비교해도) 한국 군인의 근무환경은 가혹한 신체적 제약과 최저임금에도 못 미치는 보수 등으로 여전히 하위권에 머물고 있다. 여기에 더해 1990년에는 64.2퍼센트였던 현역판정 비율이 2011년에는 91.5퍼센트까지 급상승했다. 지금은 유례없이 젊은 남성 집단 전체가 병역의무 부담을 지고 있다고 해도 과언이 아니다. 이런 우리나라의 병역제도를 '당연한 희생'으로 받아들여야 한다는 주장에 납득할 청년은 거의 없다. 그런데 문제는 우리 사회가 이들이 느끼는 혼란과 답답함에 대해 제대로 응답하지 못해왔다는 것이다.

2018년 유시민 작가가 한 강연에서 문재인정부에 대한 20대 남성들의 지지율이 하락한 것을 언급하면서 "20대 남성들이 화를 내는 것도 이해할 측면이 있다. 축구도 봐야 하는데 여자들은 축구도 안 본다. 자기들은 롤(게임 리그 오브 레전드)도 해야 하는데 여자들은 롤도 안 하고 공부만 한다(그래서 학점이 더 좋다). 모든 면에서 남자들이 불리하다"는 발언을 한 바 있다. 이는 20대 남성들을 조롱하는 의도가 아니었다. 오히려 그들의 편을 들기 위해 농담한 것이었다. 그런데 정작 이 메시지의 수신자인 젊은 남성들은 이를 농담으로 받아들이지 않았다.

이는 그간 우리 사회가 젠더갈등을 다룰 때 '20대 여성의 감수성만을 존중하는 것이 곧 젠더갈등의 해법'인 양 생각했던 관행의 반작용이다. 앞의 발언에서 남녀를 바꿔 생각해보면 무슨 말인지 이해하기 쉽다. 공식적인 자리에서 유명인사가 젊은 여성이 겪고 있는 곤경을 유머러스하게 표현했다면 본래 의도와 달리 곧바로 '여성비하' 발언으로 비판받았을 것이다. 이처럼 여성들이 느끼는 '예민한 감수성'은 허용되고, 남성들이 느끼는 '예민한 감수성'은 왜 허용되지 않을까. 90년대생 이후의 젊은 남성들이 친구들끼리 욕을 하고 거친 스포츠를 좋아한다고 해도, 그들 역시 차별에 민감한 시대적 감수성을 공유하고 있다.

또한 20대 남녀는 가족 내 여성차별이 제도적으로 사라지던 시기에 태어났다는 점도 주목해야 한다. 연도 순으로 간단하게 살펴보자. 2019년 29세가 되는 젊은이는 1991년에 태어났다. 그가 태어난 해는 재산상속법에서 성차별 조항이 폐지되어 남녀 누구나 동등한 재산상속의 권리를 갖게 되었다. 1991년에는 가족법이 개정되어 여성은 이혼 시 재산분할청구권을 보장받을 수 있게 되었다. 결정적 사건은 1990년대 중반부터 본격적으로 전개된 호주제 폐지 운동이다. 결국 호주제는 2005년 헌법불합치 판결을 받고 역사 속으로 사라졌다. 결혼제도와 재산 문제에서 남성가장 중심의 특권이 제도적으로 보장받던 시대가 끝난 것이다.

호주제 폐지에 대해 당시 10대 남성들(지금의 20대)은 어떤 반응을 보였을까. 그들에게 그것은 남녀를 떠나 당연한 시대적 흐름이었다. 또한 호주제가 폐지되면서 미혼, 비혼, 편부모 등 다양한 형태의 가족구성권을 보장받는 길이 열렸다. 이때를 기점으로 '부모 성 같이 쓰기' 운동도 본격화되었다. 여러 가족제도가 개선된 덕분인지 2019년 OECD가 발표한 「사회제도와 젠더지수SIGI」에 따르면 한국의 '가정 내 차별지수(0.218)'는 상당수 선진국보다 더 낮은 수준이다(영국과 프랑스는 0.276, 노르웨이는 0.273, 미국은 0.266이다).

이처럼 20대는 제도적인 영역에서 성평등 가치가 공식화되고 남녀의 고정된 역할이 해체되는 과정 속에서 태어나고 성장했다. 이들에게 성평등은 어떤 세대보다 익숙하고 보편적인 가치이다. 한편 이들이 남녀 가릴 것 없이 무제한적인 입시와 취업 경쟁에 시달리기 시작한 세대라는 점을 눈여겨봐야 한다. 90년생의 경우 여덟 살 되던 해에 IMF 외환위기를 겪었다. 자라면서 중학교, 고등학교, 대학교를 거치는 동안 누구나 학력과 스펙 경쟁을 당연한 것으로 받아들이며 살아왔다. 이러한 과정을 통해 성장한 젊은 남성은 젠더 문제에 대해 부채감이 희박할 수밖에 없다. 설령 부채감이 있다고 해도 가부장제의 희생자를 '62년생 김말자'라면 모를까 '82년생 김지영'으로는 여기지 않는다.

2018년 연말에 교보문고가 발표한 「베스트셀러 성별·연령별 분석결과」를 보면 80년대생 여성이 겪은 사회적 차별과 아픔을 묘사했다는 소설 『82년생 김지영』은 10대 여성에서 30대 여성에 이르기까지 베스트셀러 1～3위를 기록했지만 같은 연령대의 남성은 10위 내 순위권에도 오르지 못했다. 한 네티즌은 여기에 대해 "62년생 김말자라면 온 세상 사람들이 다 공감했을 텐데 82년생 김지영을 가부장제의 일방적 희생자로 여기지 않는다"고 꼬집었다.

82년생들도 가부장제가 해체되기 시작한 사회 분위기 속에서 성장한 이들이다. 이들이 대학에 진학하기 시작한 2001년에는 여학생의 대학진학률이 80퍼센트에 육박하여 남학생의 대학진학률에 근접했다. 지금은 어떨까. 남녀 대학진학률은 이미 2005년에 역전되기 시작했다. 2018년에는 여학생 73.8퍼센트, 남학생 65.9퍼센트로 나타나고 있다.

이런 상황에서 젊은 남성들은 같은 출발선에서 경쟁을 시작한 또래 여성들이 세상의 모든 차별과 억압을 받은 세대로 표상되는 것에 쉽게 공감하기 어렵다. 더군다나 최근 남성 대학진학률이 상대적으로 떨어지는 것은 극심한 학력 인플레이션과 취업난 속에서, 남자라면 하루라도 빨리 직장을 잡아야 한다는 사회경제적 압박과도 무관하지 않다. 한국청소년정책연구원이 주관한 2017년 「청년사회 경제실태조사」에 따르면 20～30대 젊은이들의 대학 미진학 사유 1위는 '빨리 취업해서 돈을 벌고 싶기 때문(40.2퍼센트)'인 것으로 나타났고 2위는 '대학에 가고 싶은 생각이 없어서(32.0퍼센트)'였다.

물론 우리 사회에는 여전히 남녀 격차 문제가 남아 있다. 이 중 자주 이야기되는 성별 임금 격차 문제를 살펴보자. 2017년 OECD가 중위권 노동소득을 기준으로 측정한 '성별 임금 격차 Gender wage Gap'에 따르면 우리나라의 성별 임금 격차는 34.6퍼센트로 OECD 회원국 중에서 가장 높다. 이는 임금 격차를 초래하는 요인 중에 노동시간, 근속연수, 직종 등 여러 변수를 감안하더라도 여전히 높은 수치이다. 성별 임금 문제는 간혹 인터넷에서 남녀 간 격렬한 설전의 대상이 되기도 하는데, 더욱 주의해서 봐야 할 것은 우리나라가 성별 임금 격차의 세대별 차이 역시 크다는 점이다.

2013년 OECD가 발간한 「성별 격차 줄이기 Closing the Gender Gap, Act Now」에 따르면 조사대상 18개국 중 20대 중후반(25∼29세) 연령대에서 한국의 성별 임금 격차는 캐나다, 핀란드 등 주요 선진국보다 더 낮은 것으로 나타났다. 한편 40∼44세 그리고 55∼59세 기준으로 볼 때 성별 임금 격차는 명실상부한 세계 1위였다.

이처럼 한국의 성별 임금 격차를 볼 때 주의해야 할 변수 중하나가 바로 '세대'이다. 그렇다면 20∼30대 내의 임금 격차는 어떨까. 고용노동부에서 발표하는 「근로실태조사」가 있다. 이 보고서에서 월 임금총액을 월 근로시간으로 나눈 '시간당 임금'

을 살펴보면, 2017년 기준으로 20대 남성의 임금은 20대 여성의 97퍼센트에 불과한 것으로 나타났다. 여기에는 군복무 등으로 사회진출이 늦어지는 상황도 포함된다.

고용률을 살펴보자. 오히려 20대 여성이 상대적으로 더 높다. 2018년 3분기 20대 남성 고용률은 56.5퍼센트지만 20대 여성 고용률은 60.1퍼센트였다. 2012년 2분기부터 줄곧 20대 여성 고용률이 남성을 앞섰다. 취업난과 더불어 기업들의 경력직 선호 현상이 심화되면서 군복무 문제가 젊은 남성에게 불리하게 작용하는 것이다. 서강대학교 이철승 교수는 『불평등의 세대』에서 2004년에서 2015년의 통계청 「경제활동인구 부가조사」를 활용해 '노동시장 지위 상층 내 연령대별 여성의 비율'을 분석했다. 이에 따르면 전 연령대에서 노동시장 지위 상층의 여성 비율이 상승하고 있을 뿐만 아니라, 특히 20대 후반(26~30세)의 경우 상위 계층 내 여성의 비율이 47.5퍼센트로 남성과 거의 차이가 없다는 것을 알 수 있다.

현실이 이렇다 보니 20대 남성들은 한국의 성별 임금 격차 문제가 나올 때마다 "그게 대체 나하고 무슨 관계냐"고 반문하게 된다. 다시 말해, 성별 임금 격차와 관련해서 여성에게 미안한 마음을 품어야 한다는 기성세대에 대해 "그것은 내가 만든 문제가 아니라 기성세대 당신들이 만든 문제인데 왜 그 책임을 나에게 돌리느냐"고 항변하는 것이다.

여기에도 '구조적 문제에 대한 책임을 개개인에게 묻는 것은 불공정하다'고 생각하는 20대의 가치관이 관통하고 있다. 앞서 근로실태조사만 봐도 성별 임금 격차가 가장 극심한 연령 구간은 50대다. 젊은 남성이 여성의 고충을 이해하지 못한다고 타박하는 진보적 586세대 상당수가 이 연령 구간에 속한다. 이들 다수는 아직 사회 각계 주요 자리에서 활발하게 사회생활을 하고 있다. 이러니 젠더 문제에 대해 윤리적 죄책감을 요구하는 엘리트들의 훈수에 20대 남성들이 공감하지 못하는 것은 당연하다.

20대 남성에게 "앞으로 남성사회의 기득권을 형성할 것이므로 고용 정책에서 미리 또래 여성에게 더 양보해야 한다"고 말하는 이들도 있다. 이런 주장은 역으로 사회의 구조는 변하지 않는다는 생각을 깔고 있는 것이다. 그러나 앞에서 보았듯이 한국사회는 분명 변화해왔다. 게다가 이런 주장은 '미래'에 자신이 누릴지도 모르고 못 누릴지도 모를 기득권 때문에 고용 정책에서 상대적으로 소외되는 차별을 감수하라는 것이다. 이런 이야기를 들으면 톰 크루즈 주연의 영화 〈마이너리티 리포트〉가 떠오른다. 이 영화는 '아직 일어나지는 않았으나, 일어날 것으로 예측되는 범죄'를 근거로 미리 사람을 체포할 수 있는 미래사회를 묘사한다. SF영화를 방불케 하는 주장은 공정하지도 이치에 맞지도 않다.

대한민국은 변했고 변하고 있다. 그런데 변화는 보지도 않고

공정하지 않다

과거의 기준에 비추어 청년들에게 무언가를 양보하라고 요구하는 것은 결국 불안정한 미래에 시달리는 청년들 중 누가 더 약자이고, 누가 더 기득권인지를 논하며 편을 가르는 행위가 된다. 이는 불공정할 뿐만 아니라 청년세대의 미래를 더 암울하게 만드는 일이다. 과거의 규범으로 미래세대에게 책임을 추궁하는 것은, 청년의 삶을 불안정하게 하는 진짜 주범이 빠져나갈 구멍을 만들어주는 일이다. 이 문제를 해결하는 방법은 젠더갈등을 내세워 청년세대의 편 가르기에 몰두하는 대신, 더 괜찮은 일자리를 노동시장의 표준으로 만들어 대안을 제시하는 것이다. 그것이 사회의 책임을 제대로 묻는 일이다.

4   바닥은 놔두고, 천장만 없애려는 것은 공정하지 않다

노인은 모든 것을 믿고, 중년은 모든 것을 의심하는 반면,
젊은이는 모든 것을 안다.
오스카 와일드

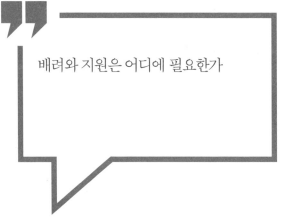

배려와 지원은 어디에 필요한가

2019년 2월 12일 MBC 〈100분토론〉에서 여성할당제가 토론
주제 중 하나로 다뤄졌다. 여기서 다음과 같은 발언이 나왔다.

여성들을 위해 무조건적인 혜택을 부여하는 것은 장기적인 관점

에서 오히려 (여성들에게) 좋지 않을 것이라고 생각이 됩니다. 제가 만약 할당제로 인해서 성별이 여성이라는 이유로 임원의 자리에 올라간다면 제 발언이 다른 남성분들과 동일하게 설득력을 얻을 수 있을지 의문이 듭니다. 여자니까 끌어준다, 저는 여자라서 끌어주길 바라지도 않고 만약 그렇게 끌어준다고 해서 양성평등이 이루어질지 의문입니다.

〈100분토론〉에 참여한 한 20대 여성 방청객이 한 말이다. 여성할당제란 여성의 사회진출을 위해 여성에게 일정 비율 이상의 자리를 할당하거나, 고위직 혹은 승진에서 여성 비율을 맞추는 제도를 말한다. 여성단체와 진보적인 시민단체에서 거듭 요구해온 정책이다. 문재인정부 들어 두 번째 여성가족부 장관인 진선미 장관의 취임 이후, 여성가족부는 여성할당제를 강하게 밀어붙였다. 500대기업의 여성임원 비율이 3.0퍼센트밖에 되지 않은 현실을 개선하고자 민간기업 여성임원 비율을 공개하겠다고 밝혔고, 여성임원 비율이 높은 기업에 국민연금을 투자하겠다는 계획도 발표했다. 더불어민주당의 박영선 의원은 공직선거에서 여성을 50퍼센트 이상 공천하도록 의무화하는 공직선거법 개정안을 발의했다.

진선미 장관은 2019년 2월 18일 대기업 여성임원들과의 간담회에서도 여성할당제의 중요성에 대해 언급했다. 이 자리에서 진선미 장관은 "여성이어서 이 자리에 와 있다. 여성이기 때문에 비례대표가 됐고 변호사라서 당시 정부가 새롭게 공적 위원회를 만들었을 때 위원회 비율을 30퍼센트로 정했고, 나는 굉장한 혜택을 받은 당사자이며 그래서 이런 것이 얼마나 중요한지 알고 있다"고 말했다. 할당제 덕분에 높은 자리에 올라올 수 있었다는 자기 경험담이다.

이에 대해 여성임원들은 "단순히 여성 인력을 확대하기보다 다양한 성격과 개성을 가진 사람들까지 함께 섞여 서로의 영역에 대해 상호존중하고 일할 수 있는 문화를 만드는 게 중요하다" "여성임을 무기로 삼아 특별한 대우를 받으려 하지 않는다면 뛰어난 리더가 될 것이며, 기업 안에서도 필요한 리더십이 될 것이다" 같은 반응을 보였다.

이 간담회 내용이 알려지자 젊은 남성 네티즌들은 '할당제로 올라간 사람 vs 실력으로 올라간 사람'이라는 글을 올려 비꼬았다. 특히 20대들의 경우 여성들 사이에서도 이런 종류의 할당제는 공정하지 않다는 의견을 쉽게 찾아볼 수 있다. 〈100분토론〉에 나온 20대 여성 방청객의 경우 할당제로 인해서 성별이 여성이라는 이유로 임원 자리에 올라간다면 자기의 발언이 다른 남성들과 동일하게 설득력을 얻을 수 있을지 의문이라고 말했다. 왜 그랬을까. 주변 동료들이 그 결과를 불공정한 것, 즉 일정한 자격과 기준을 갖추지 못한 채 지위를 누리고 있다고 여길 것이

공정하지 않다

기 때문이다.

20대가 생각하는 공정함이란 개인들이 열심히 노력해 일정한 기준에 도달하고, 그 기준을 바탕으로 관문을 통과하는 것이다. 그런데 각종 할당제는 이러한 기준을 무너뜨릴 수 있다. 무엇보다 20대들이 여성가족부에서 주장하는 여성할당제에 반발하는 이유는, 그들 세대는 여성들이 남성들과 경쟁하기에 객관적 조건에서 부족함이 없는데 자꾸 특혜를 준다고 생각해서다. 여론의 흐름도 여성할당제에 대해 회의적 시각이 늘어나고 있음을 보여주고 있다. 정한울 한국리서치 여론분석 전문위원과 이정진 국회입법조사관의 분석에 따르면 2002년 조사에서는 20대 남성 62퍼센트가 여성할당제에 찬성했지만 2018년에는 20대 남성 68퍼센트가 여성할당제를 '남성에 대한 역차별'이라고 답했다. 20대 여성의 경우에는 2002년에 85퍼센트가 여성할당제를 강하게 주장했으나 2018년 조사에서는 열 명 가운데 네 명이 여성할당제를 남성에 대한 역차별이라고 말했다.

할당제에 일관성이 있다면 동의할 수 있을지 모른다는 의견도 많다. 2030세대 남초 커뮤니티에서 가장 많이 볼 수 있는 여성할당제와 관련된 댓글은 "초등학교 여교사 줄이고 남교사 비율 올릴 생각은 없나? 이런 건 왜 할당제를 안 하는가" "군인도 할당제 하고, 현장 노가다 판도 할당제 하지?"처럼 반발하는 글들이다. 여성할당제를 주장하는 사람들은 고위직에만 관심이

쏠려 있다는 것이다.

〈100분토론〉은 이런 주장이 사실임을 입증하는 계기가 되었다. 여성할당제를 찬성하는 김지예 변호사는 "하위직, 임금이 낮고 상대적으로 사회적 지위가 낮은 곳에서는 남성 여성 동등하게 채용 안 해도 된다. 채용자가 뽑고 싶은 대로 뽑는 거죠. 그건 상관이 없고, 고위직에서 맞추자는 거죠"라고 밝혔다.

공정한 경쟁을 위해서는 할당제 도입이 아니라, 누구나 일정한 기준과 자격에 도달할 수 있는 환경과 조건을 최대한 보장해주는 것이 핵심이다. 20대 후반 연령대에서는 여성 고용률이 남성 고용률을 앞지르지만, 30대가 되면 고용안정성과 임금의 측면에서 남성이 여성보다 우위에 선다. 이는 육아와 출산 등으로 생긴 경력단절이라는 요인이 크다. 여성이 고위직 임원으로 진출하지 못하는 이유도 경력단절이라는 요인이 크다. 그렇다면 해법은 여성의 경력단절을 일으키는 출산과 육아를 복지제도와 노동환경 개선을 통해 사회 전체가 공동으로 책임질 수 있도록 만드는 것이다. 남성 육아휴직을 촉진하는 제도가 대표적인 방안일 것이다.

실제로 여성 경력단절을 예방하는 정책에 대해서는 남녀 구분 없이 청년세대가 보편적으로 공감한다. 대통령 직속 정책기획위원회 '2030 젠더의식 TF'가 한국리서치에 의뢰한 조사에 따르면 채용에서의 여성우대와 여성임원 확대 정책에는 낮은 지

공정하지 않다

지율을 보인 반면, 여성의 경력단절 예방과 남성의 육아휴직 확대에 대해서는 남녀 지지율이 모두 높았다. 이는 '모두에게 혜택'이 되는 일이기 때문이다.

그런데 여성할당제에 반대한다는 이유 등으로 20대 남성들이 보수화되었다고 비난하는 것을 쉽게 찾아볼 수 있다. 사회학자 조형근은 한 칼럼에서 "20대 남성은 자신을 사회적 약자를 배려해야 할 강자라고는 전혀 생각하지 않는다"고 말하며 이들이 보수화되었다고 진단한다. 이러한 잣대에 따르면 치안 등의 이유로 예멘 난민의 제주도 입국에 부정적이었던 20대 여성들도 보수화되었다고 비판받아야 한다. 20대 남성이든 여성이든 진보냐 보수냐가 중요한 게 아니라, 실질적이고 근본적인 처우 개선 없이 일방적인 양보만을 요구하는 기성세대의 논의에 동의하지 않을 뿐이다.

다시 할당제 문제로 돌아가보자. 오늘날 여성할당제뿐만 아니라 고졸할당제, 노인고용할당제, 다문화할당제, 지방대할당제 등 다양한 할당제를 볼 수 있다. 이렇게 할당제가 확대되는 추세 때문에 취업준비에 매진하는 청년들이 피로감을 호소하는 일도 많아졌다. 이 가운데 취업할당제에 반발하는 20대들의 여론을 보수화의 징후로 읽는 사람들은 다음과 같은 비유를 생각해볼 필요가 있다.

100미터를 10초 안에 돌파해야 다음 경기에 진출할 수 있는 예선전이 있다고 하자. 선수들은 어깨에 잔뜩 짐을 짊어지고 있다. 국가가 할 일은 그 짐을 덜어주고 공정하게 뛸 수 있도록 해주는 것이다. 그리고 궁극적으로는 경쟁에서 이기지 못한다 하더라도 인간으로서의 존엄한 삶을 누릴 수 있는 기본적인 여건을 만들어주어야 한다. 치열하게 경쟁해야만 인간다운 생활이 가능해지는 열악한 환경을 개선하지도, 어깨에 짊어진 짐을 덜어주지도 않은 채 '짐을 지고 있는 사람들 중 더 힘든 사람은 기록과 무관하게 다음 경기에 진출한다'고 정한다면 함께 뛰고 있는 다른 사람들이 납득할 수 있을까. 이것이 할당제에 대해 청년 세대가 기성사회에게 던지는 질문이다.

2009년 발표된 OECD 조사에 따르면 대학입학시험 전까지 한국의 청소년들이 일주일에 학습하는 시간은 49.43시간으로, OECD 평균에 비해 15시간이나 많은 것으로 나타났다. 이렇게 치열하게 경쟁했던 청소년은 대학에 입학한 후에도 똑같은 경쟁을 지속한다. 과거 어떤 기성세대보다도 큰 사회적 부담과 비용을 지불하며 사회진출을 준비하는 청년들은, 팍팍한 삶의 조건을 근본적으로 개선해주지도 않으면서 바늘구멍 같은 취업 관문이 할당제로 더 좁아지는 것처럼 보이면 아무리 그 취지에 공감하더라도 쉽게 찬성할 수 없을 것이다.

공정하지 않다

> ## 밑바닥에 대한 젊은 세대의 공포

청년세대에서 고위직할당제에 반발하는 여론이 확산되는 데는 또 다른 이유가 있다. 계급고착화와 불평등이 심화되는 사회에서 청년세대는 상류층보다 하류층의 삶에 더 민감하게 반응하고 그들과 자신을 동일시한다. 지금의 90년대생들은 경쟁의 관문을 통과하지 못하면 언젠가 밑바닥으로 떨어질 것이라는 공포와 두려움을 일상적으로 안고 있다. 이들의 눈에 고위직 자리를 보장하는 데 우선순위를 두는 이들은 '먼 나라 사람들' 같이 여겨지는 것이다.

2014년 한 일가족이 어머니의 실직과 큰딸의 만성질환으로 생활고에 시달리다 "죄송합니다"라는 메모와 전 재산인 현금 70만 원을 집세와 공과금으로 놔두고 번개탄을 피워 자살했다. '송파구 세 모녀의 죽음'이다. 5년 후인 2019년에도 중랑구의 반지하 월세방에서 치매를 앓는 어머니와 딸이 동반자살한 사건이 있었다. 청년들이 자주 드나드는 인터넷 커뮤니티에 이 두 사건은 자주 회자된다. 이처럼 취약 계층에게는 아직도 복지 사각지대가 만연한데, 대기업에 여성임원이 늘어나야 세상이 좋아질 거라는 주장은 한 마디로 청년들에게 '한가한 소리'일 뿐이다.

많은 청년들이 2016년 5월 28일에 일어난 구의역 김군의 죽음에 안타까워한 이유도 '남의 일 같지 않아서'이다. 김군을 추모하는 대표적 슬로건이 "너는 나다"였던 데는 그만한 이유가 있다. 당시는 물론이고 지금도 청년층이 모인 인터넷 커뮤니티에는 구의역 김군에 대한 추모의 분위기가 매우 뜨겁다. 그때나 지금이나 바뀌지 않는 현실에 대해 기성정치권을 비난하는 목소리 또한 높다.

특성화고등학교를 졸업한 김군은 첫 직장으로 서울메트로의 하청업체인 은성PSD의 계약직 직원으로 입사했다. 언젠가 정규직이 될 수 있으리란 희망을 품고 힘든 상황 속에서도 열심히 일했지만, 그는 홀로 지하철 스크린도어를 정비하다 사망했다. 사망 후 김군의 가방에서 발견된 컵라면은 오늘날 청년세대의 열악한 노동환경을 상징한다. 김군의 죽음은 비정규직과 저임금이 기본값이 된 시대의 상징이고, 청년들이 가장 두려워하는 미래이자 결말이다.

청년들에게 비정규직의 비극적 결말은 운 나쁘면 생길 수

공정하지 않다

도 있는 일이 아니라 언제나 닥칠 수 있는 현실적인 위협이다. 2017년 8월 통계청이 실시한 「근로형태별 부가조사」 결과에 따르면 2017년 기준으로 20대 임금 근로자 수는 355만 9,000명이다. 이 중 정규직은 239만 2,000명으로 1년 전에 비해 0.5퍼센트 줄어들었으나 비정규직은 116만 7,000명으로 3.4퍼센트 늘었다. 반면 임금 근로자 전체로 보면 정규직 근로자는 1.2퍼센트 늘어났고 비정규직 근로자는 1.5퍼센트 늘어났다. 즉, 전체 비정규직 근로자 증가폭보다 20대 비정규직 근로자 증가폭이 2배 이상 큰 것이다.

첫 일자리의 보수 또한 매우 열악한 것으로 나타났다. 통계청이 2018년 5월에 실시한 「청년층 부가조사」에 따르면 첫 일자리의 월 평균임금이 150만 원 미만인 사람들은 48.9퍼센트로 집계되었다. 2018년 기준 시간당 최저임금 7,530원으로 환산한 전일제 노동자의 월급은 157만 원이다. 같은 조사에서 청년 이직자의 51퍼센트가 노동 여건에 만족하지 못해 직장을 그만둔 것으로 나타났다.

이렇게 불안정한 일자리가 만연한 상황이기 때문에 위험한 노동환경에서 근무하다가 목숨과 건강을 잃는 뉴스에, 젊은 세대들은 민감하게 반응할 수밖에 없다. 20대만이 아니라 10대 청소년까지 불안에 시달린다. 구의역 김군뿐 아니라 2018년 태안화력발전소에서 사망한 고故 김용균 씨도 특성화고등학교를 졸업하고 사회생활을 시작했다. 물론 청년세대가 단일한 집단은 아니며, 청년세대 내부에는 사회경제적 격차뿐만 아니라 성별, 지역, 문화적 차이가 분명 존재한다. 그중에도 청년세대의 불안정한 노동을 대표하는 계층은 고졸 워킹푸어다. 지난 수십 년 동안 한국 경제가 계속 발전해왔음에도, 고졸 노동자는 여전히 저임금에 불안정한 노동 문제로 고통받고 있다. 이들은 대졸 노동자에 비해 사회보험 가입률과 노조 가입률이 낮고 노동권의 사각지대에 놓여 있다. 대학동아리, 스터디 모임, 과반 학회 등으로 관계망을 형성하는 대학생과 달리, 고졸 노동자들은 주류사회의 관계망을 형성할 기회조차 갖지 못한다. 이와 관련해 기현주 서울청년활동지원센터장은 한 인터뷰에서 고졸청년 노동자들이 상대적으로 네트워크가 협소해 지원 정책에 관한 정보를 전달받기 어렵고, 기존에 시행했던 청년지원 정책 상당수가 묻지마 취업지원에 치우쳐 있어 진로탐색과 직업능력개발의 기회도 받지 못했다고 지적했다.

고졸 워킹푸어의 불안정·불안전 노동을 청년세대 대부분이 아르바이트 노동을 통해 간접경험한다. 온라인 등에서 많은 청년들이 학력, 학벌과 관계없이 아르바이트를 하면서 겪은 노동현장의 불합리함에 대한 경험담을 토로한다. 대부분 저임금 착취와 노동권 침해 문제를 소재로 한 '괴담' 형식을 취하고 있다. 대표적인 것이 택배 상하차 아르바이트이다. 20대 남성들이 많은 온라인 커뮤니티에는 어마어마한 양의 택배상자가 몰리는 물류센터에서 초점 잃은 눈동자로 좀비처럼 일하는 노동자들의 이야기가 자주 올라온다. 일을 하다 겪게 되는 극심한 부상과 후유증에 대한 이야기도 함께 올라온다. 청년세대들이 보는 웹툰에도 상하차 물류센터 아르바이트 경험이 등장한다. 그 웹툰의 주인공이 남성이 아니라 여성이었듯이, 열악한 노동환경에 대한 경험은 비단 20대 남성에게만 해당하는 게 아니다.

한 여대생은 물류센터 컨베이어에서 택배분류작업을 하다가 멍투성이가 된 다리 사진을 올려 화제가 되었다. 글쓴이는 심야부터 새벽 여섯시까지 일하기로 되어 있었지만, 회사가 셔틀버스를 고의로 배치하지 않아 아침 여덟시까지 일해야만 했다. 그럼에도 초과근무수당은 말할 것도 없고 어떤 피해보상도 없었다. 화가 난 여대생은 현장 감독관에게 따졌지만 감독관은 본사와 이야기하라며 발뺌했다. 격렬한 항의 끝에 결국 글쓴이는 뒤늦게나마 돈을 지급받았지만 항의하지 않은 나머지 노동자들은 아무런 보상도 받지 못했다는 내용이었다. 글쓴이는 택배 아르바이트를 하기 전까지는 이런 현실이 있는 줄 몰랐다면서 한국이 과연 선진국이 맞는지 의심스럽다는 쏩쓸한 감상을 남겼다.

이런 아르바이트 경험이 한때의 경험이 아니라 일상적 현실이 될 수 있다는 공포가 20대 모두에게 존재한다. 2018년 8월 CJ대한통운 대전서부 물류센터에서는 택배 상하차 일을 하던

20대 청년이 감전사고를 당하고 열흘 뒤 숨진 사고가 있었다. 냉방시설이 없어서 더위에 웃옷을 벗고 일하다가 변을 당한 것이다. 택배 상하차 노동자들은 파견근로 형식으로 취업하는 경우가 많아 최저임금과 직장 내 안전수칙교육 등 기본적인 고용질서가 지켜지지 않는 일이 많다. 만약 내가 극심한 취업경쟁에서 낙오된다면 한때의 '괴담'이나 '농담'이 나의 일상이 될 수 있다는 공포가 모두에게 존재한다. 한국이 세계 10위권의 경제 대국이라면서 이런 노동환경이 만연한 현실을 90년대생 이후의 젊은이들은 과연 어떻게 받아들일까. 기성세대들은 그렇게 열심히 노력하고 긍정적인데 왜 이런 세상밖에 만들지 못했냐고 반문하고 싶을 것이다. 게다가 남녀 누구나 겪고 있는 불안한 밑바닥 현실을 바꾸는 일은 더딘데 반해, 정부와 언론과 지식인들이 고위직의 여성할당제를 주장하면서 남녀 사이의 젠더갈등을 조장한다면 당연히 이들에 대해 반감을 갖게 되는 것이다.

공정하지 않다

> ## 사랑에도 밑바닥이 있다

노동시장뿐만 아니라 결혼, 연애시장에도 밑바닥에 대한 공포가 있다. 인터넷 커뮤니티에서 쓰는 말 중에 '상폐남' 혹은 '상폐녀'라는 단어가 있다. 혼기를 놓치거나 연애를 잘 못하는 남성이나 여성을 상장이 폐지된 주식에 빗대는 말이다. 기본적으로 대상을 비하하는 데 쓰는 이들 단어는 젊은이들이 모여 있는 커뮤니티나 SNS에서 젠더갈등이 일어날 때 자주 등장한다.

이런 방식이다. 한 온라인 익명게시판에 '믿고 걸러야 할 남자들의 특징'이라는 글이 올라온다. 해병대 출신, 온라인 게임 과금러(게임에 현금을 많이 쓰는 사람), 신발장에 신발이 2개 이하인 사람, 가성비에 미쳐 있는 사람 등이 여기에 해당한다. 그러면 그 글에 또 누군가는 이렇게 대응한다. '믿고 걸러야 할 여자들의 특징'은 "난 원래 그래"라는 말을 달고 다니는 사람, 술버릇이 나쁜 사람, 해외여행을 반년에 한 번씩 다녀오는 사람 등이다.

이렇게 연애시장에서 도태될 사람들을 지목하며 서로를 깔아 뭉개는 이야기들은 오늘날 청년세대에게 간혹 있는 일이 아니라 매일 마주하고 들어야 하는 이야기다. 이런 현상을 두고 여성혐오가 강해서라고 설명한다면, 그런 현상을 개선할 방법이 없다. 그보다는 연애와 결혼도 경쟁과 시장 논리에 지배당하고 있는 현실과 언제든 연애시장에서 밑바닥으로 추락할 수 있다는 청년세대의 공포 때문에 나타나는 현상이다.

그렇다면 결혼시장에서 진짜 '밑바닥'을 경험하는 이들은 누구일까. 한국노동사회연구소에서 2016년 20~30대 경제활동인구 자료를 이용하여 「노동소득 분위별 남녀 기혼자 비율」을 분석했다.

이 결과에 따르면 남성의 경우 임금이 하락할수록 기혼자 비율은 떨어진다. 최상위 계층인 10분위 기혼자 비율은 82.5퍼센트지만 최하위 계층인 1분위는 6.9퍼센트에 지나지 않는다. '남자가 돈을 잘 벌수록 결혼하기 쉽다'는 속설이 맞는 것이다. 한편 여성의 기혼자 비율 패턴은 남성과 다소 다르다. 여성의 경우에도 상위소득 계층의 기혼자 비율이 제일 높긴 하지만 최하위 계층보다 오히려 중하위 계층의 기혼자 비율이 더 낮은 것으로 나타났다.

이처럼 기혼자 비율이 낮은 순으로 볼 때 결혼시장에서 미스매칭 mismatching이 가장 심각할 계층은 하위 계층 남성과 중간 계

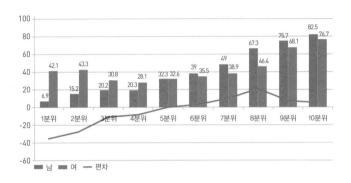

성별 임금 계층별 기혼자 비율(20~30대 임금 근로자 대상)
한국노동사회연구소, 2016년 3월 기준

층 여성이다. 또한 같은 계층 내에서 남녀를 비교하면 5분위 계층까지 여성의 기혼자 비율이 상대적으로 더 높고, 6분위 이상부터는 남성의 기혼자 비율이 여성보다 더 높은 것을 관찰할 수 있다.

왜 이와 같은 현상이 벌어질까. 일부에서는 이를 젠더갈등으로 설명하려고 한다. 오늘날의 청년세대들이 남녀 성별갈등을 심하게 겪고 있어 결혼을 안 하려고 한다는 것이다. 만약 이 설명이 맞다면 이성에 대한 혐오는 여성의 경우 중간 계층일수록 더 강하다고 할 수 있다. 그러나 앞의 표에서 애초에 결혼시장에서의 미스매칭은 상위 계층 아래에서 벌어지는 문제라는 것을 정확하게 알 수 있다.

: 90년대생들이 정말 원하는 것

계층이동성이 낮은 불평등 사회에서는 결혼 또한 세습의 수단으로 작용한다. 상위 계층에서 젠더갈등은 결혼과 아무 상관이 없다. 반면 중하위 계층의 젊은이들은 여러 가지 이유로 결혼 혹은 연애시장에서 좌절을 겪는다. 우선 가난한 남성은 가계를 부양할 만한 충분한 경제력이 없다는 이유가 클 것이다. 저임금과 불안정한 노동에 시달리는 중하위 계층의 여성들은 경력단절이 걱정되어서 혹은 경력단절의 리스크를 벌충할 만큼 경제력을 갖춘 남성이 주변에 없어서 결혼을 포기한다.

이처럼 앞서 본 기혼자 비율 그래프는 오늘날 청년세대에서도 '남성은 생계부양자, 여성은 가계보조자' 모델이 여전히 작동하고 있다는 사실을 보여준다. 이러한 전통적인 성역할 모델을 타파하자는 논의에서 취할 수 있는 최악의 방식이 있다. '인식과 문화의 개선' 같은 것이 대표적이다. 그보다는 애초에 남성 생계부양자 모델과 그에 따른 사회적 관행을 재생산하는 것이 무엇인지를 생각해야 한다. 이런 모델이 지속되는 근본적 배경은 장시간 노동, 초과노동이 잦은 불안정한 노동시장이다.

우선 한국에 만연한 장시간 노동(OECD 1~2위)은 임신과 출산 과정을 겪어야 하는 여성에게 더 큰 경력단절 요인으로 작용한다. 노동경제학자 클라우디아 골딘 Claudia Goldin이 지적했듯이 잔업과 초과노동에 인센티브를 부여하는 임금체계 속에서는 남성에게 더 많은 노동시간이 전가되고 여성은 반대로 상대적 저임금에 시달릴 수밖에 없다.

클라우디아 골딘은 이러한 현상이 성차별적 편견에서 상대적으로 자유롭다고 알려진 변호사나 회계사와 같은 미국 내 일부 전문직종에서도 나타나고 있다는 점을 지적한다. 한국의 경우에도 장시간 노동을 우대하는 관행은 단순노동에서 전문직에 이르기까지 다수의 직종과 산업에 해당한다. 특히 남성 노동자가 밀집해 있으며 초과근무수당 위주의 임금체계가 우세한 제조업, 운수업, 금융·보험업 분야가 대표적이다. 이들이 애초에 잔업이나 초과노동에 목을 매달 수밖에 없는 것은 기본급 자체가 적고 노동시장에서의 지위가 불안정하기 때문이다. 상대적 고임금을 누린다는 남성 노동자들도 상류층이 아닌 이상 역시 과로사 등 여러 문제를 겪을 수밖에 없다. 게다가 노동시간이 길면 빠르게 변화하는 사회에서 새로운 직업능력을 개발할 수 있는 교육의 기회도, 다양한 사회적 관계망을 형성할 기회도 갖기 어렵다. 여성은 여성대로 경력단절과 저임금 문제를 겪는다. 남녀의 노동 문제가 성별에 따라 달라 보여도 결국 그 핵심을 들여다보면 모든 청년이 공통적으로 겪고 있는 경제적 불평등과 노동시장의 불안정 문제와 다시 마주하게 된다.

공통의 문제에 대해서는 보편적이고 포괄적인 해법이 뒤따라야 한다. 이와 관련하여 한국노동사회연구소 김유선 연구위원은 한 인터뷰에서 "지금까지 저출산 대책은 기혼여성의 자녀

출산과 양육지원에 초점을 맞췄지만, 이제부터는 안정적이면서 적정 임금을 보장하는 일자리를 제공해야 저출산 문제를 근본적으로 해결할 수 있다"고 말했다. 기혼여성에게만 국한된 지원정책이 아니라 모두의 삶을 안정시키는 포괄적 정책이 필요하다는 것이다. 여기서 '안정적인 일자리'와 '적정 임금'은 당연히 남녀 모두에게 해당한다. 이러한 사회경제적 개혁은 경제적 불안정 때문에 가족의 미래설계 자체가 불가능한 남성, 배우자의 경제력 없이는 장기적으로 안정적인 생활을 꾸리기 어려운 여성, 모두에게 필요한 대안이다.

보통의 청년들이 마주한 공통의 문제에 집중하는 것은 청년들이 관심을 갖는 문화적 갈등 문제를 해결하는 데도 도움이 된다. 예를 들어 경제적 불평등 문제와 젠더 문제는 아주 강한 상관관계를 갖고 있다는 것을 암시하는 연구가 속속 발표되고 있다. 경제적 불평등의 정도가 심할수록 젠더 간의 격차나 성역할 분리의 정도가 커진다는 것이다.

영국의 일간지 《인디펜던트》의 보도에 따르면 여성이 섹시셀카sexy selfie를 찍도록 추동하는 것은 젠더 억압이 아니라 경제적 불평등이다. 기사에 인용된 것은 113개국 소셜미디어 포스팅을 대상으로 수행된 뉴사우스웨일스UNSW대학의 연구결과였다. 연구진은 경제적 불평등이 심한 나라일수록 여성이 온라인에 섹시한 모습의 셀카를 게시하는 경우가 더 많았으며, 여성이 성적

매력을 과시하는 문화는 가부장적 문화와 큰 관계가 없다고 밝혔다. 일부 개발도상국보다 일반적으로 성평등의식이 더 높다고 알려진 선진국에서 경제적 불평등과 섹시셀카의 상관관계가 더 강하게 나타났기 때문이다.

같은 연구에 의하면 경제적 불평등 정도가 높을수록 여성이 미용과 패션에 더 많은 시간을 투자한다. 불평등이 심해질수록 가난한 여성은 사회적으로 돋보이기 위해 외모를 치장하고 과시하는 전략을 선택한다는 설명이다. 그렇다면 여성이 외모에 신경을 쓰는 것이 가부장적 억압의 결과라며 '탈脫코르셋 운동'을 주장하기보다는, 경제적 불평등을 줄이는 방향에 집중하는 것이 여성들의 자유로운 문화를 위해서 더 나은 해결 방안일 것이다.

글로벌 금융위기 이후에는 사회경제적 불평등과 성폭력 문제 사이의 연관성에 주목하는 연구도 늘어나기 시작했다. 2014년에 보도된 「성폭력과 경제적 불평등Trusted Clothes, "Sexual abuse and economic inequality"」 기사에 따르면 미국의 범죄 통계를 분석한 결과 18~24세 성폭력 피해자 중에서 비非대학생 피해자가 대학생 피해자보다 1.7배 더 많았다. 연구책임자인 칼리 마리 레닌슨Callie Marie Rennison은 이 같은 결과가 빈곤과 교육 격차 등 다양한 사회경제적 불평등과 성폭력 위험성 사이의 상관관계를 암시한다고 주장했다.

여성폭력 문제가 심각하게 제기되고 있는 인도를 대상으로

한 연구에서도 이와 유사한 결과가 나왔다. 알버타대학 아흐메드 라샤다Rashad, A.S가 진행한 공동연구에 의하면 소득 불평등은 사회적 자본과 커뮤니티를 파괴함으로써 여성을 폭력에 더 무방비한 상태로 만든다. 가정폭력 문제를 전문으로 다루는《세이프 Safe》도 2015년에 불평등이 심해질수록 경제적·사회적 자원에 대한 여성의 접근권이 약해지며 결과적으로 가정 내 폭력에 취약해진다는 연구결과를 발표했다.

이처럼 경제적 불평등은 공식적이든 비공식적이든 사회적 안전망을 파괴하고 이러한 안전망을 필요로 하는 사회적 약자, 소수자, 취약 계층의 고통을 심화시킨다. 따라서 다양한 부문의 인권 문제는 경제적 불평등의 문제와 뗄려야 뗄 수 없는 관계에 있다.

과거 여성, 환경 등 진보적 의제들이 다양하게 등장하던 시대가 있었다. 그때도 당연히 이러한 의제들은 우리 사회의 불평등과 연결되어 있었다. 당시는 다양한 분야에서 진보적 의제들을 내세우는 방식이 수행하는 긍정적인 역할이 있었다.

그러나 사회의 양상은 변한다. 남성 노동자들을 무시하는 여성이 기껏해야 회사 사장님의 사모님이던 시절과, 비정규직 20대 남성들을 관리하는 30대 정규직 미혼여성 상사가 존재할 수 있는 시절의 양상은 매우 다르다. 오늘날 아무리 여성임원의 수가 적다 해도 회사에서 사장님의 부인인 사모님이 군림하던 시절과

공정하지 않다

나를 관리하는 여성상사가 있는 시절이 같을 리 없다. 그런데 이런 변화를 반영하지 않고 남성들의 성차별의식이 여전히 강하며 심지어 오늘날의 젊은 남성들이 더 여성혐오적이라고 비판하면 어떻게 될까. 정규직 여성상사에게 관리되는 20대 비정규직 남성들에게 '대의'를 위해 여성할당제를 받아들이라고 한다면 이들은 '공정성'을 내세워 반발할 수밖에 없는 것이다.

> 남녀 모두 각자의 이유로
> 가부장제를 싫어한다

여기서 오해는 금물이다. 젊은 남성들이 페미니즘 일각의 잘못된 전략에 반감을 갖는다고 해서 이들이 가부장제와 성차별에 찬동하는 것은 아니다. 페미니즘을 둘러싼 남녀 인식의 격차는 뚜렷하지만 의외의 지점에서 젊은 남녀는 공통점을 갖고 있다. 그것은 바로 '가부장적 성역할에 대한 반감'이다.

여론조사를 보면 20대 남녀 모두 결혼생활에 대해 회의적인 인식이 크게 확산되었다. 통계청이 주기적으로 수행하는 「사회

조사」에 따르면 2008년 당시 '결혼을 해야 한다 혹은 하는 것이 좋다'고 응답한 20대 남성은 71.9퍼센트였고 여성은 52.9퍼센트였다. 하지만 약 10년 후인 2018년에는 긍정 응답률이 각각 40.6퍼센트와 26.3퍼센트로 떨어졌다. 굳이 남녀를 비교하면 여성 측의 결혼회의론이 더 강하긴 하지만, 하락하는 속도는 젊은 남성이 더 빨랐다. 가부장제를 유지하는 결혼제도가 남성에게 더 이득이라면 20대 남성들 사이에 결혼회의론이 확산될 이유가 없다. 그런데도 여성보다 더 빠르게 확산된 것은 무엇 때문일까.

결혼은 '불공정 거래'라는 인식 때문이다. 예컨대 젊은 기혼 여성 커뮤니티에서는 '시월드'와 '독박육아'라는 용어가 유행한다. 단지 시부모라는 이유로 자신들을 부당하게 대우하는 어르신들에 대한 체험담은 시월드 후기라고 불리며 널리 공유된다. 이러한 체험담은 기혼자 커뮤니티뿐만 아니라 10~20대 여성 커뮤니티 사이에서도 공유된다. 결혼 이후의 독박육아에 대한 공포도 마찬가지다.

그렇다면 남성들은 어떨까. 이들 사이에서도 결혼회의론이 널리 퍼져 있다. 인터넷 커뮤니티에서 흥행하는 스토리텔링 방식이 흔히 그러하듯이 이러한 회의론은 각종 '괴담'의 형태로 나타난다. 부부싸움 후 아내가 홧김에 비싼 게임기를 욕조물에 담가버린다든가, 취미로 평생 수집한 물건을 박살냈다는 후기가 주기적으로 화제가 된다. 밤늦게까지 격무에 시달리고 와도 아내에게 용돈 받는 처지라며 볼멘소리가 나온다. 이러한 '설움'은 실제로 결혼을 하지 않은 10~20대 남성들 사이에서도 큰 파급력을 지닌다. 대부분 10~20대 남녀들의 경우 미혼이면서도 온라인에서 접한 결혼생활에서 발생하는 문제를 마치 직접 체험한 듯 강한 반감을 갖게 된다.

젊은 세대 사이에서 결혼생활에 대해 부정적 인식이 확산되는 건 이들이 갖고 있는 관념과 현실 사이의 간극 때문이다. 20대들은 어린 시절부터 남녀는 동등하고 자신의 삶이 가장 중요하다는 가치관 아래에서 자랐다. 이들 중 대부분은 가부장적 질서에 동의하지 않지만 결혼을 하게 되면 '남성은 부양의무자'이고 '여성은 생계보조자'라는 생각을 여전히 갖고 있다. 이러한 현실에 대해 젊은 여성들도 반발하고, 젊은 남성들도 반발한다.

여성들이 독박육아와 경력단절에 대한 두려움에 시달리듯이 남성들도 결혼 이후의 가족부양의무와 경제권 상실에 대한 걱정이 앞선다. 2016년 여성가족부가 실시한 「양성평등실태조사」에 따르면 39세 이하 기혼자 중 54.2퍼센트가 '아내가 모두 수입을 관리하고 남편에게 용돈이나 생활비를 준다'는 항목에 답했다.

부양책임자라는 남성의 역할에 대한 불만은 데이트 비용에 대한 불만으로도 이어진다. 젊은 남성들이 찌질하게(?) 데이트 비용을 여성들도 똑같이 내야 한다고 시위를 벌이는 것도 그 자체로 이미 탈脫가부장적 현상이다. 이를 두고 데이트할 능력도 없는 남자들이 저런다고 조롱하거나, 요즘 젊은 남자들은 좀생이라고 놀릴 일이 아니다. 이는 가부장적 롤모델을 내면화한 기성세대 남성이라면 절대 하지 않을 행동이기 때문이다

애초에 남녀의 가정 내 성역할이 남아 있는 근본적인 이유는 페미니즘 사상의 계몽을 덜 받아서가 아니라 괜찮은 일자리가 부족하고 사회적 안전망과 복지체계가 미흡해서다. 남성은 가장으로서 생계를 책임져야 한다는 부담에 장시간 노동을 자청하면서도 용돈을 받는 처지로 만족해야 하고, 여성의 경우에도 시집살이와 독박육아와 독박살림에 시달리며 개인의 삶이 상실되는 위기감을 안고 산다. 남녀 모두 '결혼을 하는 순간 개인의 자유는 끝장'이라는 생각을 안고 있다.

해결책은 남녀 모두가 행복할 수 있는 사회경제적 대안을 제시하는 것이다. 이것은 마땅히 온 사회가 함께 짊어져야 할 책임이다. 남녀 간의 대결 구도는 오히려 이런 공동의 책임을 회피하게 만든다. 그런데 기성사회가 청년세대 내부의 남녀 대결 양상에만 주목하고 이를 더 부추긴다면 이로 인해 뭔가 다른 이득을 얻는 이들이 있기 때문이라고 의심하지 않을 수 없다.

그 이득은 무엇일까. 여전히 '자신들이 가장 진보적'이라고 생각하는 기성세대의 자기만족일 수도 있다. 자신에게 필요한 권력과 자원을 갖기 위한 수단으로 성차별 이데올로기를 이용

하는 이들일 수도 있다. 청년세대 전체가 함께 손잡고 사회경제적 개혁과 불평등 해소에 몰입하게 될 때 위협을 느끼게 되는 특권층과 보수 정치인일 수도 있다. 어찌되었든 청년세대가 함께 밑바닥 삶을 개선하기 위해 동질적 연대감을 보여주는 모습에 주목하기보다, 일부의 갈등을 마치 전체의 갈등으로 해석하는 일에 더 열중해서는 안 된다. 특히 공론장의 역할을 맡고 있는 언론과 사회적 지식인들의 역할이 매우 중요하다.

최종 보스는 누구인가

오늘날 개별화된 경쟁 시스템에서 자라난 청년들은 자신을 싸잡아 비난하는 화법에 민감하게 반응한다. 한편 공동체적 규범이 강했던 기성세대는 연대책임의식을 갖는 것에 상대적으로 거부감이 덜하다. 2019년 법륜 스님은 '역차별'을 호소하는 젊은 남성에게 "지난 3천 년 내지 5천 년 동안 여성은 가부장적 환경에서 학대를 많이 당했습니다. 여성들에게 남성들이 빚을 많이 졌어요. 그러니 질문자는 자기가 한 건 아니더라도 이 빚이 부모님의 것이니까 좀 물려받아야 해요. 억울하다고 생각하지 말고 남자로 태어난 죄라고 생각하세요"라는 발언으로 엄청난 반발에 시달린 적이 있다.

한 네티즌은 이런 댓글을 남겼다. "가난하게 태어나면 가난하게 태어난 죄라고 하실 건가요?" 청년들은 가난의 대물림을 강요하는 사회구조 그리고 이러한 사회구조를 만들어낸 책임자들에게 잘못을 묻지 않고 개인에게 가난의 책임을 묻는 것은 불공정하다고 생각한다. 마찬가지로 자신이 남자로 태어났다고 해서 과거세대의 과오에 대해 연대책임을 묻는 것은 불공정하다고 생각한다. 연대책임에 반발하는 것은 청년세대의 공통적인 특징이다.

젊은 남성들이 '독박병역의무'에 대해 젊은 여성들이 고마워하지 않는다고 분통을 터뜨릴 때, 젊은 여성들 역시 한국의 징병제는 자신이 선택하거나 만든 것이 아닌데 왜 내가 죄책감을 가져야 하냐고 대응한다. 그렇다면 누구에게 책임을 물어야 할까.

사회의 책임은 '약자'인 개개인에게 묻는 것이 아니라 '최종 보스'에게 물어야 한다. 게임을 해보면 악당들 중에서도 가장 나쁘고 힘센 악당은 맨 나중에 나온다. 최종 보스는 게임을 이기기 위해 가장 마지막에 물리쳐야만 하는 악당을 의미한다. 게임을 하는 과정에서 각 단계마다 수많은 중간 보스를 물리쳐야 하

공정하지 않다

지만, 이 모두가 결국 최종 보스에게 도달하기 위해 거쳐 가는 과정일 뿐이다. 지금까지 가장 강한 악당을 물리쳤다고 생각한 순간 어딘가에서 또 다른 악당이 나타나 "네가 물리친 녀석은 우리 사천왕 중에 최약체일 뿐이지"라는 식의 음산한 대사를 읊는 것을 상상하면 된다.

현실도 마찬가지다. 어떻게 하면 최종 보스를 물리칠지 생각하지 않고 중간 보스에 가로막혀, 약한 개인에게 훈수만 쏟아내는 방식은 공정하지 않다. 최종 보스를 물리치기 위해서 주인공과 그 일행이 서로 협력하며 더 강한 적을 물리칠 수 있는 특별한 아이템을 구하고 수련에 매진하듯이, 청년세대 스스로가 이와 같은 사고를 하는 게 필요하다. 또 청년세대의 최대 다수가 만족할 수 있는 해법을 가로막는 공통의 최종 보스는 누구인지 찾아내야 한다.

사실 다수의 청년들이 이러한 관점을 가지려고 한다. 예를 들어 군대 문제를 둘러싼 논쟁도 마찬가지다. 남성 커뮤니티에서는 군납비리를 줄이고 일부 장성만 이용할 수 있는 군부대 골프장만 줄여도 일반장병들의 처우를 획기적으로 개선할 수 있다는 이야기가 많이 나돈다. 2016년 국방부 자료에 따르면 육·해·공군이 관리하는 골프장은 32개인 것으로 나타났다. 이것은 대부분 현역장병들의 복지와 관계없는 군 간부 전용시설이거나 민간인 대상 영리시설들이다. 또 남성 커뮤니티에서는 할 일 없는 장성들이 너무 많다는 의미에서 일부 장성들을 '똥별'이라고 낮춰 부르기도 한다. 실제로 2017년 국정감사에서 한국의 육군 장군 수(314명)가 미군 육군(309명)보다 더 많은 것이 지적되어 논란이 일었다. 이처럼 실질적인 문제 해결을 위해 최종 보스가 누구인지를 제대로 지적한다면 청년세대의 마음을 하나로 모을 수 있다.

그러나 오늘날 많은 진보적 지식인들이 사회구조의 문제를 이야기하는 것보다 개인의 올바름이 결국 제일 중요하다는 인식을 보인다. 과거 진보적 지식인들은 '거대 담론'에 개인의 문제, 소수의 문제가 가려지는 것을 비판해왔다. 이는 구조에 가려져 있는 개인의 인권과 자유를 보호하고 시민의 권리를 확대하기 위해서였다. 즉, 개인과 소수의 문제는 결국 사회구조와 연관되어 있음을 드러내기 위해서였다. 그러나 지금은 반대로 올바르지 않은 개인 때문에 사회구조적 문제가 발생하고 있다고 생각한다.

최근 간호사들 사이에서 심각한 문제가 되고 있는 '태움 문화'에 대해서도 같은 이야기를 할 수 있다. 한 간호사의 자살 사건을 낳은 것으로 지목된 태움 문화는 병원 내부의 군기잡기 악습을 말한다. 후배 간호사들에 대한 선배 간호사들의 폭력적인 군기잡기에 비난이 빗발치고, 선배 간호사들의 끔찍한 행동들을 폭로하는 원색적인 보도가 쏟아졌다. 2019년 3월 7일 JTBC 손석희 앵커는 고^故 박선욱 간호사의 죽음을 산업재해로 인정받기 위해 싸운 공동대책위의 한 간호사와 인터뷰를 했다. 손석희 앵커가 태움 문화를 계속 지적하자 그 간호사는 이렇게 말했다.

그것이 오히려 구조적인 문제를 은폐하는 것 같아요. 이 사건이 처음 벌어졌을 때 태움 문화 혹은 고인의 예민한 성격 등으로 보도가 많이 됐었는데요. 그런데 그렇게 개인의 문제로 말하면, 사실 아산병원이 이 신입 간호사에게 제대로 된 교육을 해줬는지에 대한 물음은 없는 거죠. 예를 들면 중환자실 교육 같은 경우, 캐나다 같은 나라는 1년을 한다고 하는데 저희는 두 달밖에 하지 않거든요. 그러면서 실수로 사람을 죽일 수도 있는 환경에 갓 대학 졸업한 사람을 그냥 던져놓는 거예요. (…) 벼랑 끝을 걷는 상태로 출근해서부터 퇴근할 때까지 모두가 활활 타고 있는 겁니다. 선배 간호사도 타고 있는 겁니다. 자살은 태움 때문이지만, 그 폭력의 제일 큰 책임은 박 간호사를 둘러싼 개개인들이 아니라, 끔찍한 노동 상황에 몰아넣은 병원입니다.

그 간호사는 박선욱 간호사의 죽음을 괴롭힘의 문제가 아니라 구조의 문제로 인정받기 위해 즉, 산업재해로 인정받기 위해 서로 얼굴도 잘 모르는 수많은 간호사들이 선후배를 가리지 않고 함께 뭉쳤다는 점을 강조했다. 한 여성 네티즌도 똑같은 점을 지적한다. "업무량은 많고 여기저기서 치이고 신입은 일도 잘

못하고, 진짜 앞 타임의 신입이 일을 똑바로 못해서 나에게 일이 넘어오고 늦어지면 나도 모르게 짜증이 나서 예전에 갈굼당했던 것도 다 잊어버리고 신경질을 내고 짜증을 부리게 된다."

그러나 오늘날 공론장에서는 어떤 문제든 '나쁜 개인 vs 착한 개인' '남자 vs 여자'라는 프레임으로 접근하려는 태도가 심해지고 있다. 얼마 전 범죄 종합선물세트를 방불케 했던 버닝썬 게이트 논란도 마찬가지다. 폭행, 마약, 약물을 이용한 성범죄, 몰래카메라 촬영 심지어 성접대 문제까지 얽힌 버닝썬 게이트는 온 사회가 공분할 만한 사건이었다.

그러나 사건이 일어난 직후 MBC에서는 "이번 버닝썬 게이트를 통해 우리 사회에 여성을 성적 대상화하는 성폭력 문화가 얼마나 일상적이고 만연해 있는지 짐작할 수 있습니다"라는 멘트를 내보냈다. 물론 성범죄에 대한 경각심을 환기시키려는 취지였겠지만, 이 멘트는 범죄의 최종 책임을 '남성들의 잘못된 인식'이라고 말하고 있다. 이런 사건이 터질 때마다 남성들이 마치 이러한 범죄의 공모자인 것처럼 해석하는 프레임이 작동하면, 당연히 '내가 하지 않은 일에 책임을 묻지 말라'는 가치관을 가진 젊은 남성들은 반발하게 되는 것이다.

이런 접근법이라면 애초에 버닝썬 게이트의 폭로자가 남성 폭행 피해자라는 사실, 그가 보복과 불이익을 감수하면서까지 클럽의 비리를 폭로하려 했다는 사실 그리고 버닝썬 게이트를 처음 여론화한 곳이 남초 커뮤니티라는 사실을 구구절절 설명해야 한다. 무엇보다 버닝썬 게이트의 최종 보스가 누구인지 해석하지 못하고 있다. 이 사건은 돈과 권력의 비호를 받는 특권층의 범죄이다. 버닝썬 게이트는 유력 언론사와의 유착 의혹이 제기된 고 장자연 씨 사건이나 김학의 전 법무부 차관의 성접대·성폭력 의혹 사건과 본질이 같다. 돈과 권력으로 심각한 범죄를 은폐할 수 있었다는 것이 문제의 핵심이고 여기에 대해 남녀 모두가 공분한다. 일례로 버닝썬 관계자와 친분을 유지하며 클럽에 자금을 댄 것으로 알려진 해외의 거물 투자자는 여성이었다. 성별이 문제의 핵심이 아닌 것이다.

오늘날 청년들이 남녀 대결 프레임에 민감하게 반응하고 반발하는 것은, '최종 보스에게 책임을 묻기보다는 평범한 개인들에게 연대책임을 요구하는' 불공정한 일이 발생하기 때문이다. 이들이 보기에 남성들이 연합하여 여성들을 착취하고 있다는 '남성 카르텔' 프레임은 현실에 존재하는 권력·자본 카르텔을 붕괴시키는 데 전혀 도움이 되지 않는다.

그렇다면 대안은 무엇일까. 일단 분명한 것은 혐오는 대안이 아니라는 점이다. 2030세대 남녀들은 혐오 발언 등으로 상처 입은 경험을 한 번쯤 가지고 있다. 일베를 공격하든 워마드를 공격하든 혐오주의는 안 된다. 2013년 12월 남초·여초 커뮤니티가 합세해서 일베 사이트를 각종 도배글로 공격해서 마비시킨 '일베

대첩' 사건이 있었다. 이렇게 남녀가 협력하여 혐오에 맞서 싸우는 것이 가장 중요하다.

앞서 말했듯 젊은 남녀 누구도 우리 사회에 만족하지 않는다. 20대 남성은 똑같이 경쟁해야 할 상황에서 할당제가 튀어나와 공정한 경쟁이 불가능할 때 그 불공정성에 분노한다. 반면 20대 여성은 직장을 그만두는 여자 선배들을 바라보며 자신의 미래를 걱정한다. 남녀는 같은 곳에 서 있지만 서로 바라보는 지점이 다를 수 있다. 중요한 것은 이들이 한정된 자원을 가지고 대립하는 구조를 만들지 않는 것이다. 그러기 위해서는 오늘날 청년세대의 삶을 힘들게 만드는 공통의 문제에 집중하고 '정말 불공정한 것은 이것'이라고 말할 줄 알아야 한다.

2019년 7월 여성단체가 성접대를 강요받고 자살로 삶을 마감한 고 장자연 사건에서 《조선일보》의 책임을 추궁하기 위해 《조선일보》 사옥 벽면에 레이저 빔으로 '경찰 검찰 모두 공범' '폐간하라' '수사외압 언론적폐' 등의 항의성 문구를 게시한 일이 있었다. '미투운동과 함께 하는 시민행동'이 시위의 주체였다.

이 시위에 대해 남초 인터넷 커뮤니티가 크게 환호하자 많은 이들이 그 모습에 의아해했다. 대부분의 남초 커뮤니티는 여성단체에 대한 부정 여론이 강하기 때문이다. 여기에 대해 청년들은 "기득권 혹은 거악이라고 말할 만한 집단과 맞서 싸우는 것이라면 대환영이다. 그 주체가 여성운동이든 노동운동이든 학생운동이든 뭐든 개의치 않는다"고 반응했다.

　과거 한국대학생연합이라는 학생운동단체가 주도했던 반값 등록금 시위를 평소 반운동권 성향이 강했던 대학생들도 지지했다. 박근혜정부 아래 민주노총이 주도했던 철도파업에도 당시 젊은 네티즌들은 (시위에 참여하려면 당연히 그래야 하는 줄 알고) 민중가요를 찾아서 서로 공유하며 지지를 표했다. 이들은 한국대학생연합이나 민주노총의 전통적인 지지자들이라서 그런 게 아니다. 등록금 장사로 폭리를 취하는 대학에 분노했기 때문이고 철도민영화를 저지해야 한다는 주장에 공감했기 때문이다.

　그러나 이런 일들은 크게 보도되지 않는다. 20대를 '이상한 애들' 취급하는 기성언론이나 기성세대들은 이들의 행동이 일관성이 없다며 이해하지 못한다. 그보다는 젊은 세대의 병맛 문화나 B급 문화에 놀라서 과잉대응하거나 잘못 해석한다.

　그런 문화를 이해하지 못해도 된다. 적어도 어떤 사안에 대해 오늘날 가장 밑바닥에서 고통받는 이는 누구인지, 진짜 이익을 챙기는 최종 보스가 누구인지를 생각하고 이를 제대로 짚어주는 것만으로도 충분하다.

5   자신도 지키지 못할 것을,
남에게 강요하는 것은 공정하지 않다

선생님도 남자와 여자가 아닌 잘한 학생을 칭찬하자.
어느 초등학교 학생들이 만든 '양성평등 기본법' 중에서

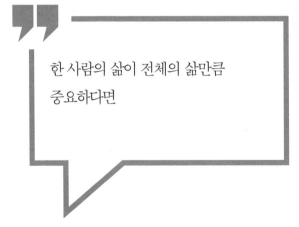

한 사람의 삶이 전체의 삶만큼
중요하다면

　2030세대 커뮤니티에서 자주 사용하는 말 중에 '중립기어 박
고 보자'는 말이 있다. 어떤 논쟁이 벌어졌을 때 한쪽 주장만 보
고 반대쪽을 욕하지 말자는 의미다. 양측의 입장을 다 듣고 팩트
가 무엇인지부터 챙기자는 말이다. 온라인 속보경쟁 시대에 처

음 알려진 사실과는 다른 반전이 일어나는 경우를 수없이 겪으면서 생겨난 이들 세대의 규칙이다.

기성세대는 이런 사고방식을 가진 이들을 이해하기 어렵다. 기성세대는 일단 "너는 누구 편이냐?" 하고 묻는 데 익숙한 세대들이다. 오늘날 50대가 된 과거 민주화세대의 경우 젊은 시절에 오래된 보수 기득권체제를 없애는 일이 공통의 사명이자 목적이었다. 그래서 때로 '우리 편'이 잘못했을지라도 어느 편이 권력을 잡는지가 매우 중요한 세대였다. 49 대 51의 싸움에 익숙해진 세대들이다. 그러나 과거세대의 노력으로 만들어진 '민주주의 대한민국'에서 자라난 20대는 정치적 입장을 먼저 정하고 내 편 네 편으로 싸우기보다 개별 사안을 더 정확하고 공정하게 파악하려는 자세를 더 '좋은 태도'로 인정한다.

여기에는 모든 개인정보가 너무나 손쉽게 노출되는 온라인 세대라는 특성이 주요하게 작용한다. 집단에 대한 소속감으로 자신을 표현하던 기성세대와 달리, 20대들은 개인 한 사람 한 사람이 미디어가 되는 시대에 태어나서 자랐고 살고 있다. 이들 세계에서는 온라인 네트워크를 통해 뉴스가 전파되는 속도가 과거와 비교할 수 없을 정도로 빠르다.

그만큼 개인이 감내해야 하는 위험도 크다. '～카더라' 하는 추측성 글이 인터넷 어딘가에 올라가면 잘못된 정보라도 순식간에 기정사실화되고, 나중에 진실이 밝혀져도 바로잡기 매우 힘들다. 이를 이른바 '박제'된다고 한다.

　게다가 한 번 박제된 과거는 사라지지 않는다. 오래 전 SNS나 인터넷 게시판에 올린 철없는 말 한 마디가 언제 어디에 박제되어 사람들 사이에서 조리돌림을 당할지 모른다. 유명해진 아이돌이나 오디션 프로그램에 출연한 일반인들도 학창 시절 학교폭력의 가해자였거나 과거 SNS에 무개념 발언을 올렸던 게 문제가 되어 곤혹을 느끼는 일이 빈번하다. 최순실의 딸 정유라도 비슷한 경우였다. '돈도 실력이다'라는 말은 촛불혁명 당시에 나온 말이 아니라 몇 년 전 그녀가 SNS에 올렸던 글이다. "안 좋은 과거는 잊고 오늘을 잘살면 된다" "과거의 실수가 내일의 밑거름이 된다"는 말이 2030세대에게는 잘 먹히지 않는다.

　그렇기 때문에 '중립기어'는 한 개인이 익명의 대중에게 샅샅이 까발려지는 시대를 사는 데 필요한 최소한의 방어막이기도 하다. 그만큼 팩트에 집착할 수밖에 없고 무고에 대한 우려도 강할 수밖에 없다. 없는 죄를 뒤집어썼을 때 이를 바로잡을 수 없다는 것을 어떤 세대보다 잘 알고 있기 때문이다. 이 중립기어 규칙에 따르면 사회적 약자의 폭로라고 해서 무조건 옳은 것이라고 생각할 이유가 없다. 가해자로 지목된 사람을 무작정 비난하는 데 섣불리 동참할 이유도 없다. 사건을 특정한 프레임으로 보고 서둘러 피해자와 가해자를 규정하는 대신, 개별 사안별로 정확한 팩트를 가려내는 것이 무고한 피해자를 줄일 수 있는 길이라는 것이 이들 세대의 '공정함'이다.

이는 2018년 초부터 한국 사회를 휩쓴 미투 열풍을 대하는 태도의 차이에서도 발견할 수 있다. 미투 열풍에 대한 한 여론조사에서 국민 열 명 가운데 일곱, 여덟은 미투운동을 지지하는 것으로 나타났다. 이 중 4050세대 이상은 미투를 진영 논리에 따라 판단하는 경향성이 더 강한 것으로 보인다. 가령 미투운동을 공개적으로 지지해서 화제가 되었던 박훈 변호사는 자신에 대한 미투 폭로를 정면으로 반박했던 정봉주를 비판하며 "미투운동은 혁명이고 정봉주는 반혁명이다"라고 말했다. 미투운동을 구악舊惡인 남성과 신진 세력인 여성 사이에 벌어지는 성전性戰이자 성전聖戰으로 인식하고 있는 것이다.

반면 미투운동을 지지하더라도 청년세대가 지지하는 지점은 약간 다르다. 청년세대 내에서 보이는 한 가지 공통된 경향은 위계질서 속에서 발생한 권력형 성폭력 사건 폭로에 더 많은 지지를 보낸다는 점이다. 2018년 1월 서지현 검사가 미투 폭로를 하자 젊은 남녀 사이에서 만장일치에 가까운 지지 여론이 형성되었다. 쇼트트랙 심석희 선수의 미투 폭로 이후에도 남녀를 가리지 않고 가해자 조재범 코치를 비난하고 심 선수를 응원하는 글이 쏟아졌다. 연극계 내의 권위를 이용해서 성폭력을 저질렀다고 폭로된 이윤택 감독에 대해서도 20대 남녀 여론의 편차가 거의 없었다.

반면 사건의 주요 정황에 대해 진술이 크게 엇갈리는 폭로에 대해서는 (비록 성별 간 편차가 있지만) 신중하게 접근한다. 나중에 여성 측의 거짓말이 탄로나 비웃음거리가 되었던 이수역 폭행 시비 사건이 대표적인 경우다. 이수역 폭행시비 사건의 경우 매우 경미한 종류의 사건이지만 이 사건을 두고 온 사회가 격렬하게 남녀 대결 구도를 보였던 것을 기억할 것이다. 왜 그랬을까. 기성세대들이 잘 모를 뿐, 청년세대를 둘러싸고 박제되고 조리돌리는 '무고한 사건'들이 있었기 때문이다.

2016년 한 여성이 트위터에 박진성 시인이 미성년자인 자신을 상습적으로 성추행했다고 폭로한 사건이 대표적인 사례이다. 《한국일보》의 보도를 시작으로 여러 미디어에서 박진성 시인의 사건을 보도했다. 법적공방을 거쳐 성추행 의혹이 사실이 아니라는 것이 드러나고, 정정보도가 나온 것은 2019년이었다. 그 기간 동안 시인은 문학활동도 개인적 삶도 파탄 났다. 사실이 아닌 것으로 밝혀졌어도, 이제 어디서도 박진성 시인에게 글을 청탁하거나 강의를 요청하지 않을 것이다.

이런 일들이 끔찍한 성폭력을 근절하는 과정에서 일어나는 부작용일 뿐이라고 말하기에는, 온라인 시대를 살아가는 청년세대에게 너무나 공포스러운 일이다. 성폭력에 반대하지만 동시에 무고를 우려하는 시각은 이런 시대의 변화 때문에 생긴 것이다.

하지만 여성계는 여전히 무고죄 폐지 혹은 성폭력 수사 종료 이후에만 무고죄 수사가 가능해야 한다고 주장한다. 무고죄가 성폭력을 당한 피해자들이 폭행사실을 폭로할 때 방해물로 작용할 수 있다는 것이다. 2018년 법무부 성희롱·성범죄 대책위원회는 여성계의 요구를 받아들여 대검찰청에 '성폭력 피해자에 대한 2차피해를 방지하기 위해 성폭력 사건 종결 시까지 성폭력 무고 사건의 진행을 중단'하라고 권고했다.

2018년 5월 대검찰청은 이러한 권고를 반영한 내용으로 '성폭력 수사매뉴얼'을 개정했다. 언론보도를 통해 이 같은 사실이 알려지자 청와대 국민청원 게시판에 "대검찰청의 불법적인 성폭력 수사매뉴얼 중단을 요청합니다"라는 제목의 국민청원이 올라왔고, 답변기준인 20만 명을 넘겼다. 청와대의 답변에 따르면 실제 매뉴얼에는 '이미 객관적인 물적 증거 등에 의해 허위사실을 신고했음이 명백한 경우 등 예외적인 경우에는 무고, 명예훼손 사건에 대한 수사를 진행하도록 명시'되어 있다. 하지만 언론보도를 통해 성폭력 수사가 끝날 때까지 무고죄 수사를 할 수 없다는 점만이 부각되었고, 일반인들 입장에서 검사들만 볼 수 있는 수사매뉴얼을 확인할 수 없었기에 대검찰청의 수사매뉴얼은 오해를 살 수밖에 없었다.

검찰의 수사매뉴얼까지 청와대 국민청원 대상이 될 정도로 오늘날 20대 남성들은 성폭력 범죄자에 대한 강력한 처벌에는 여성들 못지않게 동의하면서도 성폭력 수사매뉴얼 개정에는 우려를 표한다. 이는 이들 세대가 가진 중립기어 정신 때문이다. 여성이든 남성이든 누구나 범죄를 저지를 수 있고 누구나 거짓말을 할 수 있다. 무고는 이에 대한 방어수단인데 성범죄에서만 무고죄를 없앤다는 것은 남성 일반을 자신의 범죄를 인정하지 않는 가해자로 여기는 것이다. 이런 프레임을 받아들일 수 없다는 반발이다. 전체의 대의로 인해 내 삶에 위험 요소가 생기는 것을 받아들일 수 없는 것이다. 한 사람의 인생의 무게를 함부로 잴 수 없다면 어떤 이유에서든 그 무게의 중요성은 지켜져야 한다는 것이다.

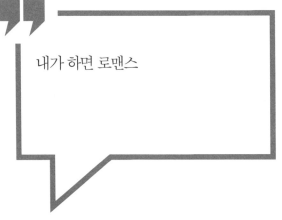

내가 하면 로맨스

2019년 3월 25일 더불어민주당 전해숙 의원이 대표발의한 한 법안이 2030세대 남초 인터넷 커뮤니티들을 뒤집어놓았다. 해당 법안은 '성차별·성희롱의 금지 및 권리 구제 등에 관한 법

률안'으로, 진보 언론과 여성계 등에서 통과시켜야 한다고 주장하던 이른바 '미투 법안' 중 하나였다. 2030세대 남성들이 분노한 대목은 해당 법안 제30조에 있다. '이 법과 관련한 분쟁 해결에 있어서 입증책임은 성차별·성희롱 행위가 있었다고 주장하는 자의 상대방이 부담하도록 한다'는 대목이다. 즉, 누군가 자신이 성희롱을 당했다고 어떤 사람을 지목하면, 이게 사실인지 아닌지를 가해자로 지목당한 사람이 입증해야 한다는 말이다.

이는 '무죄추정의 원칙'을 무시하는 내용이다. "모르는 남자랑 여자랑 단둘이 있다가 여자가 '옆에 남자가 방금 제 가슴을 만졌어요'라고 하면 그 남자는 그 순간부터 모든 일상을 포기하고 가슴을 안 만졌다는 증거를 어떻게든 입증하려고 뛰어다녀야 한다는 소리입니다." 이것이 젊은 남성들의 반응이었다.

논란이 커지면서 국회 입법예고 홈페이지에 8,000여 개에 달하는 의견들이 쏟아졌다. 국회 입법예고 홈페이지에 사람들이 글을 잘 올리지 않는다는 점을 생각하면 굉장히 뜨거운 반응이었다. 결국 대표발의한 전혜숙 의원실은 반대하는 분들의 목소리를 반영해 새로운 법 발의 또는 해당 법안 정비를 하겠다며 법안을 철회한다.

이 사건은 남녀 대결 구도로 해석할 일이 아니다. 누군가의 행동이 범죄인지 아닌지 밝혀낼 책임은 국가에게 있다. 그런 일을 하라고 검찰과 경찰에게 공권력이 주어진 것이다. 그런데 이 법안은 무죄인지 유죄인지를 개인에게 입증하라고 하고 있다. "유신 때 없는 사실을 만들어서 정치사범으로 만들었다. 그것과 이것이 뭐가 다른가"라는 게 젊은 남성들의 반론이다. 예전 같으면 개인의 인권을 중요시하는 진보 진영에서 나서서 반대했을 법안이 여성을 위하는 법안이라는 이유로 제안된 것이다. 이런 일들이 페미니즘의 이름으로 벌어지기 때문에 20대 남성들은 페미니즘과 성평등을 분리하여 사고한다.

2018년 서울대학교 대나무숲 페이스북 페이지에는 '페미니스트들의 원칙'을 다룬 장문의 글이 올라왔다. 2030세대 커뮤니티에 삽시간에 퍼져 나간 이 글에는 다음과 같은 대목들이 있다.

유죄추정의 원칙	고발만 이루어지면 피의자는 유죄가 이루어져야 한다. 무고는 어쩔 수 없는 희생이다.
2차가해의 원칙	고발자에게 공감을 표하지 않고 중립을 취하면 2차가해이다.
직업평등의 원칙	중요한 직업은 사람 간 비율을 맞추자. 실적은 안 중요하다. 광부, 사병 등은 안 중요한 직업이다.
대학평등의 원칙	남자들만의 대학은 구세대 남녀차별의 상징이지만, 여자들만의 대학은 있어야 한다.
상상의 원칙	네가 안 보는 곳에 야한 걸 보는 건 나를 성추

행한다는 뜻이다. 내가 야한 것을 보는 건 내
자유다.

이 글을 보면 20대 남성들은 페미니즘을 성평등주의라고 여기는 게 아니라, 여성 이기주의로 여긴다는 것을 알 수 있다. 청년세대들이 즐겨 쓰는 말 중에 '내로남불'이라는 말이 있다. 내가 하면 로맨스, 남이 하면 불륜이라는 말이다. 미혼이 대다수인 이 세대들이 어떻게 이 같은 용어를 일상적으로 쓰게 되었는지 기성세대들은 이해할 수 없을 것이다.

이 같은 흐름 속에서 대학가에서는 총여학생회가 폐지되는 일이 벌어졌다. 동국대, 성균관대에서 총여학생회가 폐지되고 2019년 1월에는 연세대에서 서울권 대학 중 마지막으로 남아 있던 총여학생회가 학생투표를 통해 폐지되었다. 한때 총여학생회를 만들기 위해 노력했던 민주화세대로서는 도저히 이해할 수 없는 일이다. 이를 두고 20대들이 보수화되었다고 해석하는 것이 기성세대가 취하는 손쉬운 방법이다.

투표결과에 남녀 차이는 다소 있겠지만, 이 현상은 20대 전체에서 페미니즘에 대한 피로도가 엄청나게 높다는 것을 보여준다. 그리고 윗세대들이 알고 있는 남녀차별과 이 세대들이 느끼는 남녀차별의 양상이 다르다는 것도 알 수 있다. 여학생들만을 위한 학생회가 왜 남녀공학에 있어야 하는지 논란이 된다거나 총여학생회가 여성에게 특혜를 주는 것으로 논란이 된다면, 남녀를 불문하고 차라리 없애는 게 공정하다는 일정 정도의 공감대가 있는 것이다. 실제 총여학생회를 폐지하자는 학생투표에서 투표율과 찬성 비율에서의 남녀 차이는 있을지언정 남녀 모두 찬성 여론이 우세했다.

내로남불이라는 입장에서 보면 페미니즘의 이름으로 주장하는 많은 것들이 비판의 대상이 된다. 페미니스트들은 고위직인 국회의원, 장관, 대기업 임원 등에는 여성할당제를 도입하라고 주장하지만, 광부처럼 여성은 아예 일할 수 없도록 규정한 차별적인 현행 근로기준법(제72조)에는 문제를 제기하지 않는다. 2017년에 있었던 공무원 숙직 논란도 비슷하다. 2017년 《파이낸셜뉴스》가 서울시 25개 자치구의 '야간숙직 근무현황'에 대해 보도했다. 여직원이 월요일부터 일요일까지 전 요일 매일 숙직에 참여하는 구는 구로구, 영등포구밖에 없는데 남녀 공무원 성비가 50 대 50에 가까워지면서 남성 공무원들의 숙직 당번 빈도가 높아져 피로를 호소하고 있다는 내용이다. 여성의 사회진출이 많아지면서 기존의 여러 관행들도 변화를 겪어야 하지만 이에 대한 논의는 없다는 것이다. 만약 여성 공무원들에게도 똑같이 야간숙직을 하게 하면, 여성들의 안전문제에 소홀하다는 비난에 시달릴 것이라고 생각하는 것이다.

이런 논란이 폭발하는 지점은 군대 문제다. 1998년 육군사관

학교는 여생도의 입학을 허용했고, 2002년 최초의 여군 소위 스무 명이 탄생했다. 최근 3년 간 육사 수석졸업은 모두 여생도가 차지할 정도로 여성들은 훌륭하게 군생활을 수행하고 있다. 이처럼 본인이 선택해서 갈 수 있는 고위직 장교 자리는 여성에게 개방하고 있는데 징병제는 남성에게만 적용한다. 사회가 변하면 이와 같은 생각들도 나타나게 되는 것이다. 한 네티즌의 글을 인용해보자.

현행법상 대한민국 국적의 남성은 심각한 장애가 있지 않으면 징병 혹은 그에 준하는 강제노동을 해야 한다. 대한민국 법은 군복무를 하지 않는 남성은 '신체·정신상 심각한 결격 사유가 있다'고 국가가 낙인을 찍는 것이다. 이것은 여성에게도 적용된다. 실제로 헌법재판소가 남성의 독박징병 합헌 판결을 내릴 때 '여성은 군복무에 장애가 있음'을 이유로 내세웠기 때문이다. 여성은 병역을 처리하는 데에 있어 남성 장애인과 똑같은 대우를 받으며 철저히 '약자화'된다. 그런데 페미니즘은 이에는 반발하지 않는다.

이와 같은 반발이 자꾸 나오는 데는, 군복무와 남성들의 폭력성을 연결시키는 페미니스트들의 대응 방식과도 관계가 있다. 페미니즘 성향이 강한 커뮤니티들을 보면 "사람 죽이는 기술이나 익히는 군대에 다녀와서 남성들이 폭력적이다" "그런 군대를

다녀온 게 뭐가 자랑이라고, 맨날 군대 이야기나 하느냐" 등의
발언을 쉽게 찾아볼 수 있다.

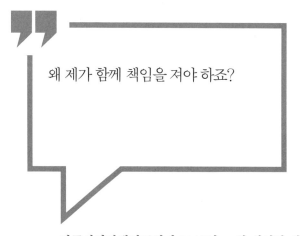

왜 제가 함께 책임을 져야 하죠?

한국여성정책연구원이 2018년 11월 실시한 설문조사에 따르
면 연령대가 낮은 남성일수록 가부장제에 동의하지 않았다. '가족
의 생계는 남자가 책임져야 한다'는 항목에 50대 남성의 70.8퍼
센트가 동의했으나 20대 남성은 33.1퍼센트만 동의했다. '남자
는 힘들어도 내색하지 말아야 한다'는 질문에 동의하는 20대 남
성은 18.2퍼센트에 불과했다. 그런데 가부장적 문화를 거부하
는 20대들에게 날아온 것은 '가부장제 연대책임론'이다. 남성들
이 병역의 부담을 지는 것은, 그간 남성이 만들어낸 차별의 피해
가 남성 스스로에게 돌아온 것이고 차별을 해소하기 위한 비용
이라는 주장도 있다.

MBC 〈100분토론〉 패널로 출연했던 김지예 변호사도 비슷한

말을 했다. 김 변호사는 "지금 20대 30대 남성들이 기득권을 한 번도 가져보지 못한 건 사실이에요. 그렇지만 우리가 20~30대 남성을 40~50대 남성과 분리시켜서 생각해야 되느냐. 이건 사회 전체를 바라보지 못하는 맥락이라고 생각한다"고 발언했다. 이에 상대 패널이 "그게 무슨 연좌제냐"고 반박하자 김지예 변호사는 "그럼 왜 우리는 일본에 지금 사과를 요구하느냐? 일본의 지금 세대는 전범이 아닙니다. 그런데 우린 왜 일본에 사과를 요구하죠?"라고 답변했다.

오늘날 한국 국민들이 사과할 것을 요구하는 대상은 일본의 시민들이 아니라 권력을 쥔 일본 정부이다. 일본군 위안부 문제를 인정하지 않고, 틈만 나면 전쟁범죄를 부정하려는 일본의 정치인들이다. 강제노역을 시키고 사과도 배상도 하지 않는 일본의 기업이다. 일본의 지식인들이나 일본 국민 중에 과거를 반성하고 일본의 군국주의를 비판하는 사람들도 있다. 우리는 당연히 그들에게 박수를 보낸다. 과거 일본이 한국을 지배했다는 이유로 현재를 사는 일본 국민 전체를 가해자라고 말해서는 안 되는 것이다.

한 네티즌은 이렇게 반박했다. "왜 지금의 80, 70, 60, 50대들의 부채의식을 아무것도 누려본 적 없는 30, 20, 10대들이 대신 짊어지고 역차별, 조롱, 모욕을 당해야 하는 걸까. 누이들에게 그렇게 미안하면 당신들이 갚아라. 동생, 조카, 자식세대 남성들에게 청구서를 떠넘기지 말고."

2019년 1월 《중앙일보》가 인터뷰한 20대 남성들도 이런 문제를 제기했다. "20대 남성이 언제 가부장제 혜택을 보고 그런 제도를 답습하며 여성을 억압했나. 학교 안에서 우리는 그런 권력을 누린 적이 없다" "20대는 남녀구분 없이 약자지만 우린 '남자니까' 기득권 취급을 받는다" "성차별적인 문화를 만들고 가부장제 문화에서 혜택을 본 세대는 40, 50대 남성이다. 근데 40, 50대 남성은 지금 페미니즘 정책을 펴면서 가해자가 아닌 것처럼 행동한다" 등의 목소리가 담겨 있다.

즉, 기성세대들이 자신들이 가진 부채감을 털기 위해 오늘날의 젊은 세대들에게 그 비용을 치르게 한다는 불만이 있는 것이다. 지난 2018년 6월 지방선거 당시 화제가 되었던 통계가 있다. 기초비례의원의 남녀 성비였다. 385명의 기초의원비례대표 당선자 중 여성 당선자는 374명으로 무려 97퍼센트에 달하는 비율이었다. 기초의원은 풀뿌리 민주주의에 가장 첫 단계에 가까운 자리이고, 청년 정치인을 비롯한 정치 신인들의 등용문이 되는 자리다. 어떻게 이런 일이 가능했던 것일까. 기성정치권의 고위직이 주로 남성으로 채워져 있는 현실에 대해 비판 여론이 확산되자 각 정당에서 기초의원비례대표의 여성할당제를 강화한 것이다.

공직선거법 47조는 '정당이 비례대표 국회의원선거 및 비례대표 지방의회의원선거에 후보자를 추천하는 때에는 그 후보자

중 100분의 50 이상을 여성으로 추천하되, 그 후보자명부의 순위의 매 홀수에는 여성을 추천하여야 한다'고 규정하고 있다. 문제는 여성 정치인을 향한 '막대 구부리기'가 역으로 젊은 남성 정치 지망생들의 기회를 박탈한다는 점이다.

사정이 이렇다 보니 2030세대 남성들은 여성의 정치참여 문제에 대해서도 기성세대와 다소 다른 인식을 보여준다. 한국리서치가 2018년 11월에 발표한 「여성 정치참여에 대한 오해와 진실」에 따르면 2030세대의 여성 계층에서는 76~85퍼센트가 현재 여성 정치인 수가 부족하다고 응답했다. 하지만 이러한 인식에 대해 동의하는 비율은 남성 2030세대에서 각각 25퍼센트, 37퍼센트에 그쳤다. 이는 여성의 정치진출이 미진하다는 인식에 동의한 비율이 4050세대 전반에서 과반을 넘긴 것과 대조를 이룬다.

2018년 6월 지방선거에서 주류언론과 여성단체들은 정치적 자원을 독점한 고위직 광역자치단체장의 여성 비율이 낮다며 한탄했다. 그러나 2030세대 청년들의 입장에서 보면 기성세대가 차지한 고위직이라는 자원 못지않게, 자신들이 경주를 시작해야 하는 출발선의 공정성도 중요하다. 그러니 진보적이라는 기성정치인들이 청년세대 전체에 대한 관심보다 옛시대의 부채감을 덜어줄 여성할당제와 같은 일에 집중한다면, 청년들의 진보 정치에 대한 지지율은 떨어지게 되는 것이다.

> ## 엘리트는 필요 없다

　문재인정부에 대한 20대 남성의 지지율이 떨어졌을 때 집권 여당의 주요 인사들이 이 현상을 해석하는 태도가 더욱 문제였다. 설훈 더불어민주당 최고위원은 2019년 2월 21일 한 인터뷰에서 "20대 남성층의 지지가 여성에 비해 낮았다. 과거에는 2030세대의 지지가 군건했는데 원인이 뭐라고 보느냐"라는 질문에 다음과 같이 답했다.

　젠더갈등 충돌도 작용했을 수 있고 기본적으로 교육의 문제도 있다. 이분들이 학교교육을 받았을 때가 10년 전부터 집권 세력들이 명박·박근혜정부 시절이었다. 그때 제대로 된 교육이 됐을까, 이런 생각을 먼저 한다. 저를 되돌아보면 저는 민주주의 교육을 잘 받은 세대였다고 본다. 저는 유신 이전에 학교교육을 거의 마쳤다. 민주주의가 중요한 우리 가치고 민주주의로 대한민국이 앞으로 가야 한다는 교육을 정확히 받았다. 유신 때 "이게 뭐냐, 말도 안 되는 것 아니야" 당장 몸으로 다 느꼈다. 그게 교육의 힘이었다. 그런데 지금 20대를 놓고 보면 그런 교육이 제대로 됐나 하는 의문은 있다. 그래서 결론은 교육의 문제점에서 찾아야 하는 거 아닌가 생각한다.

더불어민주당 수석대변인 홍익표 의원은 한발 더 나아가 반공교육을 언급했다. 홍익표 의원은 2019년 2월 25일 국회 토론회에서 "왜 20대가 가장 보수적이냐. (지난 정권에서) 거의 60~70년대 박정희 시대를 방불케 하는 반공교육으로 아이들에게 적대감을 심어줬기 때문"이라고 말했다. 이와 같은 발언은 삽시간에 퍼져 나가고 공분을 샀다.

90년대생은 온라인을 통해 정치적 견해를 표명하고 나누는 데 10대 때부터 익숙한 세대들이다. 생애주기에서 가장 강렬한 경험을 하는 20대에 촛불혁명을 경험했다. 기성세대보다 정치나 역사를 더 모른다고 생각하지도 않는다. 2030세대 청년들은 "촛불혁명으로 정권교체를 할 때는 혁명의 주역으로 치켜세우더니 정부 지지를 철회하자 못 배워서 그렇다, 잘못 배워서 그렇다고 비난하느냐"고 반발했다. 그렇게 따지면 박정희 독재 정권 시절에 중·고등학교를 나온 세대들이 어떻게 민주화운동과 노동운동의 주역이 되었는지 설명이 안 된다는 것이다. 이를 청년 세대들은 '꼰대들의 계몽주의'라고 받아들인다.

2013년 일베가 5.18 광주민주화운동에 대한 음모론을 퍼트리고 유가족을 상대로 입에 담기 힘든 조롱으로 사회적 논란이 된 적이 있다. 이때 진보 엘리트들의 대안은 '역사교육'이었다. 당시 《한겨레》는 "국사가 수능 필수과목에서 제외되는 등 일선 학교에서 역사 수업이 차지하는 비중이 줄어들면서 학생들의 역사의식 자체가 희미해지고 있다. (…) 이 틈을 타고 일베처럼 무지와 왜곡에 기초한 편파적인 논리를 설파하는 세력이 힘을 키우고 있는 것이다"라고 지적했다.

상상력을 발휘해보자. 청소년들을 앉혀놓고 "너희들이 일베처럼 사고하는 건 역사를 잘 모르기 때문이야"라고 말하고, 일주일에 1시간이던 근현대사 시간을 10시간으로 늘리고 시험을 자주 보게 하면 어떻게 될까. 외워야 할 것만 많아져서 짜증난다고 반발할 것이다. "선생님들 사이에 섞여 있는 일베들이나 교육하시죠"라고 대꾸할 것이다. 교실에 혐오가 넘쳐나니 어릴 때부터 페미니즘 교육을 의무화하자는 주장도 마찬가지다.

2018년 1월 6일 청와대 국민청원 게시판에 초·중·고등학교에서 페미니즘 교육을 의무화해달라는 내용의 청원이 올라왔다. 아직 판단이 무분별한 어린 학생들이 학교에서 여성비하적 요소가 들어 있는 단어들을 아무렇지 않게 사용한다는 게 이유였다. 80개 여성·시민단체도 2월 27일 기자회견을 열어 초·중·고등학교 페미니즘 교육 의무화를 촉구했다.

그러나 앞에서 살펴보았듯이 20대보다 더 성평등의식이 강하고 가부장제에 대한 부채감이 없는 10대 남성들은 이를 어떻게 받아들일까. 페미니즘이 성평등주의가 아니라 여성 이기주의라고 여겨지는 상황에서 페미니즘 교육을 의무화하면 어떻게 될까. 왜 이 교육을 받아야 하냐고 반발하는 게 도리어 자연스러워 보인다. 채플을 의무화한다고 기독교신자가 되는 게 아니고 일제가 식민지 교육을 시켰다고 독립운동이 사라지지 않는다. 그런데 윗세대가 자신들은 올바르고, 아랫세대들은 생각이 없는 사람으로 취급하면 당연히 반감이 심해진다. 청년세대들의 눈에는 윗세대가 더 아는 게 없는 세대처럼 보인다. 온라인을 통해 정보를 검색하고 취득하는 데 능하고 집단적으로 지식을 공유하는 데 익숙한 세대에게는 과거세대의 정보와 지식의 권위가 잘 먹히지 않는다.

단적인 예가 언론 기자들을 대하는 젊은 세대들의 태도다. 속보경쟁으로는 네티즌들을 따라갈 수 없고 팩트를 확인하는 데서도 마찬가지다. 기자들이 제한된 시각과 정보만으로 기사를 잘못 쓰는 경우 과거에는 그 오류가 드러나기 어려웠지만, 오늘날에는 거의 실시간으로 지적된다. 때문에 기자들이 대중을 가르치려 든다고 반발하는 것이다. 이 세대들에게는 더 옳고, 더 나은 엘리트가 필요 없다. 그보다는 토론하고 합의하고 서로를 배려하는 태도를 가진 이들을 더 높게 산다.

최근 한 초등학생들이 만든 '양성평등 기본법' 내용이 화제가 되었다. 5학년 2반 학생들이 모여 만든 공동의 규칙은 이런 것이었다.

기본 바탕	남녀 모두 모든 영역에서 평등한 권리를 갖고, 고운 말, 경청, 서로 간에 예의를 지킨다.
제1조	여자라 해서 연약하다고 생각하지 않고 남자라 해서 강하다고 생각하지 말자.
제2조	서로에게 성별에 대한 색을 정하지 말자.
제3조	남자, 여자아이가 좋아하는 옷을 입는 것으로 놀리지 말자.
제4조	남자들은 남자 편, 여자들은 여자 편을 들지 말고 옳은 편을 들자.
제5조	장래 희망에 대해 남자, 여자를 차별하지 말자.
제6조	남녀 모두의 취미를 존중하자.
제7조	선생님도 남자와 여자가 아닌 잘한 학생을 칭찬하자.

여기서 가장 눈에 띄는 것은 '선생님도 남자와 여자가 아닌 잘한 학생을 칭찬하자'이다. 윗세대들이 조장하는 남녀갈등이 더 문제라는 인식이 10대들에게도 있는 것이다. 이런 양성평등 기본법이 오늘날 초등학교 교실에서 만들어지는 현실을 윗세

공정하지 않다

대들은 이해할 수 있을까. 그만큼 오늘날의 청년세대들은 일찍부터 젠더갈등으로 빚어진 피로를 경험하고 있고, 이들 삶에서 '남녀 모두의 공정함'은 매우 중요한 가치로 자리하고 있다. 세상이 달라지고 있는 것이다. 대학에서 사회에서 회사에서도 마찬가지다. 달라진 세대 뒤에는 달라진 세상이 있다. 이 변화를 어느 세대든 충분히 이해할 수 있고 공감할 수 있다. 과거에 내가 믿었던 것이 달라질 수 있다는 생각만 갖고 있으면 된다.

6 개인적인 것에 올바름을 묻는 것은
공정하지 않다

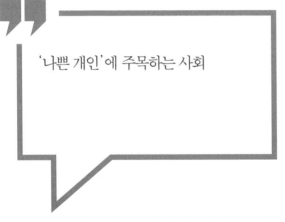

'나쁜 개인'에 주목하는 사회

고등학교 2학년 때 이런 일을 겪었다. 당시 '두발 자유'가 사회적 이슈 중 하나였다. 사건의 발단은 학생들의 머리스타일에 과도한 미학적 기준을 가지고 있던 선생님의 행동에서 시작됐다. 어느 날 아침 조회시간에 우리 반에 한 선생님이 들어와서 거의 삭발에 가까운 머리를 한 학생을 제외하고 모든 학생들의 이름을 생활기록부에 적어갔다. 당시 학칙에 따르면 두발 기준은 옆머리가 귀를 덮지 않고 뒷머리가 교복 목 부분의 옷깃을 덮지 않는다는 거였다. 학생들이 문제를 제기했지만 교사는 "규정은 규정이고 내 생각은 그렇지 않아. 더 짧아야 해"라고 말하며 항의를 묵살했다.

학생들의 불만이 쏟아져 나오는데 교사들은 이해할 수 없는 행동을 이어갔다. 이유를 알 수 없지만, 두발 규제를 여학생보다 남학생들에게 더 엄격하게 적용한 것이다. 여학생의 경우 머리를 묶기만 하면 거의 신경을 쓰지 않았던 반면, 남학생들은 머리가 조금만 길어도 학생부에 이름이 적히거나 얻어맞았다. 두발 규제에 대한 남학생들의 분노가 극에 달했다.

그러던 중 사건이 터졌다. 학생들의 불만이 커지자 학생회에서 두발 자유에 대해 논의하기 시작했는데, 회의 중 한 여학생이 두발 자유가 꼭 필요하냐는 식의 발언을 한 것이다. 삽시간에 누가 무개념 발언을 했다는 식의 소문이 학교 전체에 퍼져 나갔고 몇 반의 누구라는 신상까지 털렸다. 사실 발언의 진의가 많이 왜곡되어 있었다. 학생이면 두발 규제가 어느 정도 필요하지 않느냐는 취지의 말이었는데, 안 그래도 차별적 규제에 뿔이 나 있던 남학생들의 분노가 그 여학생한테 쏟아졌다. 몇몇 남학생들이 그 여학생의 책상에 욕설을 남기는 등 거의 테러에 가까운 비난을 퍼부었다. 그러자 이 문제가 남녀갈등으로 번졌다. 여학생들은 남학생들이 앞뒤 안 가리고 미개한 짓을 한다며 분노했다.

교사들의 남녀차별은 일종의 전략이었을까. 우리는 '노동자는 하나'라고 말하지만 실제로 말과는 다른 현실을 수없이 목격한다. 정규직과 비정규직이 서로를 같은 노동자라고 생각한다면 함께 힘을 합쳐 부당한 노동 조건에 맞서 싸워야 하겠지만, 사측에서 정규직과 비정규직을 심하게 차별할수록 서로에게 적대적으로 변하기 쉽다. 마찬가지로 교사들의 남녀차별대우로 두발 규제와 자유의 침해라는 문제는 사라지고 남학생과 여학생 사이의 증오만 남았다.

뿔이 날대로 난 남학생들의 불만은 극단적인 방식으로 표출되고 말았다. 어떤 남학생이 스프레이 페인트로 학교 건물과 교문에 '두발 자유'라는 문구를 도배해버린 것이다. 학교에 대한 각종 욕설도 함께였다. 이 사건으로 학교 전체가 발칵 뒤집혔다. 교사들은 범인을 잡겠다고 남학생들 교실을 다 뒤지고 다녔지만 남학생들 사이에서의 '침묵의 연대' 덕분인지 범인은 잡히지 않았다. 그때 학교 홈페이지 자유게시판에 글이 하나 올라왔다. 학교 교문과 건물에 욕설로 페인트칠한 것은 분명 잘못이지만 왜 이 사태가 생겨났는지를 생각해야 한다는 취지였다. '누구'보다는 '왜'에 주목해야 한다는 내용의 글이었다. 학교 측이 학생들의 말을 듣지 않고 무리하게 두발 규제를 밀어붙인 것이 사태의 원인이라면, 누가 범인인지를 밝히는 것보다 그 원인에 주목해야 한다는 주장이었다.

이 글에 공감하는 학생들도 많았지만 몇몇 학생들과 교사들은 어찌되었든 잘못한 학생을 두둔한다고 비난했다. 이 사건의 책임은 분명히 개인의 자유를 침해하는 두발 규제 그리고 억압적인 방식으로 학생들을 통제하려는 학교에 있었다. 하지만 남학생들은 여학생들의 올바르지 못한 발언을 탓했고, 여학생들은 남학생들의 올바르지 못한 행동을 탓했다. 학교와 교사들은 학교에 페인트를 칠한 남학생의 올바르지 못한 행동을 탓했다. 사태의 진짜 원인은 사라진 채 서로가 서로의 올바름을 문제 삼고 있었다.

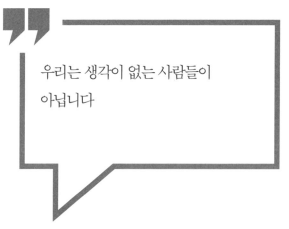

우리는 생각이 없는 사람들이
아닙니다

오늘날 20대라면 누구나 아는 단어가 'PC^{Political Correctness}(정치적 올바름)주의'다. 기성세대를 비롯한 대다수 사람들에게는 낯선 단어지만, 10대도 온라인을 통해 이 용어를 대부분 알아서 사용하고 있다. 위키백과에 보면 PC주의는 '다민족국가인 미국 등에서 정치적인 관점에서 차별·편견을 없애는 것이 올바르다고 하는 의미에서 사용하게 된 용어'라고 나온다. 한국에서는 90년대 중반 페미니즘, 환경 운동, 성소수자 운동 등이 본격화될 때 대학가를 중심으로 널리 퍼진 용어다. 오늘날 전 세계의 젊은 세대에게는 이 PC주의라는 단어가 널리 퍼져 나가고 있다. PC주의를 둘러싸고 수많은 갈등이 벌어지고 있기 때문이다.

PC주의는 각 개인이 겪고 있는 모든 일상 속에 숨어 있는 편견, 차별을 바로잡아야 한다고 주장한다. 일상에서 일어나는 차별과 편견을 바로잡기 위해서 가장 중요한 것이 바로 '언어'다. 예를 들면 '병신'이라는 단어를 쓰는 것은 장애인들을 차별하는 일이므로, 이런 단어를 쓰지 말아야 한다. 시대가 변하면 애완동물 대신 '반려동물'이라는 말을 쓰게 되는 것처럼 사회적 인식이 변화함에 따라 우리의 언어가 바뀌는 것은 당연하다. 때로 새로운 언어를 통해 우리의 인식과 상상력을 더 확장하는 계기를 만들 수도 있다.

문제는 오늘날 PC주의가 대중의 인식을 비하하거나 개인의 사생활을 공격하는 태도를 보이는 데서 발생한다. PC주의는 특별한 의도나 행동이 없이 벌어진 일에도 잘못을 따지고 공적 책임을 물으며 개인의 사적인 영역에까지 침범해서, 과도한 '진보

공정하지 않다

주의'로 비판받기도 한다.

여러 진보적인 단체들이 함께 거리에서 선거연령을 낮추자는 캠페인을 벌인 일이 있다. 서명을 받고 있던 한 청년이 시민들에게 서명을 독려하는 차원에서 "여기 서명하면 남친, 여친이 좋아합니다"라는 말을 했다. 이에 대해 문제 제기가 들어왔다. "남친, 여친이 좋아한다"는 말이 성소수자를 배려하지 못한 말이라는 것이다. 정치적으로 올바르지 못하고 성소수자를 차별하는 발언을 한 것이라는 의견이었다. 이와 같은 논리라면 "부모님이 좋아합니다"라는 말도 해서는 안 된다. 한 부모 가정이 상처받을 수 있기 때문이다. "아기들에게 좋아요"라는 말도 못한다. 아이를 유산한 경험이 있는 사람들이 상처받을 수 있기 때문이다.

일상에서 수시로 이런 일이 벌어지면 어떤 결과를 낳을까. 선거연령 인하 캠페인에 열심이던 청년의 의욕만 꺾어놓게 된다. 성소수자들에 대한 차별에 함께 맞서 싸울 수 있는 청년이 '그래 나는 이성애자니까, 말할 자격이 없지'라고 선을 긋게 만들지도 모를 일이다. 즉, 차별과 편견을 없애자고 하는 운동이 누군가를 검열하고 비난하고 과도하게 교정할 것을 요구하는 근거로 사용되고, 나아가 공동체에서 개인을 징계하고 처벌하는 근거로도 사용된다. 이런 일은 오늘날 온라인을 중심으로 청년 세대들에게 수없이 벌어진다.

기성세대들은 '설마 말 한 마디 잘못했다고 처벌받겠어?'라거나 '말 한 마디라도 제대로 해야지. 잘못된 행동에는 책임을 져야지. 그래야 고치지'라고 쉽게 생각할 수도 있다. 하지만 앞에 나온 청년의 입장에서 생각해보자. 얼굴을 마주하고 서로 인정하고 격려해야 하는 동료들에게 과도하게 비난받은 것도 모자라 혹여 참회하고 회개하는 공개반성문까지 요구받는다면, 그 청년의 일상이 어떻게 될까. '성소수자 차별 발언 청년'이라는 소문이 가는 곳마다 따라다니게 되면 어떻게 될까. 오늘날 20대에게는 이와 같은 일들이 심각한 현실로 느껴진다.

특정한 개인을 겨냥한 사건이 아니더라도 PC주의가 불러일으킨 사회적 논란들은 쉽게 찾아볼 수 있다. 대중문화와 관련된 논란들이 대표적이다. 그중 하나가 드라마 〈나의 아저씨〉를 둘러싼 논란이다. 2018년 3월에서 5월 사이에 방영된 tvN 드라마 〈나의 아저씨〉가 '여성혐오 드라마'로 비난받았다. 제목부터가 20대 여성과 40대 아저씨의 로맨스를 연상시키고, 20대 여성이 40대 남성을 위로해주는 판타지를 담고 있다는 이유였다. 드라마에서 사채업자인 젊은 남성이 여자 주인공을 폭행하면서 "너나 좋아하지?"라는 대사를 한 것도 문제가 되었다. 이 장면이 데이트 폭력 가해자의 모습을 그리고 있다는 비난이 더해졌다. 이 비난에는 대중문화 평론가들과 언론도 가세했다. 영화평론가 황진미 씨가 《한겨레》에 쓴 글이 대표적이다.

드라마는 사회적으로나 성적으로 위축되어 있는 '억울한' 아저씨들의 속내를 투명하게 전시한다. 그러면서도 젠더 폭력에 시달리는 젊은 여성의 삶을 피학적으로 소비한다. 그리고는 "나의 아저씨"란 제목을 통해 젊은 여성에게 친밀한 존재로 불리고픈 남성의 자의식을 드러낸다. 그러나 상기하자. 미투운동의 가해자로 지목된 이들의 대다수가 '삶의 무게를 짊어진' 중년 남자란 사실을. 이들 중 상당수는 그것이 성폭행인지도 모른 채, 사랑 운운했을 것이다.

〈나의 아저씨〉를 여성혐오 드라마이자 아저씨들을 위로하는 드라마로 불편하게 여기는 시각은 모두 대중문화 콘텐츠에서 '올바름'을 찾으려는 태도에서 비롯됐다. 자신들이 사는 세상에서 40대 아저씨는 '개저씨(개+아저씨)'이고 20대 여성은 개저씨의 피해자들인데, 그런 현실을 외면하거나 혹은 잘못 포장하고 있는 드라마는 '여성혐오'라는 논리다.

드라마 〈또 오해영〉도 여성의 강간 공포를 가볍게 다뤘다는 이유로 여성혐오 드라마로 비난받았다. 혼자 사는 여자 주인공 오해영이 낯선 남자에게 폭행·강간 공포를 느끼는데 이를 다른 남자 주인공과의 로맨스가 일어나는 소재로 삼는다는 이유였다. 칼럼니스트 안인용은 《한겨레》에서 이렇게 비평했다.

남자 주인공을 슈퍼맨처럼 등장시켜 여자 주인공을 구한 다음 감동시킨다. 이 장면들은 여성들이 겪는 일상의 공포를 그대로 보여주기 위함이 아니라 남자 주인공이 여자 주인공을 보호하는 멋있는 남자라는 걸 보여주기 위해 존재한다. 강간과 살인이라는, 심장이 더 이상 뛰지 않을 수도 있는 공포를 '심쿵' 로맨스로 바꿔버린다. "혼자 산다고 광고하냐?"라는 박도경의 말과 그가 내주는 자신의 신발은 오해영이 자신에게 일어날 수 있었던 범죄의 빌미를 준 것처럼 보이게 한다.

평론의 영역이니까 이런 시각을 가지고 비판할 수 있지 않느냐고 생각할 수 있다. 그러나 드라마를 좋아하는 사람들의 입장은, 우선 이 드라마가 그렇게까지 비난받아야 하는 드라마인지부터 동의하기 어렵다. 두 드라마 모두 웰메이드 드라마로 호평받으며 굉장히 큰 인기를 누리기도 했다. 무엇보다 이 드라마를 좋아하는 사람들을 '여혐주의자'로 취급하면 당연히 반발하게 된다. 가상 세계인 드라마에 대한 호불호를 가지고, 현실에 존재하는 개인의 생각과 신념을 판단하고 비난하는 근거로 삼을 수 있는지가 논란이 된다.

개그맨 유병재 씨가 2018년 4월 자신의 팬카페에 "〈나의 아저씨〉를 보시는 분, 드라마를 이렇게 잘 만들 수 있나? 이런 대본, 대사를 쓸 수 있다면 정말 좋겠다"라는 글을 올렸다. 그런데 이에 대해 일부 팬들이 폭력적인 장면이 나온다고 비판하는 댓

글을 달았다. 유병재 씨는 "강한 폭력이 나오긴 하는데 정당화
는 아닌 것 같다. 그 방법이 옳다고 장려하는 것도 아니다. '이런
놈도 있는데 정말 못되고 찌질하지 않니?'라고 말하는 것 같다.
그 정도 표현마저 막으면 창작자들은 얼마나 좁고 외롭겠냐"며
반박했다.

그러자 항의는 더 거세졌고, 결국 유병재 씨는 "저에겐 단순
한 문화 취향이었던 것이 어떤 분들께는 당장 눈앞에 놓인 현실
속 두려움이 될 수도 있다는 사실을 모르고 있었습니다. 어쩌면
그동안 의식하지 못했을 뿐 저도 젠더 권력을 가진 기득권은 아
니었는지, 그래서 조금 더 편한 시각으로만 세상을 볼 수 있었던
건 아니었는지 되돌아보게 되었습니다"라고 사과문을 올렸다.

자신이 누군가에게 직접 한 행동이 아니라 대중문화에 대한
개인의 의견조차 공개적으로 사과해야 하는 상황이 과연 '더 좋
은 사회'를 위한 일일까.

이런 논란을 신경쓰지 않고 살기에는 오늘날 2030세대들은
너무 자주 이런 일을 접하고 있다. 2019년 2월 여성가족부는 각
방송국 및 프로그램 제작사에 '성평등 방송 프로그램 제작 안내
서' 즉, 일종의 성평등 가이드라인을 보냈다. 내용 중 문제가 된
것은 '획일적인 외모 기준을 제시하는 연출 및 표현' 항목이었
다. 여기에는 비슷한 외모의 출연자가 과도한 비율로 출연하지
않도록 해야 한다는 내용이 담겨 있었다. 여성가족부는 음악방

송을 사례로 들며 음악방송 출연 가수들은 모두 쌍둥이냐고 의문을 제기했다.

음악방송 출연자들의 외모 획일성은 심각합니다. 대부분의 출연자들이 아이돌 그룹으로, 음악적 다양성뿐만 아니라 출연자들의 외모 또한 다양하지 못합니다. 대부분의 아이돌 그룹의 외모는 마른 몸매, 하얀 피부, 비슷한 헤어스타일, 몸매가 드러나는 복장과 비슷한 메이크업을 하고 있습니다. 외모의 획일성은 남녀 모두 같이 나타납니다.

이 가이드라인이 가진 문제는 대략 세 가지이다. 첫째, 획일화된 미를 보여주는 대중매체를 접하면 소비자들이 이를 그대로 수용할 것이라는 전제이다. 대중을 '자기 판단'이 없는 존재로 보는 것이다. 잘생기고 예쁜 사람들을 본다고 그런 미의 기준을 무작정 추종할 것이란 주장은 어떤 근거가 있는 것일까. 그렇게 따지면 동성애를 다룬 드라마나 만화를 보면 동성애자가 된다고 주장하는 보수 기독교단체의 주장도 사실이 된다.

둘째, 누가 어떤 기준으로 아이돌의 외모가 획일화되었다고 평가할 수 있는가 하는 것이다. 20대들이 보기에 각 멤버들은 춤도 다르고 얼굴도 다르고 매력도 다르고 캐릭터도 다르고 의상도 다르고 심지어 화장 톤도 다르다. 팬들이 그런 차이를 다

구분하니까 다양한 아이돌이 계속 등장하고, 사랑받을 수 있는 것이다. 같은 아이돌 그룹이라고 해도 그 안에서 각자 좋아하는 연예인이 다르고 이유도 분명하다. 팬들은 획일적이라고 생각하지 않는다.

셋째, 대중이 무엇을 선호하느냐 하는 취향의 문제를 올바름의 문제와 직접적으로 연결시킬 수 있느냐는 것이다. 여성가족부의 가이드라인을 두고 오늘날 미의 기준이 획일화되는 현상이 워낙 심하기 때문에 필요한 조치라는 주장도 있다. 그러나 어느 사회나 정도의 차이는 있어도 그 시대 대중의 선호가 몰리는 현상은 발생한다. 아프리카 어느 부족은 목이 길어야 미인으로 인정해서 그 사회의 여성들 대부분이 목을 늘이려고 노력한다.

물론 미의 기준 때문에 차별받아서는 안 된다. 뚱뚱하다고 놀림받아서도 안 되고 못생겼다고 채용에서 떨어져서도 안 된다. 외모차별로 인해 발생하는 사회적 문제에 맞서는 것과 한 시대가 갖고 있는 미적 취향까지 검열하는 것은 다른 문제다. 한 시대의 기준으로 볼 때 예쁘게 생겼다고 느끼는 기준도 달라질 뿐만 아니라, 외모로 누군가를 좋아하는 마음과 외모로 사람을 차별하는 행동 사이에는 간극이 굉장히 크다. 이 간극을 인정하지 않는 것이 문제다.

논란이 커지자 결국 여성가족부는 가이드라인을 수정하겠다고 밝혔다. 강제성이 없고 제안서일 뿐이라고 해명했다. 그러나 여성가족부는 국가기관이다. 국가기관에서 아이돌의 외모와 복장에 대한 가이드라인을 제안하고 발표한 것 자체가 시민의 생각을 검열하겠다는 행위로 여겨진다.

이와 유사한 일은 또 발생했다. 방송통신위원회에서 2019년 2월 인터넷의 유해정보를 차단한다는 이유로 SNI^{Server Name Indication} 차단 방식을 도입했다고 밝혔다. 이에 따라 HTTPS(사이트 접속 보안 프로토콜)를 통해 우회 접속이 가능하던 해외 사이트에 접속하는 게 불가능해졌다.

SNI 차단 방식을 도입한 목표는 저작권 보호, 불법음란물 근절 등이었다. 이 목표가 공공의 이익을 위하고 범죄를 막는 일이라고 해도, 개인의 인터넷 접속 권한을 국가가 제약하는 것은 인권침해라고 할 수 있다. SNI 차단 방식을 사용할 경우 마음만 먹으면 국가가 개인의 사이트 접속 이력 등 개인정보를 들여다볼 수 있기 때문이다. 2005년 헌법재판소가 판결문에서 밝혔던 '정보주체는 본인의 개인정보의 공개와 이용에 관하여 스스로 결정할 권리를 가진다'는 원칙을 정면으로 거스르는 조치였다.

문제는 이에 대한 문제 제기를 '정신없는 남자애들이 야한 동영상 보고 싶어서 반대한다'고 치부하는 태도였다. 《한겨레》는 남성들 100여 명이 서울역 광장에서 벌인 반대 집회를 다루며 "'인터넷 검열 금지' 앞세운 '야동 허하라' 남성들 시위 가보니"라는 기사 제목을 달았다. 진보적 역사학자 전우용 교수도 자신의 페이스북에 "야동사이트 폐쇄와 관련해 별별 억측들이 나돌고 이를 정치적으로 이용하려는 사람도 많은데, 이런 것도 일종의 '변태적 민감성'"이라고 밝혔다.

과거 박근혜정부가 추진하던 테러방지법에 반대하고 테러방지법을 막기 위해 필리버스터 filibuster(의회 안에서 합법적인 수단을 이용하여 의사진행을 고의로 저지하는 행위)를 했던 야당 의원들에 대해 강력한 지지 의사를 밝혔던 2030세대들과, 이후 문재인정부에서 이루어진 SNI 차단 방식 도입에 반대하는 2030세대들은 동일 인물들이다. 그런데 테러방지법에 반대하던 시민들이 하루아침에 '변태적 민감성'을 가진 존재로 훈계의 대상이 된 것이다.

과거에는 진보적인 지식인, 진보 언론 등이 앞장서서 대중을 '쉽게 세뇌당하는 무뇌아'로 취급하는 것에 반대했다. 흉악 범죄자들이 알고 보니 폭력적인 게임을 많이 해서 그렇게 됐다는 소리를 할 때마다 '게임 탓' 하지 말라고 반대하던 것이 진보 진영의 상식이었다. "우리 아이가 동성애 드라마를 보고 동성애자 된다"고 보수 학부모단체가 억지 주장을 할 때마다 "사극 많이 보면 조선시대 사람처럼 되냐"고 코웃음 쳐주던 것이 상식이었다.

하지만 최근 PC주의 경향이 강해지고 진보적 행동이 PC주의와 동일시되면서, 대중을 아직도 차별과 편견을 깨닫지 못한 존재로 대하는 태도가 일반화되었다. 온라인 세대이자 대중문화에 열광하며 개인의 사생활과 권리에 민감한 젊은 세대들이 이런 움직임에 더 극렬하게 반발한다. 특히 권력을 가진 공공기관이 PC주의적 태도를 보이면 그 반발이 더 거세질 수밖에 없다. 이런 반발을 보고 젊은 남성들이 보수적이고 혐오 문화가 강하기 때문이라고 해석하면, 이들을 보수와 기득권 정치의 지지자로 밀어내는 일이 된다.

> 공적인 것에만 올바름을 물어라

PC주의는 전 세계적인 현상이다. 미국 컬럼비아대학의 한 강의에서 고대 로마 시인 오비디우스가 쓴 『변신 이야기』라는 문학 작품이 논란이 된 적이 있다. 한 학생이 성폭력 피해를 당한 적이 있다며 『변신 이야기』에 강간 장면이 자주 등장하는데, 이런 작품을 다루는 것이 성폭력이라고 항의한 것이다. 수업을 진행한 교수는 대학에서 '성性인지 감수성' 교육을 받도록 권고받았다. 이 사건에 대해 시카고대학의 생태학자이자 진화론자인 제리 코인Jerry Coyne 교수는 "폭력과 혐오로 말할 것 같으면 그건 어디에나 있다.

공정하지 않다

그것은 삶의 일부인 것만큼이나 문학의 일부"라고 지적했다.

　예술은 현실을 재현하기도 하지만 현실에 없는 것을 만들어 내기도 하고, 오래 전 과거나 도래하지 않은 미래를 보여주기도 한다. 좋은 것만 보여주는 것이 아니라 불편한 것을 보여주기도 한다. 물론 예술은 한 시대의 산물이므로 그 시대의 세계관을 반영한다. 그런 점에서 오늘날의 눈으로 볼 때 불편한 내용이 있을 수 있지만, 우리는 예술을 보며 과거를 이해하기도 하고 현재를 읽어내기도 하며 미래를 내다보면 되는 것이다.

　무엇보다 예술은 도덕적 만족감을 충족시키기 위해 존재하는 것도, 사람들을 올바른 길로 계몽하고 가르치기 위해 존재하는 것도 아니다. 예술은 하나의 현상을 다양하게 해석하기도 하고 위악적으로 풍자하기도 한다. 예술은 인간의 욕망과 자유를 다루는 것이다. 무엇보다 보는 사람에 따라서 입장이 다를 수 있는 예술작품이나 대중문화를 단지 가르치거나 언급했다고 하여, 누군가에게 사과를 하고 직업을 잃고 '범죄자'로 취급받는다면 그것은 정치적으로 올바른 일이 아니라 '사상검열'인 것이다. 유고슬라비아의 좌파 철학자 슬라보예 지젝 Slavoj Zizek은 2015년 한 유튜브 채널과의 인터뷰에서 이런 정치적 올바름으로 무장한 권위자가 고전적 의미의 권위자보다 개인에게 더 큰 압력을 가한다는 점을 지적했다.

당신이나 제가, 작은 소년이라고 생각해봅시다. 일요일 오후예요. 아버지는 제가 할머니 댁에 방문하기를 원하고 있습니다. 아버지가 고전적인 권위자라고 생각해본다면 어떨까요? 아버지는 보나마나 "네가 어떤 감정을 가지고 있든 신경 안 쓴다. 할머니 댁에 방문하는 것은 네 의무다. 할머니를 잘 모셔라"는 식으로 이야기하겠죠. 이런 경우는 명확한 명령이기 때문에, 제가 이 주장에 반박하고 반항하는 데에 큰 무리가 따르지 않습니다. 하지만 소위 포스트모던한 비권위 주의적인 아버지들은 어떠하죠? 제가 경험해봐서 알죠. 아마 이런 식으로 이야기할 것입니다. "할머니가 널 얼마나 사랑하시는지 알지? 하지만 꼭 할머니 댁에 가야 할 필요는 없단다. 자유롭게 결정해서 가도록 해" 모든 아이들은 알 겁니다. 자유롭게 결정하라는 이 두 번째 메시지의 외연 안에 더 강한 압력이 숨어 있다는 것을요. 왜냐하면 기본적으로 아버지는 반드시 할머니 댁에 가야 한다고 이야기하는 것이 아니라, 가는 것을 좋아해야 한다고 이야기하고 있는 것이니까요. 아버지는 그것에 대해서 가지는 감정조차 어떠해야 한다고 이야기하는 거예요. 이건 더 강력한 명령입니다.

정치적 올바름은 좌파냐 우파냐의 문제도 진보냐 보수냐의 문제도 약자냐 강자냐의 문제도 아니다. '올바름'이라는 것은 언제든지 권력을 쥔 자의 도구로 사용될 수 있다.

일전에 중국인 유학생 친구와 공산당의 문화검열에 대해 이야기한 적이 있다. 그 친구는 중국 영화가 재미없는 건, 한 마디로 '안 되는 게 너무 많기' 때문이라고 했다. 중국 영화에서는 중국 경찰, 즉 공안을 반드시 긍정적으로 묘사해야만 한다. 따라서 공권력의 문제를 드러내거나 고발하는 영화는 제대로 만들 수가 없다.

또 공산당이 인정하는 '올바른 사랑'만 상영관에 걸릴 수 있다. 전 세계에서 흥행돌풍을 일으킨 영화 〈보헤미안 랩소디〉는 중국에서 주인공 프레디 머큐리의 동성애 성향을 나타내는 장면이 모두 잘린 채 상영됐다. 한국 영화 〈왕의 남자〉는 개봉을 금지당했고, SF영화 〈클라우드 아틀라스〉는 동성애를 묘사하는 장면이 전부 삭제되어 40분가량의 분량이 날아가버렸다.

공산당의 문화검열에 분노를 표하는 중국인 친구에게 한국판 PC주의 문화검열에 대해 알려주었다. 이런 대사를 쓰면 여성혐오라서 안 되고 또 남성뿐만 아니라 여성도 할당처럼 주연을 맡아야 하고, 40대 아저씨와 20대 여성의 로맨스 관계를 연상시켜서는 안 되고 등등. 그 친구는 놀란 표정으로 말했다. "그거 공산당이 알면 참 좋아하겠네. 너무 쉽게 금지시킬 수 있잖아."

미국의 게이 활동가 스티븐 프라이 Stephen Fry는 『정치적 올바름에 대하여 Political Correctness』라는 책에서 정치적 올바름은 정치의 문제가 아니라, 대중을 억압하고 검열하는 도구라는 점을 지적한다.

러시아에도 '정치적 올바름'이 있습니다. 러시아에서는 작곡가 차이코프스키가 동성애자였다는 사실을 말할 수 없어요. 러시아에만 해당하는 정치적 올바름인 거죠. 우파 진영에도 정치적 올바름이 있습니다. 레드 넥 Red Neck (백인 노동자를 일컫는 말)이라는 표현을 쓰면 무례하고 공격적인 것으로 간주됩니다. 그러니 이건 어느 한쪽 진영에만 해당하는 사안이 아닌 거예요. 토론을 차단하고 논란을 일으키는 수법인 거예요.

혐오주의가 심해져서 PC주의가 심해졌다고 말하는 주장도 있을 수 있다. 그러나 PC주의처럼 접근하면 점점 더 많은 사람들을 혐오주의자로 낙인찍게 된다. 더 많은 사람들을 '나쁜 개인'으로 만들어야 문제가 해결된다. PC주의로는 앞에서 말한 10여 년 전 학교에서 일어났던 문제를 전혀 해결할 수 없다.

학교에서 보았던 그 문제보다 수백 배는 더 심각한 갈등이 오늘날 한국 사회 전체에 퍼져 나가고 있다. 일베는 특정 지역과 여성을 혐오하고 워마드는 남성을 혐오한다. 이런 현상이 심해지면 사람들은 언제부터인가 범죄가 일어나면 그 범죄자의 성별부터 관심을 갖게 된다. 범죄자가 남성이라는 사실이 드러나면 벌떼같이 일어나서 '여성혐오 범죄'라고 비난하고 남성들의 올바르지 못한 인식을 문제 삼는다. 반대로 여성이 범죄를 저지른 사건이 발생하면 여성혐오를 운운하던 애들은 왜 이런 사건에는 침묵하냐고 여성들의 올바르지 못한 인식을 문제 삼게 된다. 언제부터 범죄와 사회문제를 말하는 데 '왜'가 아니라 '누구'가 중요해진 것일까.

언론도 마찬가지다. 과거에는 사회적으로 끔찍한 범죄가 발생하면 그 범죄 뒤에 있는 사회적인 구조를 이야기하려는 태도가 있었다. 실업의 문제라든가 지역공동체의 파괴라든가 한 개인의 실질적인 삶의 조건에 어떤 문제가 발생했는지를 파헤쳤다. 그러나 지금은 개인의 의식수준을 탓한다. 나쁜 개인을 탓하거나 우리의 내면적인 반성을 촉구하는 것이 익숙한 결론이다.

왜 이렇게 된 것일까. 2014년 개봉한 다큐멘터리 〈논픽션 다이어리〉는 1994년에 일어난 '지존파 사건'을 다룬다. 일곱 명으로 구성된 범죄조직 지존파가 1993년 7월부터 1994년 9월까지 다섯 명을 연쇄살인한 끔찍한 사건이다. 이 영화는 지존파 사건과 함께 1994년 10월에 일어난 성수대교 붕괴사고, 1995년 삼풍백화점 붕괴사고를 다룬다. 서로 관계가 없어 보이는 이 사건들은 자본주의의 발전과 모순이라는 하나의 테마로 이어진다.

〈논픽션 다이어리〉에 출연한 고병천 전 서초경찰서 강력반장은 지존파 사건과 삼풍백화점 붕괴를 모두 경험한 형사이다. 그는 다음과 같이 말한다. "두 사건 모두 돈 때문에 일어났다. 하지만 연쇄살인을 저지른 지존파는 모두 사형당했는데 왜 500여 명이 넘게 사망한 삼풍백화점 사고의 책임자들은 별다른 처벌을 받지 않았는가."

어느 사회나 범죄가 증가하면 그 뒤에는 가난과 불평등이 자라고 있다. 처벌이 약해서 혹은 개인들이 갑자기 이기적으로 변해서 범죄가 증가하는 게 아니다. 침팬지를 한 공간에 몰아두고 한쪽 벽을 점점 밀어서 공간을 줄여 나가면 어떤 일이 벌어질까. 어떤 침팬지부터 먼저 다치거나 죽어 나갈까. 우리는 그 답을 알고 있다. 어리고 약한 침팬지부터 먼저 다치게 된다. 이 사태를 해결하려면 어떻게 해야 할까. 침팬지들 중에 나쁜 놈들이 있다고 손가락질하고 비난하는 것으로는 사태를 해결하지 못한다. 모든 침팬지들이 힘을 합쳐서 줄어드는 벽을 밀어내고, 벽이 줄어들게 만든 놈을 제거하는 것이 해법이다. 그게 더 많은 약한 침팬지를 보호할 수 있는 방법이다.

사회적 구조를 바꾸는 일은 하루아침에 되지 않는다. 그러나 '진짜 원인'을 없애려고 할 때 오늘의 싸움은 내일을 위해 희망이 되고, 더 많은 사람들이 '내 편'이 된다. 하지만 나쁜 개인을 탓하는 풍토가 생겨나면 이런 다수의 연대는 어려워진다. 노인을 혐오하는 사회에서 노인빈곤 문제가 쉽게 해결될 리 없다. 남성과 여성이 서로를 혐오하고 청년과 노인이 서로를 혐오하며 비정규직과 정규직이 "기득권 귀족 노동자" "노력도 안 하고 정규직 되려는 놈들"이라고 비난한다면 현실은 더 팍팍해진다.

서로가 서로의 올바름을 감시하느라 자유를 억압하고 시스템

　　　　　　　　　　　공정하지 않다

이 굳건히 작동하는 사이, 실제로 수혜를 입는 이들은 따로 있다. 두발 규제를 두고 남학생과 여학생이 싸우는 동안 가장 미소 짓고 있던 이들은 학생들을 통제하려는 학교와 교사들이었다. 자유한국당 나경원 원내대표의 2019년 3월 12일 교섭단체 대표연설은 오늘날 한국 사회에 만연한 PC주의가 누구에게 가장 득이 되는지를 잘 보여준다.

자유가 없는 민주주의는 자칫 권위주의와 독재, 전체주의로 귀결될 수 있다는 것이 지난 역사가 우리에게 주는 교훈입니다. 국민의 기본권이 보장되지 못하고 표현의 자유 등이 억압당하는 민주주의란 결코 본연의 민주주의가 될 수 없습니다. 실제 수많은 독재, 전체주의 체제가 겉으로는 민주주의를 내걸었습니다. 그래서 우리는 단순한 민주주의가 아닌 반드시 '자유민주주의'를 추구해야 하는 것입니다. 그런데 이 정부에서는 자유가 사라지고 있습니다. HTTPS 접속 차단은 또 웬 말입니까? 이제 국민들의 인터넷 접속까지 들여다보겠다는 것입니까? 조지 오웰의 『1984』가 보여주는 전체주의 자기검열 시대를 열겠다는 것입니까? 아이돌 외모 규제에서는 두 눈과 두 귀를 의심했습니다. 장발, 미니스커트 단속의 부활입니다. 기업인들은 현 정권의 눈치를 보느라 정신이 없습니다. 정부 여당은 상법 및 공정거래법을 고쳐서 기업에 더 강한 족쇄를 채우려고 하고 있습니다. 스튜어드십 코드 stewardship code(기관투자자가 기업의 의결권을 행사할 수 있도록 하는 지침)를 강제 도입해 국민연금을 무기 삼아 기업 경영에 개입하려고 합니다. 기업의 자유는 뺏고 희생만 강요하는 강탈 정권, 착취 정권입니다.

영국 하층 계급의 불평등한 삶을 바꾸기 위해 펜을 들고 싸웠던 작가 조지 오웰이 들으면 기가 찰 노릇이다. 나경원 원내대표는 개인의 자유와 기업의 자유를 연결시킨다. 문재인정부가 자유를 억압하는 정부라는 프레임 안에서 불공정과 불평등을 해소하려는 정부의 조치까지 '자유'로 엮어서 공격한다. 나경원 원내대표가 바라는 '자유'가 무엇인지는 2019년 7월 4일 교섭단체 대표연설에서 더 노골적으로 드러난다.

근로기준법의 시대는 저물어 가고 있습니다. 더 이상 단일 기준으로 모든 근로 형태를 관리·조정할 수 없는 경제 시스템입니다. 다만, 새로운 산업 환경과 근로 형태에 맞는 '노동자유계약법'도 근로기준법과 동시에 필요합니다. 국민들에게는 마음껏 일할 자유를, 우리 산업에는 유연한 노동시장을 보장해야 합니다. 신규 일자리 창출, 바로 계약자유화에서 시작됩니다. 일할 권리 보장법으로 주 52시간 피해를 최소화하고, 쪼개기 알바 방지법으로 주휴수당 부작용을 막겠습니다. 모든 국민의 일할 자유를 위한 법 개정입니다. 이제 국가가 일방적으로 정해주는 '기준'의 시대에서 경제주체가 자율적으로 맺

공정하지 않다

는 '계약'의 시대로 가야 합니다. 그 자유 경제의 길을 자유한국당이 열겠습니다.

진보 진영이 올바름이라는 가치에 집착하여 자유를 포기하는 사이 특권층을 비호하는 극우 보수 세력은, 표현의 자유와 기업의 자유를 엮어 정말 자유로운 세상을 위한 개혁을 막는다. 이와 같은 보수파의 주장을 불평등 사회를 살아가는 청년들이 지지할 리 없다.

청년세대가 원하는 것은 이런 것이다. 국가는 사회에 개입하는 것이지, 개인에게 개입하는 것이 아니다. 국가는 공적인 불공정과 불합리와 불평등을 없애야 하는 것이지, 개인의 사생활을 감시하고 개인의 윤리를 교정하는 일을 하는 것이 아니다.

청년세대가 바라는 자유는 이런 것이다. 우리가 미래를 위해 노력할 자유, 주어진 신분이 아니라 노력으로 삶의 조건을 만들어갈 자유를 달라는 것이다. 개인의 사생활과 생각을 검열하는 데 애쓰는 것이 아니라 한 사람의 사회구성원으로서 자립할 수 있는 자유를 위해 노력해달라는 것이다. 이것이 청년세대가 PC 주의에 반대하는 이유다.

한 주에 80시간, 100시간을 일해야 하는 청년 노동자에게 자유란 없다. 늘 산업재해의 위협에 노출되어 있다. 일하다 다쳐도 병원 한 번 갈 수 없는 청년 노동자에게 자유란 없다. 아이가 태어났는데 육아휴직을 낼 수 없는 청년 부부에게 자유란 없다. 그런데 독박육아를 강요하는 남성들의 의식수준을 계몽하는 데만 집중하면, 함께 아이를 키워야 할 청년 부부 사이의 갈등만 키우는 일이 된다. 오늘날 불공정한 사회를 유지하는 특권구조에 영향을 주지도 못하고 다수 청년들의 차이만 부각시켜 그 차이로 서로를 갈라놓는 올바름의 정치는, 공정하지 않을 뿐더러 세상을 털끝 하나 바꿀 수도 없다.

캡틴아메리카가 말해주는 것

내가 여러분에게 하는 말이 무리한 요구임을 안다. 하지만 항상 그래왔듯 자유의 대가는 크다. 그리고 난 그 큰 대가를 치를 각오가 되어 있다. 나 혼자라도 상관없다. 하지만 난 내가 혼자가 아니라는 걸 알고 있다.

미국 영화사 마블 스튜디오가 만든 영화 〈윈터솔저〉에 등장하

공정하지 않다

는 히어로 캡틴아메리카의 대사이다. 영화에서 캡틴아메리카는 자유를 지키기 위해 함께 싸우자고 사람들을 설득한다. 〈캡틴아메리카〉 시리즈는 21세기에 자유의 가치, 그리고 자유를 지키기 위해 우리가 힘을 합쳐야 한다는 사실을 알려주는 훌륭한 대중문화 콘텐츠 중 하나다.

캡틴아메리카는 미국 국기인 성조기를 몸에 둘렀고, 이름에 버젓이 '아메리카'라는 단어까지 들어가 있다. 캡틴아메리카를 미국의 애국주의, 제국주의를 옹호하는 캐릭터로 오해하기 쉽다. 그러나 캡틴아메리카에서 발견할 수 있는 것은 애국주의가 아니라 한때 '미국'으로 상징되었던 보편적 자유의 가치이다.

〈캡틴아메리카〉 시리즈에서 캡틴의 주적은 '하이드라'라 불리는 조직이다. 하이드라의 신조는 '인간은 스스로를 통제할 수 없다'는 것이다. 따라서 하이드라는 인간에게 통제를 통한 지배가 필요하다고 믿는다. 캡틴아메리카는 하이드라와 반대로 인간이 자유로운 선택을 통해 더 나은 세상을 만들 수 있다고 믿는 자유주의자이다. 캡틴아메리카는 2차세계대전에서 하이드라가 조종하는 독일 나치와 싸우다 자신을 희생한다. 하이드라는 나치의 패배 이후 전략을 바꾼다. 나치와 맞서 싸우는 인간의 모습에서 '인간에게 자유를 빼앗으려 하면, 힘을 모아 격렬히 저항한다'는 사실을 깨달았기 때문이다. 그래서 인간이 스스로 자유를 포기하게 만들기로 한다. 하이드라는 '국가안보'라는 명목이 주어지면 인간들이 자유를 스스로 포기할 것이라고 판단하고, 비밀리에 국제안보기관 '쉴드'를 장악해 나간다. 2차세계대전 때 냉동인간이 되었다가 70년 만에 깨어난 캡틴아메리카는 자신이 지키려 했던 자유의 나라 미국이 시민을 감시하는 프로젝트를 추진하는 현실과 마주한다. 캡틴아메리카는 쉴드의 계획에 격렬히 반대한다.

쉴드 국장	위성으로 위협인물들을 감시하다가, 정밀사격포로 1분에 타깃 천 개를 제거할 수 있어. 숨어 있는 테러범을 찾아내면, 위협이 되기 전에 싹을 자르는 거지.
캡틴아메리카	벌은 잘못해야 주는 게 아닌가요?
쉴드 국장	2차세계대전 때 자네들도 끔찍한 짓을 많이 하지 않았나.
캡틴아메리카	매일 밤 끔찍한 일을 했지만, 그것은 시민의 자유를 지키기 위한 것이었죠. 이건 자유가 아니라 공포예요.

캡틴아메리카와 국제안보기관 쉴드의 국장이 나누는 이야기를 짧게 요약하면 이와 같다. 영화 속에서 하이드라는 무시무시한 조직처럼 보이지만, 사실 이런 생각을 가진 사람들을 주변에

서 쉽게 찾을 수 있다. 학생들은 스스로를 통제할 수 없기에 머리부터 발끝까지 통제받아야 한다고 생각하는 교사들, 대중들은 나쁜 사상으로 가득찬 대중문화로부터 스스로를 통제할 수 없기에 대중문화를 규제해야 한다고 말하는 PC주의자들, 모두 하이드라의 조직원들이다. 개인적인 것에 올바름을 묻는 풍토는 인간이 스스로 검열하고 스스로 자유를 포기하게 만든다. 국가기관이 나설 필요도 없다. 개인들이 서로의 창작물을 검열하고, 대중문화 제작자들에게 '소비자'라는 이름으로 압력을 가할 수 있기 때문이다.

독재 시절의 논리는 더 좋은 세상을 위해서는 개인의 자유를 억압할 수 있다고 생각한다는 것이다. 우리는 그 독재에 맞서 민주주의를 이루고, 표현의 자유와 개인의 권리가 상식인 시대를 맞이했다. 지금의 2030세대는 그런 시대 위에 태어났다.

이들은 과거세대가 그랬듯이 당연히 지금 수준보다 더 평등하고 더 자유로운 세상을 요구한다. 그런데 오늘날의 풍경이 이상하다. 2019년 6월 한 채식주의자가 자신의 SNS에 '첫 방해시위'라는 영상을 올렸다. 그는 무한리필 고깃집에 들어가 식사하는 손님들을 향해 "지금 여러분 테이블에 있는 것은 음식이 아니라 동물이다. 음식이 아니라 폭력이다. 우리가 인간답게 살 권리가 있는 것처럼 동물도 동물답게 살 권리가 있다"고 소리친다.

그가 올린 SNS 게시글에는 수많은 댓글이 달렸는데, 많은 사람들이 자신이 먹은 고기 사진을 릴레이처럼 올리고 "오늘도 즐겁게 육식 폭력을 행사했습니다"라며 그를 조롱했다. 그가 과거 트위터에 소시지빵 사진을 올리고 '모닝 마라탕' 같은 글을 올렸다는 사실이 드러나면서, 채식주의자가 맞냐는 의심을 받기에 이르렀다.

왜 사람들은 이 채식주의자를 조롱하게 되었을까. 과도한 육식 문화에 대한 경각심을 일깨워주는 계기로 받아들일 수도 있지 않았을까. 우선 현대 사회에서는 육식이 더 '값싼' 식단이 되었기 때문이다. 평소에 외식도 자주 못하고 돈도 많이 벌지 못하는 사람들 입장에서는 오랜만에 친구들이나 가족과 기분 내면서 한 끼 푸짐하게 먹을 수 있는 가장 싼 방법이 무한리필 고깃집이다. 샐러드를 파는 음식점들은 그 양과 포만감을 생각하면 도리어 가격이 더 비싼 경우가 많다. 현대 사회에서 소득이 낮은 하위 계층은 손쉽게 먹을 수 있는 패스트푸드, 고칼로리 정크푸드, 육식 위주의 식단에 자주 노출되기 때문에 상위 계층보다 비만의 위협에 더 시달린다는 것은 이제 널리 알려진 사실이다.

무엇보다 자신이 채식주의자라고 해서 채식주의자가 아닌 사람들에게 올바르지 않고, 폭력적이라고 비난하면 도리어 채식주의자들에 대한 반발만 불러일으킨다. 이런 반발이 생겨나는 게 채식주의자들에게도 비채식주의자들에게도 좋을 리가 없다. 그럼에도 '불편함을 통해 사람들에게 깨달음을 주는' 방식이 필

공정하지 않다

요하다는 것이 PC주의자들의 주장이다. 더 많은 반대파를 만들어내는 일이 과연 세상을 위해 좋은 일일까.

한 일간지는 이민자에 대한 차별을 공공연히 이야기해온 트럼프가 미국 대통령으로 당선된 요인을 분석하는 기사에서 'PC주의'라는 단어를 '정치적 올바름'이 아니라 '정치적 착한 척'이라고 번역했다. 의도했는지는 모르겠지만 절묘한 번역이다. 자신들도 지키지 못할 언어의 규칙을 남에게 강요하는 것은 올바른 게 아니라 착한 척이다. 그런데 왜 이와 같은 PC주의가 진보 진영에서 확산되고 있을까.

이 시대에 맞는 새로운 방식을 찾지 못하고 있기 때문이다. 한 시대의 과제가 끝나면 새로운 과제로 넘어가야 한다. 대통령직선제를 쟁취했지만 독재자의 후손이 바로 그 제도에 힘입어 대통령이 되기도 한다. 사측의 착취에 맞서 노동조합을 만들었지만 노동조합에 들어가 있지 않은 비정규직이 노동자의 다수가 되는 시대도 온다. 세상을 바꾸기 위한 새로운 기획이 필요한 시점이 온다.

오늘날 불평등과 불공정의 핵심에는 바로 90년대생, '청년세대계급'이 있다. 그런데 경제적인 차이보다 정체성에 기반하는 차이가 더 쉽게 부각되고 더 저항하기도 쉽다. 미국의 흑인 페미니스트 벨 훅스Bell Hooks는 『계급에 대해 말하지 않기Where we stand : Class matters』라는 책에서 이렇게 말한다.

그때도 아무도 계급에 대해 말하지 않았다. (…) 필요한 것과 원하는 것을 하려면 꼭 필요한 돈 문제를 이야기할 때도 계급과 관련짓지 않았다. 이웃의 흑인들과 마찬가지로 우리는 돈을 인종과 관련 있는 문제로만 생각했다. 백인들이 좋은 직업, 다시 말해 돈을 잘 버는 직업을 차지한다는 사실과 관련지었던 것이다.

(…) 인종차별주의 이후에 등장한 성차별주의의 문제점은 계급주의의 문제점보다 훨씬 잘 부각되기 때문에 더 저항하기도 쉽다. 우리 사회는 가난하면 아무런 목소리도 낼 수 없다. 그러니 많은 사람들이 계급을 조직하고 계급을 인식하는 데 그렇게 오랜 시간이 걸린 것이다.

토마 피케티 또한 벨 훅스와 유사한 맥락을 지적한다. 그는 자신의 블로그에서 『자본과 이데올로기Capital et ideologie』라는 저서의 내용을 설명하면서 다음과 같이 언급했다. "대학교육이 확대되고, 자본주의를 넘어서려는 야망이 사라지고, 규제없는 자유화와 세계화가 진행되었다. 이는 선거에서 정당들을 민족주의자들과 정체성 운동으로 재편되게 만들었다."

피케티는 정체성 정치가 사회경제적인 문제들을 가리게 되며, 결국 전 세계에 진행되고 있는 극심한 불평등 구조를 바꾸기 위한 정치적 기획으로 나아가지 못하게 됨을 우려한다.

개인의 올바름이나 성별과 같은 정체성으로는 새로운 변화를

공정하지 않다

이끌어내기 위한 다수를 만들기 어렵다. 청년세대가 겪고 있는 문제의 핵심은 경제적 불평등이다. 그리고 청년의 불평등이 결국 모든 세대가 겪고 있는 보편적인 문제라는 것을 드러내야 한다. 이 보편적인 공통점을 드러내어 더 많은 사람들을 '다수의 한편'으로 만드는 것만이 오늘날 한국 사회에 필요한 새로운 기획이다.

2부

어떻게 나를 지킬 것인가

1 누가 더 불쌍한 피해자인지 경쟁하지 말자

생각해보면 우린 모두 변해. 그 모든 순간, 우리 모두 다른 사람이지.
그건 괜찮아. 좋은 거야. 계속해서 나아가야 하니까.
네가 어떤 사람이었는지 잊어버리지만 않는다면.
영국 SF드라마, 〈닥터 후〉 대사 중에서

고통과 불행을 비교하는 것은 무의미하다

　갈등은 어느 시대에나 존재해왔다. 하지만 오늘날 일어나는 갈등에는 특이한 점들이 발견된다. 그 중 하나가 갈등 구도에서 누구의 고통이 더 큰지 경쟁한다는 점이다. 다양한 계층, 세대, 집단에서 각자 필요와 목적을 내세우며 '누가 더 불행한지' '누가 궁

공정하지 않다

극적으로 피해자인지'에 대해 경쟁하듯 이야기한다. 성별갈등, 세대갈등, 계층갈등…… 모두 저마다 자기 고통이 제일 크다고 생각하고 이를 근거로 서로를 비난한다. "나 같은 고통을 겪지 않았으니 당신은 말할 자격이 없다"는 비난이 곳곳에 넘쳐난다. 정치권과 언론은 이런 갈등을 더욱 부추긴다.

개인이 갖는 고통의 무게를 비교할 때 걸려드는 함정은 윤리학 책에 간혹 나오는 '달리는 기차가 선로 두 개 중에 하나를 선택해야 할 때, 한쪽에는 인부가 다섯 명 있고 다른 한쪽에는 어린아이 한 명이 있다면 어떻게 할 것인가?'와 같은 딜레마보다 더 나쁘다.

첫째, 우리는 이 고통의 진짜 원인이 무엇인지 보지 못하게 된다. 예를 들어 한쪽에서 저소득빈곤 계층의 고통을 덜어주려면 최저임금을 올려야 한다고 주장할 때, 다른 한쪽에서는 최저임금을 인상하면 인건비가 올라가서 소상공인이 고통받는다고 대치시킨다. 이런 대립 구도가 만들어지면 과도한 부동산 임대료 문제, 프랜차이즈 본사의 불공정한 계약 문제, 취약 계층을 대상으로 한 복지제도의 한계 등을 논의할 공간은 사라진다.

둘째, 고통과 고통을 비교하는 데만 몰두하게 되면 우리는 '내 고통이 세상에서 제일 중요하다'는 생각에 파묻히고 결국 '고통에 대해 말할 자격은 나에게만 있다'는 독선에 빠지게 된다. 슬라보예 지젝은 「정체성을 둘러싼 갈등Troubles with Identity」이라는 글에서 이에 대해 지적한다.

오직 여성·레즈비언·트랜스젠더·흑인·중국인만이 여성·레즈비언·트랜스젠더·흑인·중국인이 된다는 것이 무엇인지 알 수 있다. (…) 그렇지만 조만간, 우리는 억압된 것의 귀환을 맞이하게 될 것이다. 백인·이성애자·남성 정체성이 생겨나고, 똑같은 카드를 쓰기 시작한다. 백인·이성애자·남성이 되는 것을 이해할 수 있으려면 백인·이성애자·남성이 되어야 한다. 그렇지 않으면 아무도 우리를 진실로 이해할 수 없다.

'나만 이 고통을 안다'는 강박이 강하면 고통을 없앨 수 있다는 믿음도 사라진다. 다른 이의 처지를 이해할 수 없다는 불가능성에 이르게 된다. 결국 이렇게 되면 타인에 대한 고통과 불행에 거리를 두고 선을 긋게 된다.

셋째, 누군가의 고통에 연민을 느끼는 것은 자연스럽다. 하지만 그 연민과 동정심을 만들어내려고 '고통받는 자'의 처지를 계속 부각하는 방식이 굳어지면 어떻게 될까. 그 고통의 당사자들은 보편적인 시민으로서의 지위에 올라서지 못하고 계속 고통받는 상태에 놓여야만 한다. 정치철학자 한나 아렌트는 『어두운 시대의 사람들』이라는 저서에서 '동정심'의 한계에 대해 이렇게 말한다.

공정하지 않다

동정심은 고통받는 사람을 보면 그가 비록 외국인이라 할지라도 모든 보통사람들의 감정을 저절로 움직이게 하며, 그것이 모든 인류에게 이를 경우 사람이 참된 동포 형제가 될 수 있는 사회를 세우겠다는 감정의 이상적 기초가 됩니다. 혁명적 성향을 지닌 18세기의 인도주의자는 동정심을 통해서 불행한 사람들이나 비참한 사람들과 유대를 이루려고 노력했습니다. 이러한 노력은 바로 형제애의 영역에 침투하는 것과 같습니다. 그러나 이러한 종류의 인도주의는 전파될 수 없으며, 버림받은 사람의 범주에 속하지 않는 사람들은 이를 쉽게 획득할 수 없습니다. 인도주의의 가장 순수한 형태는 버림받은 사람의 특권이기 때문입니다.

한나 아렌트의 통찰에서 '피해자 되기의 정치' 혹은 '희생자 되기의 정치'가 갖는 한계를 볼 수 있다. 개인이 겪고 있는 고통과 불행을 비교하는 행위에는 한계가 명백하다.

넷째, 누군가의 고통을 비교하려는 순간부터 이미 어떤 고통을 더 중히 여길지에 대하여 자의적 판단이 들어간다. 그리고 애초에 이러한 자의적인 판단 자체가 공정하다고 할 수 없다. 같은 이유에서 개개인의 불행과 행복을 단순합산하거나 이를 수량적으로 비교하는 것은 사실상 불가능할 뿐만 아니라 무의미하다는 초기 공리주의의 난점이 일찍부터 알려졌다.

개개인이 지닌 고통을 객관적으로 비교하는 것이 어렵기 때문에 그중에서 가장 비참하고 고통스러운 자에게 연민을 가져야 한다고 강조하는 입장도 있다. 그러나 이 역시 고통을 경쟁하는 구도에서 자유롭지 못하다. 예를 들어 나치에게 학살당한 유대인들의 고통을 인류 최악의 비극이라 말하며 전 인류가 윤리적으로 책임져야 한다고 주장하면 "식민 지배를 당한 비유럽인들이 더 불쌍하지 유대인들이 뭐가 불쌍하냐. 왜 비서구인인 내가 고통에 공감해야 하느냐"고 반론하는 사람도 생길 수 있다.

이 모든 것들은 고통에 윤리적 우위가 있다고 전제하고 '경쟁 구도'를 만든 데서 생겨난 모순이다. '고통받는 약자'와 '고통받지 않는 강자'라는 구도를 만드는 데 집중하기 때문에 생겨난 모순이다. 또 이타성을 발휘해야 하는 대상과 이기심을 물어야 하는 대상을 이분법으로 구분하는 데서 발생한 것이다. 만약 처음부터 이타심과 이기심은 대립하지 않는다고 인식하면 이런 경쟁에서 벗어날 수 있을지 모른다.

『국부론』으로 유명한 영국 사상가 애덤 스미스는 경제학자이면서 『도덕감정론 The Theory of Moral Sentiments』을 집필한 윤리학자이기도 했다. 그는 경제활동의 기초가 되는 '자기 이해 self interest'와 도덕의 기초가 되는 '공감 sympathy'을 대립하는 것으로 상정하지 않았다. 즉, 이기심과 이타심을 대립하는 것으로 생각하지 않았다. 애덤 스미스가 말하는 '공감'이란 '자기 이해'를 추구하는 개인들이 발휘하는 도덕적 상상력이다. 애초에 나 자신이 '자기 이해'를 추구하는 사람이라는 것을 안다면 상대도 그럴 것이라고 생각한다. 바로 여기서 '공감 능력'이 생겨난다.

사실 이는 굳이 철학적으로 논의하지 않더라도 일상에서 사람들이 공감하는 행위들을 관찰해보면 금방 이해할 수 있다. 한 포털 사이트 게시판에 올라와 많은 사람들이 재밌어하고 공감했던 게시물이 있다. 글쓴이는 여성으로 짐작되는데, 올린 글은 "남자들 부러운 거랑 불쌍한 거"라는 제목이었다. 글쓴이는 '남자들이 부러운 것'으로 다음과 같은 것을 꼽았다. 첫째, 혼자 외국으로 배낭여행 가도 걱정이 없다(위험국가 빼고). 둘째, 밤늦게 들어와도 부모님이 별로 간섭하지 않고 실제로 위험하지도 않다. 셋째, 아침에 일어나서 머리만 손질하면 돼서 외출준비가 빨리 끝난다. 넷째, 여름에는 집에서 윗옷 벗고 있어도 된다. 다섯째, 생리 안 해도 된다.

한편 '남자들이 불쌍한 것'은 이랬다. 첫째, 군대 가는 것도 불쌍한데 전역하고 매년 예비군도 가야 한다. 둘째, 남자가 화장하면 비호감이 되므로 화장해서 외모를 업그레이드하지 못하고 생긴 그대로 승부를 봐야 한다. 셋째, 좋은 직장을 가져야 한다는 압박감이 여자보다 심하다. 넷째, 평생 일해야 한다는 생각을 가지고 있다. 다섯째, 더운 여름에도 추운 겨울에도 직장에서 정장을 입어야 한다.

이 글은 '자신의 관심사$^{\text{self interest}}$'를 중심으로 바라보아도, 타인을 이해할 수 있다는 점에서 재미가 있다. 이 글을 읽으면 남성의 불쌍한 것도 이해되는 동시에 여성의 불편한 점도 이해가 된다. 쌍방이 다 이해가 되는 재미가 생긴다. 이 글을 보고 "역시 여자들은 우리의 진짜 고통을 모른다"고 반응할 남자들은 거의 없을 것이다.

이렇게 '상대방 입장에서 생각하기'가 가능하려면 '너는 결국 내 처지를 알 수 없다'는 태도나 '나는 결국 너를 이해할 수 없다'는 태도를 벗어던져야 한다. '고통에 대해서 경쟁하기'를 벗어던지면 상대가 가진 극단적인 모습에만 집착하게 되는 함정에서도 벗어나게 된다.

오늘날 기성세대가 청년세대의 문제에 접근할 때 기본적으로 가져야 하는 태도도 '나의 청년기에 견주어 그들의 입장을 생각하는 것'이다. 기성세대도 자신들이 20대였을 때 윗세대의 눈에는 싸가지가 없어 보였을 것이다. 그처럼 청년세대를 대할 때도 이런 동일시하는 사고가 필요하다. 모든 세대는 다른 세대에게 낯선 각자의 요구를 갖고 있다고 생각하면 오히려 달라진 시대상이 보인다. 과거에 50대들이 반공주의에 맞서 민주주의를 이야기할 때 전쟁의 고통도 모르고 편하게 자랐다고 욕을 먹었지만, 50대들에게 과거의 고통인 '전쟁'보다 현재의 고통인 '독재와 폭력과 억압'에 맞서 싸우는 게 더 중요한 과제였다. 50대들에게 중요한 과제가 있었듯이 90년대에 태어난 오늘날 20대에게도 가장 중요한 과제는 따로 있다.

그런데 기성세대가 이것을 이해하지 못하고 '우리 때와 다른' 특이한 사례에만 집중하면 평범한 다수의 젊은이들이 아니라 온라인에서 양극화된 모습에만 망원경을 들이대고 과도한 대표성을 부여하게 된다.

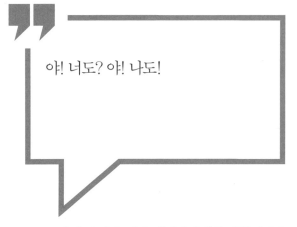

야! 너도? 야! 나도!

청년 문제를 다룰 때 '청년세대 내부에서 누구의 고통이 더 큰지'만을 밝히려고 한다면, 이는 청년세대를 배려하는 것이 아니라 오히려 청년 문제를 사회적으로 고립시키는 일이다. 무한경쟁을 강요하는 사회구조, 여러 정체성과 취향으로 갈라진 SNS와 인터넷 커뮤니티 등으로 오늘날 청년들의 삶은 고립되고 파편화되었다. 여기에 기성사회의 잘못된 접근법이 청년세대를 더욱 폐쇄적으로 만든다.

앞에서 살펴보았듯이 희박해진 계층이동성, 부모세대보다 더 가난한 자식세대라는 사회구조, 불안정한 노동소득과 위험한 노동환경 등으로 청년세대는 '공통의 고통'을 겪고 있다. 이 공통의 고통에 집중하지 않는 모든 논의는, 이 고통과 저 고통을 비교하는 경쟁으로 청년세대를 몰아넣게 된다.

따라서 오늘의 청년세대가 할 일은 '공통으로 마주하는 문제를 우선시하자'는 원칙을 갖는 것이다. 그러기 위해서는 '각자의 고통이 연결되어 있다'는 관점을 가져야 한다. 역사적으로 청년들이 이런 관점을 가질 때 사회를 뒤흔드는 힘을 발휘했다.

또 슬라보예 지젝이 말한 것처럼 '어차피 너희가 여성이 아니고 남성이 아니고 노인이 아니고 이민자가 아니고 가난한 사람이 아니라면, 함께 할 수 없다'는 논리를 거부해야 한다. 그 많은 것들이 '아님'에도 불구하고 내 고통을 상대가 공감할 수 있을 거라는 믿음, 고통을 함께 겪고 있지 않지만 함께 연대할 수 있으리라는 가능성, 이보다 나은 현실이 가능할 수 있다는 상상력을 갖는 것이다. 상상할 수 없다면 변화하기 힘들지만 상상할 수 있다면 변화할 수 있다.

고통을 비교하는 데만 집중하면 앞으로 변화할 수 있다는 생각보다 '굳어진 과거'에 집착하게 된다. 때문에 불평등 사회에서 서로 갈등하고 혐오하는 데 질려버린 청년세대가 가장 먼저 해야 할 일은 '고통을 경쟁하는 것'을 거부하는 것이다. 누가 더 피해자인지 경쟁하지 말자. 고통과 불행을 비교하는 것은 무의

공정하지 않다

미하다.

지금 청년세대에게 주어진 과제는 다른 이들의 고통이 나와 어떻게 연결되는지 그 상상력을 회복하는 것이다. 그런 상상력이 우리 자신을 불행 속에서도 더 자유롭게 만든다. 또 무기력하게 고통을 증언하기보다 함께 할 수 있는 일을 생각하게 만든다. 아마 많은 청년들이 이 같은 필요성을 이미 체감하고 있을지 모른다.

가장 대표적인 사례로 노인 문제를 들 수 있다. 2017년 OECD 발표에 따르면 회원국 중 66세 이상 노인의 상대적 빈곤율이 가장 높은 나라가 한국이다. 오늘날 노인은 대표적인 주거빈곤층이다. 한국보건사회연구원이 매년 수집하는 복지패널 데이터(2006~2014년)를 연령별로 살펴보면 65세 이상 노인층(33.1퍼센트)의 주거빈곤율이 가장 높게 나타났고, 35세 미만 청년(28.7퍼센트)이 그 뒤를 이었다.

증가하는 1인 가구 대부분이 노인가구이다. 통계청이 2017년에 발표한 「장래가구추계」를 보면 2015년에 전체 1인 가구의 23.2퍼센트였던 65살 이상 1인 가구는 2045년에는 45.9퍼센트에 달할 것으로 예상됐다. 오늘날 많은 가족공동체는 이들 노인을 보살필 여력이 많지 않다. 노인빈곤 문제를 엿볼 수 있는 또 다른 지표는 '노인 고용률'이다. 한국은 다른 OECD 국가에 비해 노인 고용률이 높은데 이것은 한국 사회가 더 오래, 더 장

기간 노동해야만 먹고살 수 있는 사회임을 보여준다. 많은 노인들이 은퇴 후에도 경비원, 청소 노동자와 같은 저임금 장시간 노동으로 생계를 꾸려가고 있다.

　얼핏 보면 청년과 노인은 가장 멀리 떨어진 세대처럼 보인다. 서로를 가장 이해하지 못하고 가장 적대적으로 대하는 것처럼 보일 때도 있다. 젊은 세대들이 모이는 온라인 커뮤니티에는 극우적 주장을 펼치거나 공공장소에서 무례하게 행동하는 노인들을 일컬어 '틀딱(틀니를 딱딱거린다는 뜻)'이라고 부른다. 청년세대에게 유니세프 광고에 나오는 기아에 허덕이는 어린이는 불쌍해 보이지만, 바로 옆에서 마주하는 성가시고 무례한 노인들은 그렇게 보기 어렵다. 하지만 노인빈곤 문제는 청년빈곤 문제와 데칼코마니를 이룬다. 청년기의 저소득이 중·장년기의 낮은 저축으로 이어지고 노인빈곤이라는 악순환 구조로 연결되기 때문이다.

　노인빈곤 문제는 그 사회의 복지제도가 미비할 때나 노동 조건이 열악할 때, 모두가 직면하는 '공통의 미래'이다. 심지어 장년층에 비해 오늘의 청년층이 노인빈곤층으로 떨어질 가능성이 더 높을 수도 있다. 청년기 취업준비 기간이 길어지고 있고, 기껏 취업한다 해도 불안정한 저임금 일자리가 더 많다. 중·장년기에 겨우 정규직 일자리를 얻는다 해도 명예퇴직과 정리해고의 불안에서 자유롭지 못하다. 무엇보다 주거비용이 너무 높다.

공정하지 않다

결혼을 하고 맞벌이를 해도 주거비, 자녀양육비 등에 막대한 비용을 써야 한다. 졸업, 취직, 결혼, 출산, 자녀양육, 은퇴 등이 줄줄이 놓인 인생 허들 가운데 하나만 걸려 넘어져도, 말년에 빈곤의 늪으로 빠져들 위험이 크다. 이뿐만이 아니다. 가족 상당수가 오늘날 한 자녀 가족인데, 만약 부모님이 큰 병에 걸렸을 때 사회보장제도가 제대로 작동하지 못하면 청년세대에게 돌아가는 의료비와 간병비에 대한 책임은 훨씬 무거워진다.

노인이 행복하지 않은 나라에서 청년의 미래는 없다. 이렇게 생각해보면 사회의 전 연령층이 보편적으로 혜택받을 수 있는 사회안전망을 만들어야 하고, 이를 위해서는 또래 청년뿐만 아니라 노인세대도 동료 시민으로 설득하고 우리 편으로 만들어야 한다는 것을 알 수 있다.

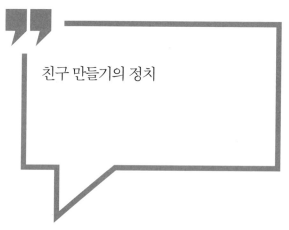

친구 만들기의 정치

사실 일상 속에서 내 고통이 더 크고 심각하다고 주장하고 싶은 유혹에 빠질 때가 종종 있다. 하지만 나와 타인이 함께 할 수 있다는 관점을 가질 때만 내 고통은 고립되지 않는다. 우리가 할 일은 고통과 고통이 연결되는 지점을 찾는 것이다. 진부한 격언일 수 있지만, 친구를 사귄다는 것은 기쁨과 아픔, 둘 다 나눌 수 있는 상대를 찾는 일이다. 그런 점에서 노인과 청년도 친구가 될 수 있다.

배우 클린트 이스트우드가 나오는 영화 〈밀리언달러 베이비〉에는 이런 과정이 녹아 있다. 영화에 등장하는 복싱 매니저 프랭키는 늙은 남자다. 그는 트레이닝을 받기 위해 찾아온 여성복서 매기를 향해 "계집은 훈련시키지 않는다"며 냉정하게 돌려보낸다. 하지만 복싱에 대한 그녀의 열정을 보고 매니저가 되기로 한다. 결국 서로의 부족함을 채우는 각별한 사이가 된다. 프랭키는 딸에게 의절당한 상태였고, 매기 역시 무능하고 이기적인 가족들에게 생활비를 착취당하는 처지였다. 이들은 서로의 고통에서 비슷한 점을 발견하고 친구가 된다.

스웨덴 영화 〈오베라는 남자〉는 고집불통 독거노인과 만삭의 이란인 이민자 여성이 서로 친구가 되는 과정을 그린다. 오베는 사사건건 사소한 일로 이웃에게 시비를 걸고 악성 민원인 행세를 하는 괴팍한 노인이다. 그런 그는 운전이 서툰 만삭의 이란인 여성 파르바네에게 마지못해 운전을 가르친다. 그리고 그 과정에서 벌컥벌컥 화를 낸다. 그는 "물 건너와서 아이까지 낳으려

고생하면서 왜 이까짓 운전은 무서워하냐"고 핀잔을 준다. 역설적이게도 영화는 이런 계기를 통해 두 사람이 마음을 열고 친구가 되는 과정을 묘사한다. 옥신각신하면서 그 둘은 서로 처한 곤경을 이해하고 거기서 자신의 모습을 발견하기 때문이다.

오베의 일대기를 따라가다 보면 그가 왜 악성 민원인이 되었는지 알 수 있다. 그는 젊은 시절 사랑하는 아내가 유산하고 장애인이 되는 모습을 지켜봤다. 아내는 교사를 지망했지만 장애인 차별로 취업이 어려워지자, 오베는 아내를 위해 비호감 캐릭터가 되는 것을 마다않고 악성 민원인으로 변신한다. 오베는 만삭의 여인 파르바네에게서 지켜주고 싶었던 죽은 아내의 모습을 발견하고, 파르바네 역시 오베의 숨어 있던 따뜻한 모습을 발견한다.

이런 나쁜 관계가 좋은 관계로 변화하는 사례는 환상일 뿐 현실은 그렇지 않다고 주장할 수 있다. 그런 '착한 방법'으로 세상은 좋아지지 않는다고 반박할 수 있다. 그러나 한 가지 분명한 것은 서로를 이해하지 못하는 이들이 서로를 이해하려면, 일단 만나고 부딪쳐야 한다는 것이다.

오늘날 청년 문화에서는 이른바 '인싸(인사이더)'와 '아싸(아웃사이더)'를 구분지으며 인싸가 되지 못하는 자기 자신을 자조하는 문화가 하나의 유머코드 비슷하게 자리잡았다. SNS와 각종 통신수단이 발달하면서 자신의 고통과 슬픔 그리고 아픔을 드러낼 기회는 늘어났지만, 진정으로 위로받는 느낌은 줄어들고 있다. 자기와 성향이 다른 사람을 'ㅇㅇ충'이라고 부르며 낙인찍어 희화화하고, 아예 상대조차 하지 않으려는 언어가 인터넷에 널려 있다. 이런 온라인 문화 속에서 우리는 전부 '아싸'가 되고 말았다는 느낌을 받는다.

나와 다른 사람을 이해하려고 하지 않는다면 우리는 결국 어느 누구와도 친구가 될 수 없고 영원히 아싸로 남을 수밖에 없다. 대신 너와 나의 고통이 근본적으로 다르지 않으며 같이 해결할 수 있는 방법이 분명히 있다고 말하는 순간 '안과 밖'의 구분은 사라진다.

이는 타인에게 이타주의로 일관하자는 이야기가 아니다. 오히려 나의 곤경을 해소하는 것이 당신에게도 이득이라는 점을 설득할 수 있는 관점과 힘을 가져야 한다는 것이다. 젊은 남성들이 박탈감을 가장 크게 느끼는 군대 문제를 예시로 들어보자. 젊은 남성들이 군복무를 하며 겪는 박탈감을 젊은 여성과 기성세대 그리고 사회 전체가 이해해주지 못한다고 원망하기보다 군인에게도 최저임금을 지급하고 퇴직금을 보상해야 한다고 다 같이 요구한다고 해보자.

최저임금과 퇴직금 등은 모든 노동자에게 보장해야 할 사회경제적 기본권에 해당한다. 그래서 국가에 봉사하는 병역의무 수행자들에게 이를 지급하자는 주장은, 병역의무 수행자들을

공정하지 않다

'우리 사회에서 일하는 모든 사람들'과 친구로 만든다. 이는 자영업자에게 피해를 미치는 것처럼 일각에서 몰아가는 최저임금제를 사회적 기본권의 차원에서 더욱 확고하게 뿌리내리게 하는 일이 될 수 있다.

이렇듯 우리는 얼마든지 좀 더 나은 '집합적 상상력'에 도달할 수 있다. 다만 이런 집합적 상상력이 잘 만들어지지 않는 것은 언제부턴가 우리 사회가 '내 고통이 세상에서 제일 중요하다'는 관점을 강요하기 때문이다. 나만 내 문제로 분노하는 것이 아니라는 사실을 기억하자. 종종 "나만 이 문제에 분노하고 화내는 것 같다. 다른 사람들은 관심이 없다. 그래서 야속하다"고 말하는 청년들을 본다. 돌아보면 청년만이 아니라 각 계층마다 자신들의 문제에 다른 사람들이 관심이 없다고 원망한다. 이는 나의 문제를 우리의 문제로 만들 상상력과 행동이 부족하기 때문이다. 젊은 남성 노동자들이 겪는 산업재해에 여초 커뮤니티는 상대적으로 무관심하다고 분통을 터뜨리는 경우가 있다. 하지만 여성들 역시 이러한 비극에 무관심한 것이 아니다. 구의역 김군을 찾아 추모했던 이들 중에 젊은 여성들이 얼마나 많았는가. 고 김용균 씨의 죽음 앞에 자신들이 모이는 커뮤니티에서 기사를 공유하고 안타까움을 금하지 못했던 젊은 여성들도 쉽게 찾아볼 수 있다.

마찬가지로 '버닝썬 사태'를 기점으로 약물을 이용한 성범죄가 주로 여성에게 발생하는 것에 대하여 여성들의 분노가 광범위하게 퍼졌을 때, 남성들도 함께 분노했다. 남성들은 버닝썬의 범죄행위를 비호했던 불공정한 공권력에 대해 어떤 세력보다 더 분노했다. 버닝썬 클럽 앞에서 최초 신고자 김 모 씨가 경비원에게 폭행당한 사건이 알려진 초기부터 대다수의 남초 커뮤니티에서는 버닝썬과 경찰의 유착관계를 의심하며 진상규명을 요구해왔다. 남성들은 버닝썬 사태를 빌미로 남성 전체에 강간 문화가 퍼져 있다고 호도하는 여론몰이에 차갑게 대응하지만 버닝썬 내에서 이뤄진 마약, 탈세, 성범죄, 성접대 등의 문제가 하나씩 드러나자 매일같이 관련 기사를 자신들이 상주하는 커뮤니티에 퍼나르며 분노를 표시했다.

> 다수가 나의 편에 설 수 있다는
> 희망을 잃지 말자

1960년대 말 일본에서는 강성 학생운동 세력인 전학공투회의(전공투)가 위세를 떨쳤다. 당시 도쿄대학교 야스다 대강당 벽

에는 "연대를 구하여 고립을 두려워하지 않는다 連帶を求めて孤立を恐れず"는 슬로건이 적혀 있었다고 한다. 전공투 운동은 여러 가지 패착으로 고립되어 자멸했지만, 이 문장 자체는 오랫동안 회자되었다. 마치 『구약성경』 「다니엘서」에 나오는 바빌론 왕의 연회 자리에 별안간 등장한 미스터리한 글귀가(성경에 기록된 글귀는 '메네 메네 데겔 우바르세었다. 세었다. 무게를 보았고 나누다'였다. 바빌론의 왕 벨사살은 각종 술사들을 동원해도 이 글귀를 해석하지 못하자, 다니엘에게 자문을 구했다. 다니엘은 해당 구절을 바빌론은 멸망하고 왕은 죽임을 당할 것이라는 경고로 해석했다. 그리고 성경은 그 경고가 실현됐음을 전한다) 대대로 인용되는 것처럼, 이 문구 또한 이후에도 오랫동안 여러 방식으로 인용되었다.

이 문구가 오래 회자된 이유는 청년들의 '마음'을 건드리기 때문일 것이다. 가장 쉬운 해석은 이 문장을 지사 志士적인 의미로 이해하는 것이다. 우리의 뜻을 이루기 위해서라면 고립되어도 그다지 개의치 않는다는 뜻으로 읽는 것이다. 이렇게 해석하면 극단적인 실력 과시와 폭력 투쟁으로 자신들의 주장을 관철시키려고 했던 당시 전공투 학생들의 모습이 쉽게 떠오른다. 이런 해석이야말로 당시 시대상을 충실히 반영한 것일 수 있다.

그러나 오늘날 우리는 전공투 학생들의 노선을 두고 '용기 있는 행동'이라고 칭찬할 수 없다. 오히려 그 반대로 생각한다. 전공투의 노선이 과격했기 때문에 동의하지 않는 게 아니라, 다수가 연대할 수 있는 방식을 만들어내지 못했기 때문에 동의하지 않는다. 전공투의 폭력 노선은 '결국 아무도 우리를 이해해주지 못할 것'이라는 무력감과 절망감 그리고 공포에서 나온 것이다.

잠깐 화제를 돌려 홍익대 누드모델 몰카 사건과 혜화역 시위를 떠올려보자. 급진적인 페미니스트들의 모임인 워마드를 주축으로 시위를 주도한 이들은 몰카를 많이 찍는 남성들은 제대로 안 잡고 홍익대 사건의 범인은 여자라서 잡은 것이라고 주장했다. 또 시위 현장에서 피해자인 남성 모델을 공격하고, 편파수사가 아니라고 말한 문재인 대통령을 향해 "자살해"라고 구호를 외쳤기 때문에 더욱 문제가 되었다. 이에 대해 비난이 빗발쳤던 이유는 '몰카 범죄에 대한 여성들의 공포'를 이해하지 못해서가 아니다. 단지 여성이라는 이유로 범죄자를 비호하는 것이 공정하지 않았기 때문이다.

만약 이 시위에서 "몰카는 남녀를 가리지 않는 범죄다. 모두가 힘을 합쳐 이 문제에 맞서자"라고 말했다면, 혜화역 시위를 출발점으로 삼아 여성들이 겪는 몰카 불안에 대해 더 공감하고 많은 사람들이 힘을 실어줬을 것이다. 이런 관점에서 "연대를 구하여 고립을 두려워하지 않는다"는 말을 "고립을 두려워하지 않는 건, 결국 우리의 행동이 모두의 문제와 연대하는 일이기 때문이다"라고 바꿔 말할 수 있다고 생각한다.

역사의 변화를 이끌어낸 행동들은 모두 이와 같은 방식으로 만들어졌다. 여성참정권 운동도 마찬가지다. 서구의 여성참정권 운동을 다룬 〈서프러제트〉라는 영화가 있다. 이 영화는 참정권을 얻기 위해 20세기 초반의 여성운동가들이 거리의 상점 유리창을 깨고 폭탄 테러와 자살까지 감행했던 치열한 투쟁의 역사를 보여준다. 그런데 이 영화가 보여주지 못한 역사적 사실이 있다.

이 영화에서 주인공 '모드 와츠'는 세탁공장 노동자로 일하다 여성참정권 운동가들과 자연스레 교류하면서 여성참정권 운동에 투신하게 된다. 하지만 이 설정은 실제 역사적 상황을 반영했다고 보기 어렵다. 초기 여성참정권 운동은 상류층 여성들이 주도했다. 그 결과 1918년 영국에서는 일정한 재산을 가진 여성들에게만 참정권을 주었다. 당시 법 개정으로 30세 이상 여성에게 선거권을 줬고 여성 800만 명이 새로 유권자가 되었지만, 일정한 재산을 소유하지 못해서 선거권을 얻지 못한 여성들도 있었다. 실제 역사에서는 모드 와츠와 같은 세탁공장 여성 노동자들은 선거권을 얻지 못한 이들 중 하나였을 것이다. 또한 영화에서 급진적 투사로 묘사하고 있는 에멀린 팽크허스트와 같은 '서프러제트'의 일원들은 후일 1차세계대전 당시 전쟁에 협력하며, 파업하는 노동자들을 비난하는 일에 앞장섰다.

이 때문에 사회주의 여성활동가였던 로자 룩셈부르크는 당대 상류층 여성참정권 운동가들을 향해 "남성 특권에 맞서 투쟁할 때는 사자처럼 행동하는 부르주아 여성들이 대부분 참정권을 얻고 나면 보수적이고 종교적인 반동 진영의 유순한 양이 된다"고 비판했던 것이다.

또 하나, 실질적으로 성인남녀 모두에게 보통선거권이 본격적으로 확산된 계기는 1, 2차세계대전을 거치면서 일어난 여성노동자들의 정치적 각성이었다. 영국에서 21세 이상 성인여성 모두에게 보통선거권이 주어진 시기는 10년 뒤인 1928년이었다. 반면 러시아에서는 이보다 한참 앞선 시기인 1917년, 사회주의 혁명을 통해 남녀 모두에게 보통선거권을 부여했다. 이때 러시아에서는 세계 최초로 임신중절을 합법화했고 유급 출산휴가, 공동 탁아소 도입, 이혼 간소화, 동성애 차별 금지 등 개혁조치들을 급진적으로 단행하였다. 러시아에서 이와 같은 사회적 변화가 가능했던 데는, 사회주의 혁명이 러시아의 농민, 노동자, 지식인 등 다수 대중의 지지를 받고 있었기 때문이다. 또한 1, 2차 세계대전 때 남성들이 전선에서 싸우는 동안 여성들이 산업 현장에서 남성들의 빈자리를 채웠던 것도 여성참정권 확산에 큰 몫을 했다.

마지막으로 이 영화가 암시하는 것과 달리 여성참정권 운동에 대해 각계각층 남성들이 방해하거나 무관심으로 일관한 것은 아니다. 일찍이 1869년 존 스튜어트 밀이 발표한 『여성의 종속』은 여성참정권을 옹호하는 내용을 담았다. 이 저서는 프랑스, 독일, 스웨덴, 덴마크, 폴란드, 이탈리아 등에 번역되며 전 세계적인 반향을 일으켰다. 노르웨이 극작가 헨리크 입센의 『인형의 집』은 1889년 영국에서 초연되었고, 결혼제도의 문제에 대해 전 사회가 토론할 수 있는 자극제가 되었다.

1893년 뉴질랜드 의회에 제출된 「여성참정권 탄원서 The 1893 Women's Suffrage Petition」에는 '여성이 법적으로나 사회적으로 남성과 동등한 권리를 가졌고 투표권은 남성만의 권리가 아닌 인간의 권리'라는 내용을 담고 있었다. 당시 뉴질랜드 성인여성의 4분의 1에 달하는 3만 2,000여 명이 이 탄원서에 서명했으며, 여성참정권 운동을 지지한 남성 정치인 존 홀 경을 비롯한 여러 남성 의원이 탄원서를 직접 의회에 전달했다. 같은 해 법 개정으로 총선에서 여성들이 참정권을 얻어냈다.

여성참정권의 역사는 소수 여성들의 급진적인 희생을 통해, 한쪽이 승리하고 한쪽이 패배하는 남녀 대결 구도에서 얻어진 게 아니다. 여성운동의 대의에 대중이 공감하는 일들이 계속 쌓이면서 이루어진 것이다.

만약 21세기에도 남녀차별이 여전하고 남성들의 인식이 19세기와 조금도 다를 바 없고 오히려 후퇴했다고 말한다면, 이는 오늘날 대다수 사람들이 더 나은 방향으로 진전하기 위해 함께 나아갈 기회를 막는 일이다. 무엇보다 당연히 21세기 대한민국은 19세기와 다르다.

더 큰 변화를 이루기 위해서는 다수가 함께 할 수 있는 공간을 열어야 한다. 다수가 나의 편이 되려면 나와 너의 고통에 대한 경쟁을 그만두고, 서로의 고통에 공감할 수 있다고 생각해야 한다. 그럴 때 작더라도 변화가 일어나고, 그 작은 변화를 시작으로 더 크게 변화하고자 하는 고양감이 생긴다.

우리는 이런 고양감을 역사적으로 체험해왔다. 철도민영화 반대파업 지지, 반값 등록금 시위, 역사교과서 국정화반대 운동, 안녕들하십니까 대자보 열풍 그리고 박근혜 대통령 탄핵 촛불집회까지, 지금까지 이어져온 일들을 생각해보자. 구의역 김 군의 죽음 앞에 '나는 너다'라는 피켓을 들었던 이들을 생각해보자. 이 모든 일에 함께 했던 시민들을 생각해보자. 그 시민들은 어딘가로 사라지지 않았다. 그들은 여전히 우리 일상에서 만날 수 있는 평범한 이웃들이다. 청년세대들이 할 일은 그들을 배척할 사람이 아니라 연대할 수 있는 '내 편'으로 부르고, 또 내가 그들 옆에 '네 편'으로 서는 것이다. 그럴 때 언제든지 숨어 있던 '내 편'이 모습을 드러낸다. 각자의 고통은 우리의 고통으로 연결되어 있기 때문이다.

공정하지 않다

실제 세계에 집중하자

그러한 방법으로는 이 세계가 달라지지 않는다.
인간과 인간의 관계가 나아지지 않는다.
베르톨트 브레히트, 『임시 야간 숙소』 중에서

허상과 싸우지 말자

오늘날 기성세대들은 20대를 보고 도통 어떤 세대인지 모르겠다고 토로한다. 20대를 온라인 세계에서 접하고 매우 과격하고 집단적으로 행동한다고 놀라워한다. 그러나 오프라인에서 20대를 직접 만나보면 그다지 과격하지도 집단화되지도 않았다. 그런데 어떤 '지점'을 건드리면 이 세대들은 무섭게 폭발한다. 도대체 그 지점이 무엇인지 알 수가 없다. 이뿐만이 아니다. 젊은 세대들이 요즘 무엇에 열광하는지도 잘 보이지 않는다고 자주 말한다. '요즘 이런 게 유행하네'라고 생각했을 때, 이미 젊은 세대들에게 한물간 뒤일 때도 많다. 이는 온라인을 중심으로 청년 문화가 형성되고 움직이는 방식 때문에 그렇다. 구자준 문화평론가는 2019년 2월 청년모임 '진보너머'가 주최한 토론회에서 다음과 같이 설명했다.

페이스북, 트위터, 인스타그램, 카카오톡(을 포함한 메신저)들의 특징은 자신이 보고 싶은 것만 취사선택해 볼 수 있다는 점이다. 이전 인터넷에서는 포털 사이트에서 모든 것을 제시해줬다면 지금은 포털 사이트조차도 사용자의 취향, 정치적 성향 등에 따라 맞춤서비스를 제공한다. 최소한 온라인에서는 자신을 중심으로 세계를 재구성할 수 있게 되었다는 뜻이다. 자신과 뜻을 같이하는 사람의 글을 보고 자신의 말에 동조해주는 사람만 팔로우하고, 마음에 들지 않으면 차단한다. 심지어 공개게시판에서조차 '차단'과 '스루through' 기능을 적극적으로 제공한다.

입맛에만 맞는 것들을 보며 마음의 평화를 찾는 대가로, 인식에 대한 교정이나 확장은 포기한다. 공론의 장으로 나와 자신의 생각을 이야기하고 비판하고 설득하기보다는, 듣기 싫은 말과 보기 싫은 것들은 타임라인 밖으로 밀어내고 자신만의 높은 성을 짓는다. 성 밖에서 무슨 일이 벌어지는지는 알고 싶지도 않고 관심도 없다. 폐쇄적인 타임라인 안에서, 각자의 주장은 자가발전하며 더욱 공고해진다. 발달한 매체가 소통을 원활히 해주기보다는 소통을 거부한 상태로 특정한 성향만 강화하는 결과를 낳는다.

20대의 경우 온라인을 중심으로 동일한 성향의 사람들이 모여 폐쇄적으로 움직이기 때문에 웬만큼 그 세력이 커지지 않고서는 공론장에서 눈에 잘 띄지 않는다. 이는 20대가 어떤 세력과 흐름을 형성할 때 사회적으로 포착이 잘 안 되는 이유를 알려준다. 이제는 전 세계가 들썩이는 방탄소년단^{BTS} 현상도 비슷했다. 기성세대들은 BTS 팬들이 이토록 거대했는지를 꽤 나중에 알게 되었다. 이 또한 BTS를 응원하는 젊은 팬들이 모이고 움직이는 방식 때문에 그렇다.

그래서 기성세대 특히 기존에 공론장의 역할을 해온 언론과 지식인들은 젊은 세대가 하는 다양한 행동 중에서 무엇이 '다수'를 대변하는지, 무엇이 '대세'인지를 잘 판단하지 못한다. 일부의 특이한 행동을 보고 전체의 행동으로 오해하는 경우도 빈번하다. 여기에는 청년세대의 온라인 문화가 갖고 있는 특성 외에도 다른 이유가 작용한다.

첫째, 한국 사회에서 지적 담론을 생산하는 많은 이들이 반Ꮠ

대중적인 것을 오히려 '지식인다운 일'이라고 생각하는 오류에 빠진 지 오래되었다. 대중이 어떤 경향을 보일 때 그 경향의 여러 측면 중에서 부족한 점, 비판할 점, 놓치고 있는 점을 먼저 찾아내는 게 지식인이 가져야 할 책무라고 생각하는 것이다. 때문에 지식인들은 대중적 현상을 바라볼 때 문제점에 먼저 주목하는 태도를 보인다. 이런 태도를 오늘의 젊은 세대는 '지적질'이라고 받아들인다.

둘째, 디지털 시대의 젊은 세대는 '애가 이러니까 비슷한 재도 그러겠지. 저 집단이 다 그렇겠지'라고 일반화하는 태도에 반감이 매우 심하다. 이 세대는 '내가 뭔가 잘 모르는 무지몽매한 사람이고, 집단적으로 휩쓸려 다니는 사람'으로 취급받는 것에도 민감하다. 온라인 문화가 발달하면서 정보를 빠르게 습득하고 개인으로 발화하고 행동하는 게 익숙한 세대이기 때문이다. 집단의 일원으로 자신을 환원하는 태도에 반감을 갖고 있기 때문에 상대방에 대해서도 "너는 누구를 대표하느냐?"고 묻기보다 "넌 누구냐?"고 묻는 태도가 더 일반적이다. 그러나 기성세대나 기존의 공론장은 이런 태도를 잘 이해하지 못한다.

언론사에서 일할 때 이런 일이 있었다. 매체비평 역할을 하는 언론사였기에 다른 언론사의 잘못된 기사나 관행을 고발하는 기사를 자주 썼다. 기사에는 주로 '언론은 이에 대해 ~라고 보도했다. 하지만 이에 대해~'와 같은 문장들이 넘쳐났다. 어느

날 독자들과 만나는 자리에서, 한 독자가 "언론이 잘못된 기사를 썼다고 비판할 거면 보수 언론이 그랬다, 진보 언론이 그랬다 하지 말고 어느 매체인지, 어떤 기자인지 구체적으로 말해주세요. 안 그러면 상대가 하나도 아프지 않을 거예요"라고 꼬집어 말했다.

'정확하게 누가 그랬는지 말하는 게 공정하다. 책임자를 구체적으로 지목하지 않으면, 그건 허공에 대고 잽을 날리는 격이다. 두루뭉술하게 이야기하는 건 기존의 편 가르기를 반복하는 일밖에 안 된다.' 그 독자는 이렇게 말한 셈이다. 청년세대들은 남을 지목할 때도 정확하게 누구인지를 밝히길 원하듯이 반대로 나를 집단에 넣어놓고 무턱대고 비판하는 것도 받아들이지 않는다.

2017년 5월에 있었던 《한겨레21》 편집장의 '덤벼라, 문빠들' 논란도 이런 오해에서 일어난 일이라고 생각한다. 문재인 대통령 지지자들 가운데 일부가 대선 당시 《한겨레21》이 다른 후보들을 단독 표지모델로 실으면서 문재인 후보를 단독 모델로 싣지 않았다는 이유를 들어 문재인 대통령을 홀대한다고 공격한 일이 있었다. 이런 공격에 대해 편집장이 개인 페이스북에 "우리가 살아낸 지난 시절을 온통 뚱칠하겠다고 굳이 달려드니 어쩔 수 없이 대응해줄게. 덤벼라, 문빠들"이라고 올렸다가 논란이 되었다. '덤벼라, 문빠들'이라는 표현 자체에 많은 사람들이 반감을 품은 것이다.

댓글이 엄청나게 달리고, 페이스북 글이 캡처되어 조리돌림을 당했다. 논란이 커지자 편집장은 사과를 하고 해당 글을 삭제했으며 계정까지 없애야만 했다. 이에 몇몇 언론인들은 편집장을 옹호하면서 "자기 마음에 안 드는 글이 올라오면 좌표를 찍고 몰려가서 굴복시키는 이런 시대에 도대체 언론이 왜 필요한가"라며 비판하는 입장을 밝혔다가, 이들 또한 비난받는 일이 발생했다.

이 사건은 《한겨레21》에 대해 공격한 이들을 마치 문재인 대통령을 지지하는 이들 전체와 동일시하고 '문빠들 덤벼보라'고 대응하면서 싸움의 양상이 이상한 쪽으로 번졌다. 당시 인터넷 커뮤니티들을 살펴보면 《한겨레21》에 문재인 대통령 사진이 제대로 실리지 않았다고 공격하는 의견에 대해 "이번 정권을 지지하는 입장이지만, 그게 뭐가 문제인지 모르겠다"는 입장도 만만치 않게 있었다. 그러나 《한겨레21》 편집장의 경우 한 집단의 의견을 '가장 안 좋은 일부'에 맞추어 판단하고, 그 집단 전체가 그러리라고 생각하는 오해에 빠졌다고 보인다.

오늘날 온라인 문화가 발달하면서 독자들이 기사 밑에 직접 댓글을 달거나 기자의 개인 SNS에 댓글을 다는 일이 빈번해졌다. 그 댓글이 분명 독자들의 의견이고 여론을 반영하기도 하지만, 댓글 문화가 갖는 즉자^{即目}적 측면도 강하다. 그런데 언론인이나 지식인들 중에는 자신을 원색적으로 비난하고 공격하는

공정하지 않다

댓글에만 주목해 요즘 독자들은 기사 하나 똑바로 이해하지 못하고, 수준이 너무 떨어진다고 폄하하는 경우를 종종 본다.

이런 사고들이 바로 '덤벼라, 문빠들'과 같은 사태를 만든다. 당시 문재인 대통령의 지지율이 무려 70퍼센트가 넘었는데, 지지자 모두를 '좌표 찍고 돌아다니는 문빠들'이라는 식으로 몰아붙인 것이다. 이렇게 되면 '허상'과 싸우게 된다. 허상과 싸우면 결과는 뻔하다. 내가 싸우지 않아도 될 사람들까지 전부 적으로 만들어버리거나 허공에 휘두르는 잽처럼 내가 싸워야 할 사람은 정작 하나도 타격을 받지 않거나, 둘 중 하나다. 둘 다 아무것도 변하지 않는다는 점에서 결론은 같다.

젠더갈등으로 청년세대가 갈라지면서 인터넷에서 흔히 볼 수 있는 풍경이 있다. 서로가 싫어하는 커뮤니티에서 '빻은(주고받은) 발언'을 캡처해 올리는 현상이다. 예컨대 남초 커뮤니티에는 '여초 카페 수준'이라는 글이 자주 올라온다. 여초 카페에서 군인을 비하하는 글이나 남성혐오성 글이 올라오면 이것을 캡처해 올리며 "페미니스트들이 이래서 문제"라고 비난하는 것이다. 반대의 경우도 쉽게 볼 수 있다. 여초 커뮤니티에도 '남초 커뮤니티 수준'이라는 글이 자주 올라온다. 남초 커뮤니티에 올라온 여성혐오성, 성희롱 게시물을 캡처해 올리고 마찬가지로 "이래서 한남들이 문제"라고 비난한다.

대체 누구와 싸우고 있는 것일까. 그것보다 이와 같은 싸움에 상대가 조금이라도 타격을 입을까. 인터넷의 발달은 '박제와 조리돌림'의 시대를 열었다. '대ㅊ 조리돌림의 시대'가 열리면서 다른 사람들의 헛소리를 박제해 공격하는 것이 하나의 유행처럼 되었다. 하지만 이런 박제와 조리돌림은 아무것도 바꿀 수 없다. 서로를 향한 증오와 혐오의 총량만 늘어날 뿐이다. 심지어 자신이 심판한 대상이 누군지도 모른다. 그래서 늘 사태가 벌어진 후에 '저런 댓글을 다는 애들이 내 주위에 있다니 소름 돋아'라는 깨달음이 밀려온다. 갑자기 멀쩡하던 학교친구와 직장동료가 다 이상하게만 보이고 개인은 점점 더 고립된다고 느껴진다.

페이스북, 트위터, 카카오톡 같은 소셜네트워크 서비스의 가장 큰 특징은 확증편향確證偏向이라는 것이다. 내가 보고 싶은 것만 볼 수 있다. 마음에 드는 사람만 친구를 맺고, 불편한 말을 하면 친구를 끊거나 차단한다. 알고리즘도 확증편향에 사로잡혀 만들어져 있다. 페이스북은 '좋아요'를 누르는 글만 더 많이 뜨게 되어 있다. 유튜브는 '맞춤영상'이 작동하여 비슷한 영상만 계속 추천한다.

이런 환경에만 머물게 되면 '나와 다른 것'을 마주했을 때 받는 충격이 더 커진다. 현실에서 생각하는 것과 다른 일이 벌어지면 배신감도 느낀다. 이를테면 나는 모 정당을 지지하고 내 트위터에는 나와 같은 지지자들이 넘쳐나는데, 막상 선거가 끝나면 내가 지지한 정당의 지지율이 추락해 있다. 왜 이런 일이 벌어지는지 당황스럽다. 세상이 나쁜 놈들로만 이루어진 것 같다. 사실은 내가 생각하는 것과 다를 뿐이다. 세상에는 다양한 사람들이 있으며 그만큼 생각도 다양하고 행동도 다양하다. 나와 다른 행동을 했다고, 내 생각에 꼭 반대하는 것도 아니다. 다른 이유를 가지고 있을 뿐이다.

이렇듯 실제 세계는 매우 다르다. 이제까지 내가 가던 곳과 조금만 다른 곳을 가보면 내가 접한 세계 외에 다른 세계가 존재한다는 사실을 금세 알게 된다. 가장 쉬운 예가 남성들의 경우 군복무 기간에 만나는 사람들일 것이다. 군복무를 하는 남성들은 같은 20대라고 해도 지역, 계층, 학력, 취향 등 조건이 모두 다르다. 이렇게 조건도 다르고 성격도 다른 사람들이 한 공간에 섞이게 된다. "군대 가보니 별별 사람 다 있는 걸 실감했다"고 말하는 이들을 여기저기서 쉽게 찾아볼 수 있다.

나의 경우도 군대 훈련소를 가기 전에는 세상이 다 나와 비슷한 사람들로 구성되어 있을 것 같았지만, 훈련소에 가보니 그렇지 않았다. 우리 소대에 4년제 대학을 나온 사람은 나와 다른 친구 두 명뿐이었다. 사고치고 빨간 줄이 생겨 군대에 온 친구, 나이트클럽에서 삐끼로 일했던 친구, 부모님이 이혼해서 집안이 풍비박산이 난 친구 등등, 사연도 많고 환경도 가지각색이었다. 훈련소에 오기 전까지는 만날 수 없었던 온갖 인간 군상들이 모여 있었다. 그로 인해 불편한 점도 있을지 모르겠지만, 나의 경우 그보다는 해방감이 들었다. 진짜 세상과 마주하는 게 무엇인지 알게 되는 느낌이었다.

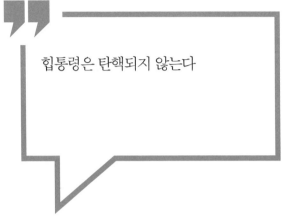

힙통령은 탄핵되지 않는다

여기 허상과 싸우지 않고 실제 세계에 집중해 변화를 꾀한 청년이 있다. 전설은 2010년 8월 방영한 〈슈퍼스타K2〉 대구 오디션에서 시작됐다. 예선에서 탈락한 한 참가자가 엄청난 화제를 몰고 왔는데, 그는 바로 사람들이 '힙통령'이라 부르는 장문복이다.

당시 16세 중학생이었던 장문복은 "한국 힙합, 제가 생각할 때는 좀 어중간한 것 같아요. 길을 못 찾고 있는 거 같아요. 대중성으로나 아니면 음악성으로나 (길을) 못 찾는 거 같아요"라며 힙합 절대고수의 풍모를 비치며 등장한다. 하지만 이내 10초도 지나지 않아 기대에 찼던 시청자들의 눈빛이 황당함으로 변한다.

장문복은 오디션에서 속사포 랩으로 유명한 래퍼 아웃사이더가 노래한 〈스피드 레이서 Speed Racer〉를 불렀는데, 무슨 말인지 하나도 알아들을 수 없을 정도로 처참한 실력이었다. 부자연스러운 발성에 박자까지 맞추지 못하면서 랩이 흡사 외계어처럼 들렸다. 처음에는 집중하려고 노력하던 심사위원들도 결국 빵 터지고 말았다. 장문복은 심사위원들에게 "방언 같기도 한데 어디 언어냐" "가사는 없는 거고?"라는 놀림을 당한다. 이후 장문복은 '힙통령(힙합+대통령)'이라는 조롱 섞인 별칭을 얻으며 인터넷 세계에서 '합성어 필수템'으로 등극했다. 수많은 패러디물이 나왔고 오디션 참가 영상은 유튜브 계의 레전드로 남았다.

그런데 두 달 뒤인 2010년 10월 장문복이 다시 시청자들 앞에 모습을 드러냈다. 〈슈퍼스타K2〉 주최 측이 'TOP3' 무대를 꾸미며 일종의 특별무대를 구성했는데 그 무대의 주인공으로 등장한 것이다. 그는 두 달 전 오디션에서 불렀던 노래 〈스피드 레이서〉를 부르며 나타났다. 심지어 원곡을 부른 가수 아웃사이더와 함께였다. 발음이 좋지 않은 건 여전했으나 두 달 동안 열심히 연습했는지 예선에서 탈락했을 때보다 많이 나아진 모습이었다.

수많은 조롱을 받아 트라우마가 생길 법도 한데 포기하지 않고 연습해 관객 4,500여 명 앞에서 그 노래를 다시 불렀다는 것만으로도 장문복은 박수받을 만하다. 이 공연 이후 장문복에 대한 평가가 많이 바뀌었다. '멘탈갑' '진정한 대인배'라며 그에게

호의적인 사람들이 생겨났다.

장문복은 인터넷에 올라온 허상과 싸우지 않았다. 자신을 비웃는 사람들을 고소하지도 않았고, 문을 걸어 잠근 채 트라우마에 빠져 지내지도 않았다. 트라우마를 극복하고 실제 세계에 집중했다. 음악을 못해서 대중의 비웃음을 샀으니, 실력을 키우는 것으로 문제를 해결하려고 노력했다. 장문복은 2016년 자신의 별명을 딴 노래 〈힙통령〉을 발표한다. 〈힙통령〉은 자신이 겪은 상황과 이를 극복하는 과정을 그린 내용이다.

그때 난 될 줄 알았어 슈퍼스타. 그런데 마주하게 돼 비웃음거리가 되어버린 나의 모습. 온 세상 거리가 손가락질하네. 이 텅 빈 방 안에 틀어박혀 하소연을 했지. 랩을 하는 것이 그저 좋았던 중학생, 너무나 어렸기에 이해할 수 없어 상황을. 어디를 가더라도 걷는 기분이야 사막을. 그저 방송에서 만든 웃긴 탈락자, 그보다 더 큰 박탈감을 갖고 살아가. 어쩌면 순진해서 웃음거리 되는 것도 그냥 웃어주며 버텨냈지. 아무것도 하지 못해 몇 년을 침묵하며 기다렸지. 그래도 몇몇은 응원하며 기대했지. 아무 말도 하지 못하는 시간 이제 싫어. 웃기는 놈이 아닌 제대로 진심을 실어. (…) 친구놈들은 말해 정말 하려고 해? 그렇게 욕을 먹고서도 바라던 게 바로 이건데. 매일 노력했지 계속 밤새워 집 떠나가게. 나를 향한 날 선 화살들이 전부 떠나가게. 그렇게 다시 한 번 무대에 선 순간 찾아오는 것은 그날의

공정하지 않다

공포감. 하지만 설렘과 열정이 나를 계속 움직이게 했지.

노래가 발표되자 응원의 목소리가 여기저기서 들렸다. "그렇게 비웃음거리가 되고도 포기 안 한 게 대단하다" "대부분이 자길 외면했는데도 당당하게 다시 헤쳐 나왔다. 진짜 아무나 이럴 수 없다"와 같은 반응이 쏟아졌다.

그는 2017년 3월 〈프로듀스101 시즌2〉를 통해 다시 등장했다. 대중의 반응은 뜨거웠다. 7년 전 오디션 프로그램에서 공개적으로 망신을 당했던 장문복이 포기하지 않고 다시 오디션 프로그램에 도전했기 때문이다. 그가 모습을 공개한 3월 9일은 박근혜 대통령 탄핵선고 하루 전날이었다. "힙통령은 탄핵되지 않는다"는 제목의 기사까지 등장했다. "힙통령 영상을 보고 웃었던 사람들, 양심이 있다면 한 표씩 줘라" "세상은 문복이를 웃음거리로 만들려 하는데, 문복이는 세상이 아무리 놀려도 끝까지 자기 꿈을 걸어왔다"며 긍정적인 댓글이 줄을 이었다.

장문복은 〈프로듀스101 시즌2〉에서 우승하지 못했다. 참가자 101명 가운데 27등이 그의 최종 성적이었다. 순위에 들지 못해 아이돌로 데뷔할 기회도 얻지 못했다. 다른 후보들에 비해 실력이 떨어진다는 평가도 많았다. 그러나 그는 탈락 소감에서 "대중에게 저를 드러내기가 많이 무섭고 두려웠는데, 그걸 극복하게 해준 게 〈프로듀스 101〉이다"라고 밝혔다. 그는 2019년 5월

'리미트리스'라는 아이돌 그룹으로 데뷔한다.

각 세대마다 자기 세대를 긍정하게 되는 또래 모델들을 발견한다. 힙통령 장문복의 사례는 미래가 불안정하고 갈등과 조롱이 만연한 오늘날, 청년세대들이 인정하는 '노력'은 무엇인지를 알려준다. 비록 1등을 하지 못하고 성공하지 못했더라도, 남을 탓하지 않고 열정을 포기하지 않는다. 결국 자신을 싫어했던 이들에게도 박수를 받고 만다. 그런 모습에 어떤 성공보다 더 큰 지지를 보내는 것이다.

힙통령 장문복의 이야기에서 느껴야 할 점은 실제 세계에 주목하고 실제 세계가 바뀔 수 있다고 믿어야 한다는 것이다. 오늘날 청년세대가 자신의 미래를 바꾸고 싶다면, 온라인에서 보이는 '나를 공격하는 나쁜 허상'과 싸우는 게 아니라 실제 세계에서 함께 할 수 있는 우군들을 만드는 것이다. 우군들을 만들어내는 '행동'에 집중하는 것이다. 적을 만드는 행동이 아니라 우군을 만드는 행동만이 세상을 바꿀 수 있다.

그런 의미에서 페미니즘이 말하는 '미러링 mirroring'은 오늘날 청년세대들이 '공통으로 함께 할 수 있는 행동'이 될 수 없다. 미러링은 잘못한 이들의 행동을 반대편에서 똑같이 반복함으로써 그 잘못을 드러내겠다는 수법이다. 그러나 이런 방법으로는 진짜 변화가 일어나지 않을 뿐만 아니라 도리어 적들만 만들어낸다. 그동안 기성세대는 이 미러링의 문제를 대수롭지 않게 생

공정하지 않다

각하거나 옹호해왔다.

진선미 여성가족부 장관은 2018년 11월 29일 TBS 〈김어준의 뉴스공장〉 인터뷰에서 "메갈이라고 하는 커뮤니티가 미러링을 하면서 문제를 제기하지 않았으면 저는 소라넷이 폐지되지 않고 디지털 성범죄가 이렇게 이슈화되지 않았다고 생각해요"라고 말했다.

소라넷은 국내 최대 불법동영상 공유사이트였다. 소라넷이 폐지되고 디지털 성범죄가 공론화된 것은 미러링 때문이 아니라 '몰카 근절 캠페인' 덕분이었다. 2015년 8월 메갈리아 유저들은 국제청원사이트 '아바즈'에 청원을 시작한다. 몰카 동영상을 비롯한 불법음란물이 올라오는 소라넷을 폐쇄하고 관련자들을 처벌하라는 청원에 7만여 명이 동의했다. 불법 몰카는 찍지도 말고 공유하지도 말자는 근절 캠페인을 벌여, 스티커를 나누어 붙이고 팔찌를 만들어 생긴 수익은 피해자들을 위해 기부했다. 문제가 커지자 당시 국회 안전행정위원회 소속이었던 진선미 더불어민주당 의원이 강신명 경찰청장을 상대로 소라넷에 대해 질의했고, 강신명 청장은 "잘 알고 있고 수사하고 있다"고 밝혔다. 이후 소라넷은 폐쇄됐고 운영자 네 명 중 한국 국적을 지닌 운영자 한 명이 검거되어 실형을 선고받았다. 진선미 여성가족부 장관은 소라넷 폐쇄에 중요한 역할을 했으면서도 어떤 행동이 변화를 이루어냈는지를 이해하지 못하고 있다.

메갈리아가 남성혐오 사이트라고 해도 이처럼 정석에 가까운 사회운동 캠페인을 벌였을 때, 그 행동에 많은 이들이 동의할 수 있다. 이런 사회적 행동과 미러링은 다른 것이다. 소라넷 폐지가 과연 미러링의 결과일까. 만약 남성 몰카를 공유하는 사이트를 만들어 "너희들도 당하니까 어떠냐?"고 약을 올렸다면, 그것은 소라넷을 없애는 결과가 아니라 또 다른 소라넷을 하나 더 만들어냈을 것이다. 실제로 워마드와 같은 사이트에서 남성 몰카 동영상이 올라와 문제된 적이 종종 있다. 여성이 화장실도 마음 놓고 못 가는 사회가 마음에 안 든다고, 남녀 모두가 화장실에 마음 놓고 못 가는 사회를 만들어서는 안 된다.

이런 20대의 구분 방식을 기성세대들은 이해하지 못한다. 미러링이든 캠페인이든 둘 다 몰카 문제에 경각심을 심어주는 일인데, 왜 어떤 일에는 가만히 있고 어떤 일에는 난리인지 묻는다. 기성세대는 어떤 이념이 옳다고 믿으면 그 이념과 관련된 모든 일을 옹호하고, 어떤 이념에 반대하면 그 이념과 관계된 모든 일에 반대하는 방식이 익숙하다. 그러나 오늘의 20대들은 그렇게 생각하지 않는다. "나는 누구의 편인가?"라는 질문보다 "나는 이 행동에 함께 할 수 있는가?"라고 물어야 하고, 그 질문이 훨씬 더 중요하다고 생각한다.

공정하지 않다

> ## 행동할 준비가 되어 있는 세대

기성세대 중에는 '그래, 행동이 중요하지. 근데 요즘 청년들은 행동하지 않잖아?'라고 생각하는 이들이 더 많은 것 같다. 그렇게 주장하는 근거로 청년들이 정치에 무관심하다고 말한다. 역사적 인식도 부족하다고 말한다. 20대의 무당파無黨派 비율이 가장 높다는 것이다. 한국갤럽의 정기 여론조사에 따르면 20대 무당파는 평균적으로 35~40퍼센트에 달해 전 세대 중 가장 높다. 하지만 20대에 무당파가 많다면, 그건 오늘의 20대가 지지할 수 있는 정치 세력이나 정치인이 없기 때문이다. 오히려 20대는 자신들을 대표하는 사람이나 세력이 나타나면 더 적극적으로 행동할 가능성이 매우 높다. 이들은 선호하는 것을 과감하게 표현하고 지지자를 모으는 일을 하는 데 두려움이 적은 세대이기 때문이다.

아이돌 팬덤 문화에 빗대어 이야기해보자. 지금은 전 국민, 아니 전 세계인들이 아이돌 그룹 BTS에 열광하지만, 불과 몇 년 전만 해도 BTS를 아는 사람은 많지 않았다. 많은 기성세대가 BTS를 '갑자기 툭 튀어나온 아이돌'이라고 생각했다. 빌보드차트 1위를 하기 전까지 히트곡이 무엇인지, 심지어 BTS가 몇 명인지 모르는 이들도 많았다.

하지만 이미 10~20대 팬덤에서는 빌보드차트 1위를 하기 2~3년 전부터 BTS가 크게 이름을 날리고 있었다. 어른들은 아는 이가 거의 없었지만 10~20대는 BTS의 노래를 부르고 있었고 열광하고 있었다. 그 열광하는 양상은 과거의 팬 문화와 좀 다르다. 과거세대들은 좋아하는 연예인이 있으면 주변에 알리고 자랑하고 과시하는 정도에 그쳤지만, 요즘 팬덤 문화는 밖으로 드러내지 않고 안으로 열광하는 일에 집중한다.

오늘날 대중문화를 이끄는 팬덤은 자신들이 좋아하는 연예인을 위해 필요한 일을 정하고, 그 일을 팬덤 멤버들과 행동으로 옮긴다. 다른 세대에게 자신들의 문화를 이해시키려고 노력하는 일은 전혀 없다. 마찬가지로 동일 세대 안에서도 자신들이 좋아하는 연예인을 다른 연예인과 비교하고 경쟁하는 일에 몰두하지 않는다. 다른 연예인을 비하하는 것이 오히려 팬덤 안에서 비난받기도 한다.

이를테면 이런 풍경이 벌어진다. 신입사원이 갓 입사했는데 20대답지 않게 매우 조용하다. 책상 위에 흔한 연예인 사진 한

장이 없다. 특별히 아이돌 노래를 좋아하는 것 같지도 않다. 그런데 알고 보니 BTS의 열렬한 '아미(방탄소년단의 팬덤을 일컫는 말)'의 멤버이다. 다른 아미들과 함께 하는 행사에 연차를 내고 가는 데 주저함이 없다. 물론 연차 내는 이유를 회사에 말하지 않는다. 자기가 BTS를 좋아한다고 떠들지도 않는다. 사적 취향을 공적인 곳에서 드러내지 않는다. 회사 내에서 누가 BTS 팬인지 알아보려고 하지도 않는다. 중요한 것은 온라인 커뮤니티 안에서 만나는 아미들이다. 만약 누군가가 "나도 BTS의 노래를 좋아한다"고 말해도, 그 정도 가지고 같은 팬덤이라고 여기지 않는다. 같은 커뮤니티 안에서 함께 행동하는 아미인지 아닌지가 중요하다.

이렇게 움직이는 오늘날의 팬덤 문화는 다른 세대에게는 잘 보이지 않지만, 그 규모가 상상 이상으로 크고 광범위하다. 페이스북 페이지 중에는 팔로워 수가 45만 명, 57만 명이 넘는 '아이돌 이슈', '아이돌 연구소'라는 페이지가 있다. 이 페이지에 올라오는 아이돌 소개 사진을 보면 "아이돌이 이렇게 많았어?"라고 할 정도로 깜짝깜짝 놀라게 된다. 전혀 알지 못했던 아이돌의 소식이 계속 올라오고 그 밑에 수천, 수백 개 댓글이 매번 달린다. 그리고 팬들은 댓글로 서로를 태그하며 결속력을 다진다.

구자준 문화평론가는 앞에 나온 토론회에서 "예전에는 하향식으로 움직이던 팬클럽 문화가 익명성을 보장하는 커뮤니티

서비스를 이용한 상향식 구조로 변화했다. 이 구조 안에서 팬인 사람과 그렇지 않은 사람의 간극은 예전보다 훨씬 커졌다"고 말한 바 있다.

간극이 커진 만큼 열렬함도 커졌다. 인터넷 커뮤니티에는 오디션 시즌이 될 때마다 "내 새끼 살리려고 이런 짓까지 해봤다"며, 자신이 좋아하는 후보를 응원하는 대결이 펼쳐진다. 오디션 프로그램에서 내가 좋아하는 후보에게 표를 몰아주기 위해서 헤어진 전 남자친구나 여자친구에게 연락도 해봤다 정도로는 명함도 못 내민다. 편의점에 들어가서 물건을 산 다음 아르바이트생에게 휴대전화를 잠시 빌려, 그 휴대전화로 자신이 좋아하는 아이돌 후보에게 문자로 투표한 다음 빌린 값으로 100원을 건네주었다는 설도 있다. 이런 게시물 아래에는 "나도 100원짜리 들고 다니면서 그렇게 해야겠다"는 댓글이 줄을 잇는다.

아직 무명이지만 내가 좋아하는 아이돌 지망생을 데뷔시키려고 주변 사람들에게 적극적으로 연락하기도 한다. 학교와 집에 포스터를 붙여놓는 것은 물론이거니와 웹자보를 만들어 SNS와 각종 온라인 채널에 뿌린다. 페이스북 페이지와 트위터 계정을 만들어 온라인 커뮤니티를 만들고, 지하철에 생일축하 광고를 내고 자신들이 응원하는 아이돌을 위해 전용 응원도구를 제작한다. 아이돌 홍보 동영상을 찍고 카카오톡을 통해 이를 퍼트린다. 아이돌 연습생들의 경쟁 프로그램인 〈프로듀스101〉 시즌이 되면 온라인 커뮤니티에 "요즘 여자고등학교에서 볼 수 있는 풍경"이라는 제목으로 글과 사진이 올라온다. 사진에는 학교 전체가 자신이 좋아하는 아이돌에게 한 표를 부탁하는 포스터와 사진으로 도배되어 있다.

이와 같은 활동이 수평적 관계를 통해 이루어진다는 것도 주목할 점이다. 10~20대의 커뮤니티에서는 누가 '대장질'을 하려고 하면 봐주지 않는다. 각기 돌아가면서 역할분담을 하고 그 역할이 끝나면 다들 똑같은 위치에 일개 팬으로 돌아간다. 또한 '대장' 역할을 맡은 이에 대해서도 그가 얼마나 공정하고 투명하게 행동하는지 엄격하게 따진다.

얼마 전 〈프로듀스101〉 투표가 조작되었다는 의혹이 제기돼 항의가 거세지자 경찰이 수사에 나섰다. 기성세대는 '유명 기획사가 자기네 연습생을 밀어주는 건 당연한 거 아닌가. 어차피 예능 프로그램은 짜고 치는 판일 텐데, 항의한다고 뭐가 달라지냐'고 생각할 수도 있다. 하지만 앞에서 보았듯이 청년세대에게 '노력에 대한 공정한 평가'가 흔들리는 건 매우 심각한 문제이고 공분의 대상이다. 그건 팬덤 문화뿐만 아니라 학교생활, 직장생활 그리고 정치 문제에 이르기까지 모두 적용된다.

> 이들의 지지를 받지 못하면
> 권력을 잡을 수 없다

　어느 사회나 행동하는 데 가장 주저하지 않는 세대는 항상 10~20대들이다. 박근혜 대통령 탄핵 촛불집회 당시 강원도 원주의 고등학생들이 바로 대표적인 사례이다. 2016년 11월 9일 당시 17세였던 이채린 양은 원주시 단계동 장미공원에서 중·고등학생 200여 명이 참여하는 촛불집회를 주최했다. 이예린 양은 광화문집회에 너무 가고 싶었지만 거리가 멀고 야간자율학습을 빠질 수가 없어서 친구들과 함께 직접 가까운 곳에 집회를 열기로 했다. 경찰서에서 집회 신고 방법을 알아보고 페이스북에 '원주학생연합집회'라는 페이지를 만들어 각자 친구들을 초대하고 홍보했다. 페이지에 집회 공지를 올리고, 학생들은 댓글로 친구들을 태그해 집회 일정을 알렸다. 그리고 난생 처음으로 경찰서에 가서 집회 신고를 했다. 학원 선생님께는 '질서유지인'으로 나와달라고 부탁도 드렸다. 야간 집회의 경우 성인 질

공정하지 않다

서유지인(신고 인원 열 명당 한 명)을 둬야 하기 때문이다.

이런 일들이 오늘의 청년세대에게는 어렵지 않다. 이들은 특정한 단체에 소속되어 있지 않아도, 개인 차원에서 사람들과 함께 하는 문화를 쉽게 만들어낸다. 청년세대가 온라인 안에서 폐쇄적으로 움직이는 것 같지만 그 움직임이 밖으로 나오면 매우 폭발적이다. 이 세대들은 일단 지지하기로 했다면 두 손 두 발 다 걷고 나서야 한다고 생각한다. 만약 이들을 이끌 매력적인 정치인이 나타나고 기존의 정당 정치가 이 세대에게 문을 활짝 열어 직접 행동할 수 있게 권한을 내어준다면, 과거와는 매우 다른 적극적 형태로 청년 정치가 탄생할 가능성이 높다. 이런 방식으로 향후 90년대생들의 지지를 받는 세력만이 앞으로 권력을 잡게 될 가능성이 높다. 폭발력이 높은 20대들의 움직임에 사회 각층이 모두 주목하는 시대가 되었다.

그러니 청년세대 스스로가 자기 세대의 적극성과 행동성에 자신감을 가져야 한다. 2030세대가 촛불집회에 가장 적극적으로 참여했다는 것을 기억하자. 광화문집회에 반드시 출석했으며, 국정농단 사태와 관련해 온갖 패러디물을 제작하고 다양한 인터넷 창구에 뿌렸다. 촛불집회에서는 각종 특이한 깃발과 퍼포먼스를 선보이며 사람들을 불러 모았다. 온라인 세계에 머물던 세대가 실제 세계를 바꾸기 위해 오프라인 세계로 나올 때, 청년세대는 어느 세대보다 폭발력을 갖는다. 돌이켜보면 역사적으로 변화의 중심 한가운데에 항상 청년세대가 있었다.

기성세대는 청년기에 형성한 가치관 그대로 이념도 성향도 점점 굳어진다. 이상과 꿈을 실현하려는 의지보다 현실에서 실현할 수 있는지를 먼저 따진다. 반면 청년세대는 비록 현실에서 실현할 가능성이 낮다고 하더라도, 미래를 위해 변화해야 한다고 생각하면 적극적으로 지지한다. 자신이 지지하는 정치인이 당선가능성이 낮다 해도, 그가 자신을 대표해주는 정치인이라고 생각하면 망설임 없이 그에게 투표한다. '사표 심리'가 가장 없는 세대가 바로 청년세대들이다.

그래서 과거를 돌이켜보면 어떤 사회의 정치적 변화폭이 클 때 청년들의 투표율이 가장 높았다. 한 나라의 정치 세력은 그 나라의 청년들이 지지하지 않으면 집권하기 어렵고, 혹 집권한다 하더라도 오래가는 일은 역사상 거의 없었다. 오늘날 청년세대가 정치에 무관심하다고 이 세대들을 '별종' 취급하기보다는, 청년세대들이 열정을 바칠 정치 세력이 없고 이를 사회적 위기 상황으로 판단하는 게 더 합리적이다.

2016년 촛불집회에서 촛불시민들은 정말 영리하게 싸웠다. 일상생활을 해야 하는 주중에는 집회가 잠잠해도 주말 집회의 폭발력은 엄청났다. 2017년 11월《시사인》에 실린 한 기사에서 당시의 분위기를 짐작할 수 있다. 어느 새누리당 의원은 "집회가 있는 토요일보다 고요한 주중이 더 무섭다. 주중에 우리가 실

공정하지 않다

수라도 했다가는 주말에 어떻게 폭발할지 상상만 해면 등골이 서늘하다"고 말했다.

촛불시민들이 움직였던 방식을 보면, 오늘의 청년세대 문화와 밀접하게 연결된다. '너희들'이 알 수 없는 곳에서 '우리'는 조직되고 준비가 되면 한꺼번에 몰려나온다. 이것이 오늘날 대중이 움직이는 방식이다. 그러니 청년세대 스스로가 자신을 좀 더 믿을 필요가 있다. 우리의 행동이 세상을 바꿀 수 있다고 믿고, 허상과 싸우기보다 실제 세계에 집중하고 현실에서 함께 행동할 수 있는 우군을 만드는 일에 집중하자. 그것이 불공정한 세상을 살아가기 위해 청년세대가 가져야 할 무기다.

3   잘못하지 않은 일에 사과하지 말자

너 내 동료가 되어라.
만화 〈원피스〉의 대사 중에서

사과하기를 강요받는 세대

　국내에서도 유명한 일본 만화 〈원피스〉는 '대해적의 시대'에 주인공 일행이 바다를 무대로 활약을 펼치는 모습을 그린다. 한국의 많은 청년들이 이 만화를 보고 자랐고 애니메이션으로도 제작되었다. 이 만화가 청년들을 사로잡았던 매력은 무엇일까.

청년들이 열광했던 이유를 생각해보면 이 만화가 결국 '동료를 만드는 이야기'라는 데 주목하게 된다.

주인공인 해적 선장 루피는 '원피스'라는 보물을 찾기 위해 모험을 떠난다. 하지만 줄거리의 주된 초점은 루피가 새로운 '동료'를 찾고 '밀짚모자 해적단'에 참여하도록 하는 데 맞춰져 있다. 팬들 사이에서는 밀짚모자 해적단에 새로 합류할 캐릭터가 누구인지 열띤 토론이 벌어지기도 한다. 팬들은 주인공 일행이 새로운 동료들과 같이 성장하는 모습과 그 동료들이 위험에 처할 때 물불 가리지 않고 뛰어드는 모습에 열광한다. 이들이 관계를 구축하는 과정이 순탄하지만은 않다. 의견이 안 맞아 탈퇴하기도 하고, 서로에게 상처 입히는 결투를 벌이기도 한다. 그러나 또 위기에 처한 동료들을 도와주고, 사과하고, 눈물의 화해를 하기도 한다. 〈원피스〉에 대한 열광은 '여러 히어로들이 힘을 합쳐 강력한 악당을 물리친다'는 구조를 갖고 있는 영화 〈어벤저스〉 시리즈에 대한 열광과 일맥상통한다.

과거 대중문화의 이야기들을 살펴보면 '나쁜 편'에 대항하는 '우리 편'은 모두 융화되고 일치된 모습이다. 그러나 〈원피스〉나 〈어벤저스〉와 같은 콘텐츠를 보면, 나쁜 편과 싸우는 것 못지않게 내부에 갈등이 일어났을 때 화해하는 과정도 중요하게 다뤄진다. 과거에는 우리 편 중에서 주인공 리더가 중심이었다면, 오늘날 청년들이 좋아하는 건 각자의 재능을 바탕으로 각자 스토리를 갖고 있고 각자가 주인공이 되는 구조다.

이런 구조가 가능하기 위해서는 갈등을 해결하는 방식이 무엇보다 중요하다. 이런 구조에서는 어느 편이 절대적으로 잘못하고, 어느 편이 절대적으로 피해를 입는 관계는 없다. 서로 대립하지만 각자에게 합리적인 이유가 있다. 잘못한 캐릭터가 진심 어린 사과를 하고 나면 동료들은 사과를 받아들여 재회하고 관계를 재구축하는 것으로 이어진다. 〈원피스〉에서 우숍과 루피라는 두 캐릭터가 화해하는 장면에 그리고 과거 대립했던 이들에게도 "너 내 동료가 되어라" 하고 당차게 말하는 루피의 대사에 팬들은 환호한다.

이렇게 청년세대가 좋아하는 대중문화에서는 서로의 잘못에 대해 쿨~ 하게 사과하는 장면도 자주 찾아볼 수 있다. 사과도 시원하지만 용서도 시원시원하다. 사과를 통해 관계는 더 단단해진다. 이렇게 사과에 대해 이야기하는 것은, 이 문제가 오늘의 청년세대에게 매우 중요한 이슈이기 때문이다. 온라인에서부터 오프라인에 이르기까지 '옳고 그름'에 대한 논쟁이 수없이 일어나는 시대를 사는 20대들에게 '사과한다'는 행위는 기성세대들이 짐작할 수 없는 무게를 갖고 있다. 그 무게 때문에 대중문화에서 보이는 '쿨한 사과'의 모습에 더 환호하는 것인지도 모른다.

그런데 왜 2030세대들에게 '사과하기'가 이토록 중요한 문제가 된 것일까. 이는 앞에서 살펴본 '정치적 올바름(PC주의)' 현상과 관련이 밀접하다. 오늘날 PC주의가 가장 극렬한 곳은 바로 자유로움의 상징이었던 대학 캠퍼스이다.

최근 대학가에서 있었던 한 사건을 살펴보자. 서울 모 대학 학보에 "익지 않은 사과는 쓴 맛일 뿐"이라는 칼럼이 게재되었다. 이 칼럼은 성소수자 문제를 다루는 한 토론 수업에서 "사실 남자는 여자를 좋아하고 여자는 남자를 좋아하는 게 일반적인 인식이긴 하죠"라는 발언이 있었다고 소개한다. 이 발언을 한 당사자는 강의실에서 다른 학생들한테 거칠게 '공개 사과'를 요구받았다. 칼럼을 쓴 저자는 이 광경을 언급하면서 자유로운 토론을 통해 서로의 생각을 이해하기보다 무작정 사과부터 강요하는 것이 과연 올바른 일인지에 대해 의문을 표했다.

그런데 이 칼럼을 실은 것 자체가 성소수자를 향한 혐오 발언이라는 비판이 일어났다. 이를 둘러싸고 온·오프라인으로 격렬한 논란이 벌어졌다. 결국 해당 학보사는 칼럼을 게재한 것에 대해 공개사과문을 게시해야 했다. 칼럼이 말하고자 한 것은 해당 발언을 옹호하기 위해서가 아니라 사과를 요구하면서 벌어지는 강의실의 살풍경이었는데, 얄궂게도 똑같은 풍경이 학보사를 둘러싸고 일어난 것이다.

이런 사과하기에 대한 요구는 오늘날 대학가에서 일상적으로 벌어진다. 일본 전공투 말기 학생운동가들이 서로에게 자아비판을 요구하며 조리돌림을 일삼던 모습이 우리 대학가에서 흡사하게 일어나고 있는 것이다. 물론 학생인권이 침해당하고 학생자치가 억압당하면, 학교 당국이나 관련 책임자들에게 공개적인 사과를 요구할 수 있다. 이때 사과를 요구하는 것은 마땅히 누려야 하는 권리를 지키기 위한 일이다. 그러나 집단이 집단에게 혹은 집단이 개인에게, 개인이 집단에게 공개적인 사과를 요구하는 것은 공적인 일과 관련해서만 가능하다. 공동체가 개인의 사적인 언행과 생각에 대해서 도덕적으로 판단하고, 사과를 공개적으로 요구해서는 안 된다. 그러나 오늘날 대학 캠퍼스에는 학생 개인을 향한 문책과 규탄과 청문회가 넘쳐난다. '대大사과의 시대'가 열렸다. 이를 둘러싼 90년대생들의 갈등은 격렬하다.

언젠가 한 대학의 강의실 복도를 걷다가 과 학생회 집행부가 한 학우에게 사과문을 쓰라고 명령하는 통지 대자보가 마치 법원 판결문처럼 걸려 있는 것을 보았다. 학생회가 학생 개인의 행동을 판단하고 사과하라는 통보를 공개적으로 전시하고 있는 것이다.

문제는 이러한 사과를 요구하는 문화가 목적하는 바가 없다는 것이다. 앞의 사례에서 모 학보사가 게시한 사과문을 들여다보면 이것이 대체 '누구에 대해, 무엇을 위해서 사과한' 것인지조차 불분명하다. 일부 성소수자단체의 감정을 상하게 해서 미안하고 앞으로 더욱 편견과 차별에 대한 감수성을 기르겠다는 것이 사과문의 내용인데, 단순히 누군가의 감정을 상하게 했다는 이유만으로 공개적으로 사과해야 한다면 대한민국의 모든 언론사는 하루 종일 사과문을 올려야 할 것이다. 사람들은 하루 일상의 대부분을 사과하는 데 소비해야 할 것이다. 그 사과문에 내용이 없는 것은 당연한 일이다. 왜냐하면 앞으로 학보사에 기자로 들어올 수도 있는 학생들과 학보를 읽는 학생들 중 일부에게 '성소수자 혐오'라는 낙인이 찍히는 것만은 피해야 하기에 어쩔 수 없이 쓴 사과문이기 때문이다.

앞에서 PC주의에 대해 강하게 비판한 것은, 오늘날 PC주의가 20대들이 예전부터 익혀온 어떤 가치관과 정면으로 배치되기 때문이다. 지금의 20대는 10대 때부터 토론식 수업을 받았다. 말이 안 된다고 하더라도 모든 가능성을 열어놓고 의견을 말하고 교환해야 한다고 배웠다. 초등학교 수업시간을 보면, 정말 아무것도 아닌 문제에 대해서도 열띠게 토론하는 풍경을 종종 접한다. '자기 의사를 분명하게 말하기'는 민주사회 시민교육의 핵심으로 장려되어왔다.

그래서 20대들은 사람들이 싫어할 수도 있는 말이니까 입을 다무는 게 아니라 싫어하더라도 말을 꺼낼 수 있다는 것을 경험해왔다. 진실에 다가가는 과정에서 모든 가능성에 대해 열어놓고 의견을 교환하자는 생각을 갖고 성장했다. 이처럼 민주주의 사회에서는 어떤 의견이든 이야기할 수 있다는 원칙과, 일상에서 벌어지는 차별과 편견을 바로잡아야 한다는 PC주의가 오늘날 한국 사회의 20대를 중심으로 강하게 충돌한다.

그런데 이를 모르는 기성세대는 캠퍼스 내의 사과하기 논란을 접하면 자동적으로 '누가 잘못했으니까 사과를 요구했겠지'라고 생각한다. 과거 그들이 학교 당국에 맞서 학내 민주화를 이야기하던 시절처럼 생각하는 것이다. 게다가 그 발언이 동성애와 관련한 발언이라고 하면 "요즘 20대는 인권 감수성이 더 떨어진다" "20대 중에 보수적이고 일베스러운 이들이 더 많다"라며 선험적 판단을 내린다. 자신 있게 말하건대, 기성세대가 지금 대학을 다닌다면 남녀를 가리지 않고 거의 매일같이 사과를 강요받는 일이 벌어질 것이다.

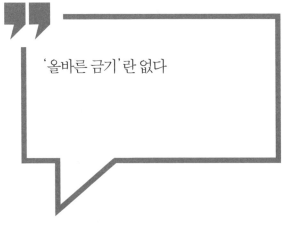

'올바른 금기'란 없다

그리하여 금기가 논쟁을 대체한다. 평균보다 더 특권적인 우리의 캠퍼스들은 때때로 태곳적 종교 세계에 머물러 있는 것처럼 보일 수 있다. 특정 주제들에 대해서 발언하는 것은 오직 승인된 정체성 정치를 가진, 샤먼들과도 같은 자들에게만 허용된다. 특정 집단은 일시적으로 토템에 준하는 중요성을 부여받는다. 숙청 의례에서 절차에 따라 지목되는 희생양들로 캠퍼스가 넘쳐난다. 명제들은 참이거나 거짓이라고 판정되는 것이 아니라 순결하거나 불결하다고 판정된다. 명제뿐만 아니라 간단한 단어도 순결하거나 불결할 수 있다. 늘 이의를 제기하고 울타리를 넘는 급진주의자로 자부하는 좌파 정체성주의자들은 언어에 관해서만큼은 과묵한 개신교도 여선생처럼 되었다. 그들은 모든 대화에서 오만한 표현들을 찾아내고, 부주의로 그런 표현을 사용한 사람들을 마치 옛날 선생들이 학생을 체벌하듯이 제재한다.

이는 미국 정치철학자 마크 릴라Mark Lilla의 저서 『더 나은 진보를 상상하라The Once and Future Liberal』에 나오는 구절이다. 앞서 언급한 학보사의 공개사과문 사태가 부조리한 것은 이것이 더 많은 공개적인 논의를 촉진하거나 사태를 이해할 수 있는 폭을 넓히는 대신, 문제가 될 만하다고 여겨지는 개인의 발언에 재갈을 물리고 죄의식을 강요하는 데 그치기 때문이다. 모든 문제를 개인이 지닌 윤리적 민감성의 문제로 축소한다. 이는 원래 급진적인 사회변화를 싫어하는 보수주의자들이 개인의 의식과 윤리에 모든 책임을 돌리던 방식과 매우 유사하다.

예를 들어 빈곤과 불평등 문제를 개인이 노력하지 않아서라고 비난하는 보수주의자들의 논리와, 소수자에 대한 차별 문제를 개인의 윤리적 민감성 문제로 환원하는 진보주의자들의 담론은 본질적으로 같다. 묻지도 따지지도 않고 "네가 문제니 노력하라"는 담론이나 "네가 문제니 사과하라"는 담론이 얼마나 불공정하고 부조리하게 느껴지겠는가.

무엇보다 일방적인 금기는 침묵을 낳는다. 예를 들어 성소수자 문제에 대해 발언 자체를 금지하면 오히려 동성애 혐오에 더 유리한 환경을 조성해줄 뿐이다. 사람들을 침묵하게 만든다고 해서 사회적 편견이 어디로 사라지지 않는다. 소수자들에 대한 편견과 차별은 오히려 이런 침묵을 먹고 자란다.

학보사의 공개사과는 결국 토론 수업에서 민감한 주제는 피하자는 신호만 준 셈이 되었다. 실제로 이미 대학 수업 현장에서 이런 '회피주의'가 많이 발동하고 있다. 토론 수업을 진행하는 한 대학강사는 논란을 부를 수 있는 주제는 되도록 피한다고 토로했다. 수업 과정에서 다양한 견해를 공개적으로 검토하다가 잘못해서 사회적 낙인이 찍히고 사과를 요구받고 사태를 수습하기 위해 마음에도 없는 사과를 하게 되는 과정에서, 그 누구도 보호해줄 수 없다는 것을 모두가 알기 때문이다. 이렇게 되면 성소수자의 권리 문제는 모두가 언급하기 꺼려하는 '방 안의 코끼리' 같은 존재가 되고 만다.

그렇다면 다른 가능성은 없을까. 만일 토론 수업에서 누군가 성소수자에 대해 선입견을 표현했을 때 곧바로 사과를 요구하는 대신 '소수자의 인권을 보호하는 것이 결국 다수 시민을 자유롭게 하는 지름길'이라는 논리를 전개하며 그 선입견에서 벗어날 수 있도록 돕는다면 어땠을까.

원래 토론식 수업이 이런 과정을 유도하기 위해 만들어진 방식이다. 나의 생각을 자유롭게 다수 앞에서 표출함으로써, 그 생각이 새로운 자극을 받고 진화하고 변화할 가능성을 만들기 위한 것이다. 학보사의 공개사과 소동에서 잊힌 것은 대학이 원래 추구했던 자유로운 탐구를 통한 진보이다.

우리 사회는 공론과 소통을 통해 발전하고 진보한다. 개인에게 사과를 강요하며 논의를 금기시하는 문화는 우리를 더 좋은 어떤 곳으로 데려가지 않는다. 유럽의 많은 국가들은 국민적 합의를 통해 성소수자의 가족구성권을 제도화했다. 이 중 눈여겨볼 사례는 아일랜드이다. 전통적으로 보수적인 가톨릭국가였던 아일랜드는 2015년 국민투표를 통해 동성혼을 합법화했다. 법원 판결이나 의회 입법이 아닌 '국민투표'를 통해 동성혼을 합법화하는 일은 매우 이례적인 일이기에 전 세계적으로 주목을 받았다. 실제로 이는 LGBT(성소수자) 운동이 거둔 역사상 가장 위대한 승리로 평가받기도 한다.

당연하게도 이 과정에서 아일랜드는 보수적인 종교계와 한판 시끄러운 논쟁을 붙어야 했다. 그러나 오히려 이런 논쟁을 통해 모든 시민들은 암묵적 선입견과 편견을 양지에 꺼내놓을 수 있었다. 이 논쟁의 과정에서 잘못된 발언이 나왔을 때 앞의 사례처럼 개인에게 사과를 요구하고 비난하고, 공적으로 개인에게 제재를 가했을까. 그랬을 리 없다. 학보사 공개사과문 사태는 자유로운 소통을 원한다면, 그 소통이 일으킬 논란과 혼돈을 감당하고 받아들일 태도도 함께 준비되어야 한다고 알려준다.

하지만 마크 릴라가 지적했듯 특정한 정체성과 결부된 고통을 '특권화'하는 순간, 그런 논란과 혼돈은 모두 타인에 대한 공격으로 치부된다. 이렇게 되면 다른 생각을 가진 사람들 사이의 소통과 대화는 불가능해진다.

20대 온라인 커뮤니티에서는 "이것이 애초에 사과할 거리냐, 자유롭게 이야기하라는 토론 수업에서 한 발언 때문에 사과해야 한다는 것이 어이없다. 학보사 칼럼이 수업에서 있었던 발언을 인용했다는 이유만으로 왜 혐오주의자로 찍혀야 하느냐"는 반응이 있지만, 이런 반응들은 다뤄지지 않는다. 학보사의 공개 사과문 논란을 소개한 대다수 기사들은 '성소수자 혐오'를 둘러싼 논란으로만 이 사건을 보도했다. 그 이유는 간단하다. 이 사건의 본질은 사상과 언론의 자유가 침해받은 것인데, 진보적 가치라고 여기는 PC주의가 진보적 가치인 사상과 언론의 자유를 침해하고 있다고 쓸 수 없었기 때문이다.

공정하지 않다

> **잘못한 것만 잘못했다고 해라**

　다른 사례를 하나 더 들어보자. 한 대학 학생회에서 "너 정도면 얼굴이 괜찮다"고 말한 남학생에게 '피해자 접근금지 처분'을 내리는 등 사실상 학과생활을 금지한 일이 논란이 되었다. 남학생의 발언이 외모차별과 성희롱이라는 것이다. 실상을 알고 보면 소개팅에 대해 고민상담하는 와중에 격려 차원에서 나온 발언이었지만, 학생회는 사법부조차 하기 힘든 '접근금지' 명령을 내리며 학교생활을 제약했다. 학생회는 학내 관련 공식 상담기구에 이 문제를 접수하는 대신 외부 단체를 끌어들여 발언의 당사자를 곧바로 가해자로 만들었다. 성희롱 가해자로 몰린 학생은 선배들의 압력에 못 이겨 공개사과문을 작성해야 했다.

　이런 일이 발생하는 것은 '정치적 올바름'에 대한 강박과 오남용 때문이다. 정치적 올바름에 따르면 상대방 외모에 대해 언급하는 것은 상처를 줄 수 있으니 외모 언급에 대해서는 신중해야 한다. 그런데 정치적 올바름이 우리의 생각을 더 깊게 만들고자 하는 목적에서 벗어나, 나쁜 개인을 처벌하는 것 자체를 목적으로 삼으면 문제가 커진다. 이런 캠퍼스 문화에서는 누구나 가해자가 될 수 있다. 남학생뿐만 아니라 여학생도 마찬가지다.

'과잉금지의 법칙'이라는 게 있다. 이는 '비례의 원칙'이라고도 한다. 국민의 권리를 제한할 때 한계를 규정하는 헌법상의 원칙이다. 굳이 헌법상의 원칙을 이야기하지 않더라도 우리는 이런 과잉금지의 원리, 비례의 원리가 왜 필요한지 쉽게 짐작할 수 있다. 잘못에 비해 과하게 징벌할 경우 그것은 우리가 다 함께 지키기로 약속하고 받아들인 사회적 관습, 규칙, 법률 자체의 정당성을 훼손하고, 나아가 이를 거부하게 만드는 사태로 이어지기 때문이다.

또 하나 우리가 생각해야 할 점은 공동체는 개인을 벌하기 위해서 존재하는 것이 아니라 개인을 보호하기 위해서 존재한다는 것이다. 보호와 처벌에 대한 기준이 모든 구성원들에게 공평하게 적용되지 않는다면 더 이상 그곳은 '공동체'가 아니다.

공동체 내부에서 일어난 갈등을 빨리 해결하고자 할 때 우리는 문제를 일으킨 사람에게 사과하라고 쉽게 강요한다. 설령 부당한 점이 있다고 하더라도, 갈등 자체를 회피하고자 하는 집단적 심리가 발동하여 당사자에게 빨리 사과하라고 압력을 넣는다. 이렇게 되면 개인은 그 요구가 부당하더라도 굴복할 가능성

공정하지 않다

이 매우 크다.

여기서 '사과'의 원래 기능이 무엇인지 생각해보자. 어릴 때부터 우리는 '사과하는 행위'를 배워왔는데, 사과하는 행위는 잘못해서 깨져버린 관계를 재구축하기에 좋은 방법이기 때문이다. 바꾸어 말하면 관계를 재구축하고 싶다는 목적이 없다면, 애초에 사과는 있을 수 없다. 사과란 받아들여지기 위해 존재하는 의례儀禮이다. 분리시키고 내치고 굴복시키기 위해 사과를 받는 것은 사실 사과가 아니다.

사과가 되기 위해서는 과연 '사과에 대한 요구가 정당한지'에 대해 당사자가 동의할 수 있어야 한다. 동의하지 않은 채 강제되며, 공개적으로 망신 주는 게 목적인 '사과'는 더 이상 사과가 아니라 '낙인찍기'에 지나지 않는다. 오늘날 20대들은 사과를 좋은 일이라고 생각했는데 이제는 오히려 나를 구속하고 억압하는 일로 바뀌었다. 어떻게 하면 이러한 위험한 상황에서 자신을 지킬 수 있을까. 이런 고민을 겪는 오늘의 20대들이 가져야 할 기본적인 원칙은, 공동체가 임의로 나를 처벌할 권리가 없다는 것이다. 어떤 개인도, 어떤 공동체도 당신에게 마음에 없는 사과를 강요할 권리는 없다.

이제부터 말하는 것은 본격적인 행동 요령이다. 만일 당신을 사과시키겠다고 마음먹은 사람이 있다면, 그는 주변의 친분관계를 동원해 'ㅇㅇ대책위원회' 'ㅇㅇ비상대책위원회'와 같은 이름으로 당신을 압박할 것이다. 학생회 조직도 동원할 것이다. '피해자 대리인'이라고 주장하는 사람이 찾아와서 듣도 보도 못한 자의적 규정을 내세우며 사과문을 써야 한다고 요구할 것이다. 그리고 당신이 쓴 사과문에 대해 자신들이 그것을 첨삭할 권리가 있다고 주장할 것이다.

그런 권위에 겁먹어서는 안 된다. 그들이 제기한 문제와 요구가 정당한지에만 정신을 집중하자. 공동체적 해결이니 인권 감수성이니 하는 이야기를 해도, 그 말에 현혹되지 말고 그런 주장이 개인의 기본적인 자유와 권리를 억압하는지 그렇지 않은지를 판단해야 한다.

때로 "우선 우리에게 사과문을 제출하면 앞으로 문제를 원만하게 해결할 수 있다"고 주장할 수도 있다. 그러나 그런 주장에 넘어가서는 안 된다. 처음에는 비공개사과문으로 합의를 봐도 이들은 비공개사과문을 근거로 '피해자 중심주의' 원칙에 의거하여 공개사과문을 요구할 것이다. 이후 공개사과문을 증거로 아예 학생사회에서 배제하겠다고 통지할 수도 있다. 무엇보다 당신이 남긴 마음에도 없는 사과문은 하지 않은 일을 했다는 증거가 되어 평생 당신을 따라다닐 수 있다. 이런 위험한 회유는 깔끔하게 무시하자.

물론 자신이 한 행동에 대한 책임은 져야 한다. 이때 필요한 것은 자기를 객관화하는 일이다. '논란이 되는 일' '사과해야 할

공정하지 않다

일' '법적 책임을 져야 할 일'이라는 범주 속에서 자신의 행동이 어디에 해당하는지를 냉정하게 판단할 필요가 있다. 그리고 설사 책임질 일이라고 하더라도 그 책임과 처벌이 '비례의 원칙'을 지키고 있는지 객관적으로 따져봐야 한다. 만일 친한 친구 사이에서 한 농담이 관계가 틀어진 후 나중에 심각한 폭력행위로 비난받고, 공동체 전체를 대상으로 공개사과를 요구한다면 이는 명백히 부당한 처벌이다.

때로 자신의 행동에 대해 판단하기 어려울 때도 있다. 그럴 때는 이 문제를 객관적으로 이야기해줄 전문가를 찾아가는 것도 방법이다. 만약 정말 내가 사과를 해야 하고 민·형사상의 책임을 져야 하는 일이라고 결론이 나도, 그 처분을 ○○비상대책위원회 같은 자의적인 기구에 맡기면 안 된다. 예를 들어, 학생회는 학생이 이동할 자유를 제한할 권한이 없다. 학생들의 자치규약이 정한 절차에 따라 맡고 있는 학생회의 임원직에서 물러나게 할 수 있을지는 모른다. 하지만 학생이 누구와 관계를 맺고 관계를 끊을지에 대해서 결정할 권한은 어디에도 없다. 당신이 반론하지 못하도록 강제할 권한도 없다. 만약 상호 간에 의견이 계속 엇갈린다면 법적 절차를 밟으면 된다.

사람은 사회적 동물이기 때문에 나의 언행에 대한 타인의 평가를 받을 수 있다. 하지만 논란이 되는 개인의 언행이 모두 사과해야 할 일도 아니며, 설사 사과를 하더라도 그것이 모두 민·

형사상의 범죄나 폭력과 동일시되는 것은 아니다.

물론 주변 사람들이 감정적으로 격분할 수 있다. 온라인 댓글을 보면 사소한 범죄에도 사형을 시켜야 한다며 네티즌들의 분노가 폭주하기도 한다. 하지만 개인에게 징벌을 내리는 건 집단적 분노에 달려 있는 게 아니다. 공적으로 처벌할 때는 반드시 그에 합당한 객관적 근거가 있어야 하며, 무엇보다 그 처벌은 공동체의 일원으로서 위치와 관계를 다시 회복하기 위해서 이루어져야 한다. 그렇지 않다면 애초에 '사회'라는 것이 존재할 수 없다. 약육강식의 세계만 있을 뿐이다.

또 하나 기억할 것은 당신이 정말 부당한 일을 겪고 있다면 같이 분노할 사람을 찾을 수 있다는 믿음을 가지라는 것이다. 온라인 문화가 너무 빨라서 부작용도 있지만 또 한편으로 장점도 있다. 자신의 행위를 객관화하고 정당한 반론을 제기한다면, 이를 지지하고 공유하는 이들도 빠르게 찾을 수 있다. 지금 당장 주변에 내 편이 없어 보인다고 미리 위축될 필요는 없다.

그리고 자신을 향한 요구 속에서 일어나는 부당한 일에 대해서는 오히려 당당하게 자신의 권리를 주장하자. 당신에 대한 허위사실을 유포하거나 협박과 폭력이 벌어진다면, 이 문제를 공론화하여 법적인 보호를 요청하고 자신의 권리를 되찾도록 하자.

마지막으로 설사 당신이 부당한 압력에 굴복해 사과문을 썼다고 해도, 인생이 끝났다고 생각하지 말자. 당신의 인생은 오로

공정하지 않다

지 당신의 것이고, 앞으로 떳떳하고 정당하게 인생의 행복을 추구해가면 된다. 앞에서 말했듯이 지금 당신이 속한 그 작은 세계가 실제 세계의 전부가 아니다. 세상에는 얼마든지 다른 세계가 존재하고 새로운 세계에서 새로운 관계가 만들어진다. 나를 비난하거나 회유하는 사람들이 나의 인생을 책임져주지 않는다. 내 삶의 주권자는 나 자신이다.

　그러니 잘못하지 않은 일에 대해서는 사과하지 말자. 잘못한 것에 대해서만, 그 잘못의 정도에 맞게 책임을 지면 된다. 내가 한 일은 한 일이고 하지 않은 일은 하지 않은 일이다. 잘못을 했다 하더라도 누구도 당신의 인격까지 통째로 매장할 권리는 없다. 행동에 따라 처벌받는 것이지, 잘못한 일이 있을 때마다 인생의 과거, 현재, 미래 모두를 대가로 지불할 이유가 없다. 이후의 인생을 어떻게 사느냐 하는 것도 남이 아니라 오로지 당신의 양심에 따라 결정할 일이다. 결국 당신이 궁극적으로 해야 할 일은 외부의 압력에 함부로 '휘둘리지 않는 개인'이 되는 것이다.

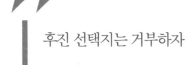

후진 선택지는 거부하자

간혹 직장에서 이런 풍경이 벌어진다. 상사들이 "그냥 상대방에게 잘못했다고 사과하면 끝날 일을, 왜 버텨서 문제를 크게 만드냐"고 부하들을 질타하는 경우가 있다. 그러나 오늘의 20대는 이런 말을 이해하지 못한다. "내가 잘못한 게 없는데 왜 사과를 해야 하냐"고 반문한다.

과거 기성세대는 잘못을 빨리 해결하려는 수단으로 빨리 사과하는 게 좋다는 생각을 갖고 있었다. 심지어 잘못한 게 없어도 그냥 문제를 빨리 해결하기 위해서 사과하는 게 낫다고 생각하고, 반대로 잘못했을 때 이를 대충 넘어가기 위해서 빨리 사과하는 게 낫다고 생각한다. 무엇보다 시끄러운 게 싫다. "더러워서 피하지 무서워서 피하나" 같은 말이 처세술의 하나로 인용된다.

그러나 앞에서 살펴보았듯이 온라인 문화가 급속도로 퍼져나가는 시대에 청년세대에게 '섣부른 사과'란 매우 위험한 일이다. 오늘날 20대의 문화에서 '사과하기'는 공동체가 문제의 당사자들을 화해시키고, 관계를 재구축하기 위해서 요구하는 게 아니라 개인을 처벌하는 근거로 요구되기 때문이다. 자신도 기억하지 못하는 댓글 하나도 박제되어 돌아다니는 시대에, 공식적인 사과는 너무 위험한 일이다. 그래서 20대는 잘못을 쉽게 인정하면 나만 손해라는 생각을 한다. 이런 20대를 보고 기성세대는 젊은 세대가 자기 자신을 성찰할 줄 모른다고 비판한다. 자기보다 약한 사람에 대한 이타성이 없고, 조금이라도 자기에게 손해가 가면 과하게 발끈한다고 여긴다.

이런 프레임은 사회적 문제에 대한 20대의 여론을 판단할 때 오작동을 일으키는 원인이 되기도 한다. 평창올림픽 여자 아이스하키 남북단일팀에 반대하는 20대를 보고, 민족공동체에 대한 생각이 없다고 판단하거나 20대가 보수화되고 반공주의를 갖고 있다고 판단하는 식이다.

그러나 사적인 문제뿐만 아니라 사회적 문제에 대해서도 자신과 무관한 일에 대해서 사과하거나 미안해할 필요가 없다. 20대에게 가해지는 대표적으로 부당한 비난이 '20대가 보수화되었다'는 프레임이다. 이러한 프레임은 10년 넘게 끈질기게 지속되었다. 이명박정부가 출범했을 때 당시 많은 기성세대 진보주의자들은 이른바 민주적이고 혁신적인 성향을 가진 후보에게 투표하지 않거나 아예 투표장에 나오지 않은 청년들을 비난하며,

청년들이 사회적 대의에 무관심하고 이기적이고 자기중심적으로 변했다고 비판했다. 이른바 '20대 개새끼론'의 등장이다. 이런 프레임이 강해지면 자신들의 문제를 스스로 해결하려는 청년들의 의지를 꺾는 일이 된다. "그래, 우리 세대가 문제가 있지"라고 스스로를 비하하거나 반대로 "우리가 잘못한 게 뭐가 있냐"는 방어적인 태도만 강화하게 된다.

문제는 매우 단순하다. 이전과 다른 '별종 세대'가 나타난 것이 아니라 '사회가 매우 급격히 변화한' 증거일 뿐이다. 그 변화를 섣부르게 규정하는 건 매우 위험하다. 한 개인도 그 안에 다양한 측면을 갖고 있는데, 한 세대는 말할 것도 없다. 20대가 진보적인지 보수적인지를 질문하는 것 자체가 잘못된 질문이다. 우리 사회가 진보적인 면도 있고 보수적인 면도 있듯이 당연히 20대도 그런 여러 측면을 갖고 있다.

그보다는 오늘의 청년세대가 가장 분노하는 것이 무엇인지를 관찰하고 그 문제를 해결하는 데서 우리 시대 공통의 목표를 재설정하고자 하는 노력이 필요하다. 오늘의 청년들에게 과거의 의제에 동의하냐고 묻는 건, 미래를 위해 아무런 도움도 안 된다.

가령 친북이냐 반북이냐 같은 질문은 후진 질문이다. 보수냐 진보냐 하는 것도 마찬가지다. 달라진 대한민국에서 청년들에게 과거의 이념적 선택지를 들이대고, 그중 하나를 선택하라고 하는 꼴이다. 지금의 청년들은 대한민국이 더 경제적으로 번영

하길 바라는 동시에 자신의 가족이 더 촘촘한 복지와 사회안전 망을 누리길 바란다. 해외 난민에 대한 인도적인 지원을 강화하더라도 범죄의 사각지대에 대한 불안을 보다 철저하게 해소해주길 바란다. 남북 간의 평화체제를 구축하면 좋겠다고 생각하지만 북한의 정치체제를 세습이라고 비판한다. 재벌개혁에 찬성하고 대기업의 불공정한 관행에 반대하는 동시에 최저임금을 인상하기 위해 소상공인이 희생되어도 좋다는 논의에는 반대한다.

말이 나온 김에 이야기하자면 기존의 정치 프레임으로 해석되지 않는다는 이유로 20대를 '탈脫이념'을 지향한다고 해석하기도 한다. 그러나 이런 관점도 요점을 놓치고 있는 것은 마찬가지다. 청년들이 탈이념화한 게 아니라 이들이 따르는 '새로운 이념'에 대해 사회가 설명할 말을 찾지 못하고 있는 것이다. 기성세대가 제공해왔던 이념적 프레임의 유효기간은 끝났다. 20대를 민주화세대와 태극기부대 사이의 어느 좌표에 놓을 이유가 없다. 이를테면 진보라면 세트메뉴 A를 고르고, 보수라면 세트메뉴 B를 골라야 한다는 식의 목록들을 교체해야 할 시점이 다가온 것이다.

민족주의 문제도 마찬가지다. 2019년 8월 7일 일본이 한국을 화이트리스트에서 제외하는 조치가 있었다. 한국에 대한 무역보복이 본격화되자 일본제품 불매운동이 일어났다. 이때도 젊은 세대가 일본제품 불매운동에 참여하는 양상은 달랐다. 민족주의 성향이 강한 중·장년층과 달리 지금의 2030세대들은 일본 여행을 자주 가고, 일본제품을 쓰고, 일본식 은어를 사용하는 데도 거부감이 없다. 그러나 2019년 7월 31일 리얼미터의 조사에 따르면 '일본제품 불매운동에 동참하고 있거나 혹은 동참할 의사가 있는가'라는 항목에 '그렇다'라고 답한 사람들 중에 20대 응답률이 가장 높았다.

청년세대는 민족주의 이념과 관계없이, 일본의 이 같은 자국 이기주의를 국가 간에 있어서는 안 되는 행동이라고 판단하는 것이다. 오늘날 청년세대에게는 식민 지배에 대한 트라우마가 없다. 그렇다고 하여 이들이 역사적 의식이 부족할 거라고 생각해서는 안 된다. 청년들의 일본제품 불매운동이 이 사실을 바로 보여준다. 이 세대에서는 취향에 따라 일본 문화를 좋아하는 것과 일본 정부의 잘못된 행태에 대해 행동으로 거부하는 것이 자연스레 공존할 수 있는 일이다.

청년들은 보수화된 것도 탈이념화한 것도 아니라 사회에 대해 기대하는 바가 더 원대해진 것이다. 청년들은 부동산 등 자본 세습으로 굳어지고 있는 특권구조와 세습경영으로 굳어지는 재벌체제를 더 강력하게 개혁하기 바란다. 또 자본소득에 대해 철저하게 조사한 뒤 상응하는 세금을 걷어, 이를 바탕으로 공정한 재분배가 이루어지기를 바란다. 동시에 이들은 경제적 풍요와 더 많은 일자리를 기대하며, 열린 사고방식을 가지고 성공한 청년 창업가들에 대해서도 호의적이다. 직장을 다니지 않고 처음부터 창업가의 길로 뛰어들려는 이들도 많다. 이런 현상이 청년 세대에게는 전혀 모순적이지 않다.

이런 20대가 진보적인 정치 세력에 비판적인 것은 기존의 진보 정치가 사회 불평등 문제에 대해서 더 과감한 개혁을 펼치지 못한다고 생각하기 때문이다. 청년들이 보수화된 것이 아니라 진보가 진보답길 바라며 그들 자신이 내건 이념에 충실하기를 요구할 뿐이다. 어쩌면 지금의 20대는 어느 세대보다 가장 급진적인 이념을 원하는 세대일지 모른다.

대한민국의 청년만이 아니라 다른 나라의 청년세대도 기성정치가 제공하는 '후진 선택지'를 거부하는 움직임을 보인다. 프랑스의 에마뉘엘 마크롱 대통령은 중도개혁 성향의 젊은 후보자로 큰 인기를 얻고 당선되었다. 그러나 이후 환경보호와 대기오염 감축을 명목으로 유류세를 인상하고 교통단속을 강화했다. 이에 '노란 조끼 시위'로 불리는 전 국민적인 항의운동이 일어났다. 세금 인상과 과한 과태료 부과로 인해 생계에 직격타를 입는 통근자들과 서민 계층 특히 청년세대가 그 중심이 되었다. 노란 조끼 시위는 2018년 5월 SNS 청원운동으로 시작하여, 제1차집회에서 약 29만여 명이 운집할 정도로 열기가 뜨거웠다.

여기서 흥미로운 것은 이 운동이 과거의 진보나 보수의 프레임으로 포착되지 않은 불만과 요구를 담았다는 것이다. 본래 유

류세 인상은 탄소 배출과 미세먼지 감소를 중시하는 생태주의
자들의 의제였다. 프랑스와 우리나라의 녹색당과 같은 진보 정
당에서도 요구해왔던 정책이다. 이런 좋은 정책에 국민들이 왜
반대하냐고 반문할 수 있다. 하지만 실상을 보면 달리 생각할 수
밖에 없다. 정부의 친기업적 노동 정책과 부자 감세가 이어지는
와중에 벌어진 조치였기 때문이다. 기업과 부자의 탄소 배출 규
제는 제대로 하지 않으면서 정작 서민에게 부담을 전가시키는
정부의 위선에 대중이 폭발한 것이다. 프랑스의 진보적 지식인
들 중에는 이 노란 조끼 시위를 잘못된 대중大衆주의로 치부하는
이들도 있었다. 마치 오늘날의 청년들을 모순적인 존재로 취급
하는 한국 기성세대 엘리트처럼 말이다.

　하지만 이 시위에서 프랑스의 국민들도 우리나라 청년세대와
마찬가지로 기성정치권이 제시하는 선택지 자체를 거부한 것이
라고 볼 수 있다. 토마 피케티의 표현을 빌리자면 '브라만 좌파
(엘리트주의 좌파)냐 상인 우파(천박한 우파)냐'는 선택지를 있는 그
대로 수용할 이유가 없는 것이다. 노란 조끼 시위는 형편없는 식
단으로 짜인 밥상 자체를 뒤엎은 정치적 사건이었다. 우리 사회
의 청년들도 기성정치권과 언론이 제시하는 형편없는 밥상을
뒤엎을 권리가 있다.

　오늘날 20대를 보수화되었다고 비판한다면, 그것은 기성세대
가 무능함을 감추려고 알리바이를 찾기 위한 것이 아닌가 하는

의심이 든다. 기성세대가 20대를 동정하고 자신들이 잘못했다고 반성하는 관점도 마찬가지다. 586 민주화세대의 가장 큰 문제는 그들이 아랫세대의 미래를 빼앗은 것이 아니라 동일 세대의 가난을 해결하지 못한 것이다. 정치적 민주화, 절차적 민주화는 이루었을지 몰라도 IMF 시절에 실직당하고 저소득에 시달리는 50대 남성과 불안정한 노동 조건에서 마트 계산원으로 일하는 50대 여성들이 즐비한 사회를 해결하는 데까지 나아가지 못했다.

한 세대가 한 사회의 모든 문제를 해결할 수는 없다. 그러나 정말 우리 세대가 이루었어야 하는 과제가 무엇이었는지 아는 것이 중요하다. 그럴 때 다른 세대가 그 세대를 인정하고 존경할 수 있다. '우리는 정치민주화를 이루었을지 몰라도 그것이 경제민주화까지 이어지지는 못했다'는 솔직함은 '그래도 우리 세대는 우리에게 주어진 몫을 열심히 했다'는 자부심과도 통한다.

쿠바혁명 당시 체 게바라의 부관이었던 호르헤 파라Jorge Parra는 2003년 한 언론 인터뷰에서 혁명 이후의 쿠바에 대해 "쿠바는 천국도 지옥도 아니다. 우리가 꿈꾸던 나라를 만들지는 못했다. 하지만 주어진 조건에서 최선을 다했고, 우리가 실제 만들 수 있었던 나라를 만들었다"고 말했다.

청년세대가 윗세대에게 보고 싶은 것은 바로 이런 솔직한 태도다. 20대는 자신들을 기이하게 여기거나 반대로 동정하지 않기를 바란다. 또한 기성세대가 우리 사회에서 이룬 것과 이루지 못한 것을 분명하게 인정하고 앞으로 해결해야 할 과제에 집중하기를 원한다.

오늘의 청년세대가 즐겨 쓰는 말 중에 "응 아니야~"라는 말이 있다. 상대방의 말에 담긴 프레임 자체를 거부하거나 나에게 강요하는 어떤 숨은 의도를 정면으로 거부할 때 흔히 쓰는 말이다. 유행하는 20대 담론이 부당하다면 "응 아니야"라고 응수하자. 마찬가지로 당신에게 요구하는 사과가 부당하다면 "응 아니야"라고 당당하게 거부하자. 그리고 새로운 관계를 향해 나아갈 에너지를 모으는 데 집중하자. 그렇게 동료들을 만들 때 〈원피스〉의 루피처럼 모험을 시작할 수 있다.

4 웃음이야말로 강력한 무기임을 명심하자

웃음은 두려움을 없앤다.
움베르토 에코, 『장미의 이름』 중에서

웃기면 웃으세요

몇 년 전 친구와 마사지를 받으러 간 일이 있다. 시각장애인들이 운영하는 곳이었다. 나와 친구가 누워 있는데 시각장애인 마사지사 두 분이 들어오셨다. 한 분은 경력이 꽤 있어 보이는 고참 마사지사였고 한 분은 신참 마사지사였다. 한참 마사지를 받고 있는데, 친구를 담당하던 신참 마사지사가 실수를 저질렀다. 그러자 나를 맡고 있던 고참 마사지사가 웃으면서 신참에게 이렇게 말했다. "이 자식이, 너는 눈에 뵈는 게 없냐?" "당연히 뵈는 게 없죠. 형님도 뵈는 게 없잖아요" 하고 신참도 응수했다. 그러자 "너 자꾸 까불면 시설로 보내버린다!"고 고참 마사지사가 말하는 것이 아닌가.

시각장애인들이 주고받는 농담에 웃음이 터질 뻔한 것을 겨우 참았다. 웃어도 되는 건지 혹시 웃으면 무례하게 비치지 않을지 판단이 안 섰기 때문이다. 하지만 손 감각이 예민한 마사지사는 웃음을 참느라 내 몸이 미세하게 흔들리는 것을 느낀 모양이다. 고참 마사지사가 웃으면서 "손님들 웃으시라고 하는 말이에요. 웃기면 웃으시면 됩니다. 저는 이렇게 편하게 농담으로 주고받을 수 있어야 진짜 평등할 수 있다고 생각합니다"라고 말했다.

평등한 세상은 하나의 기준으로 이루어진 세상이 아니다. 한 가지 색깔만 지배하는 세상이 아니라, 무지개색이다. 평등한 세상은 정색하는 세상이 아니라 웃음이 넘쳐나는 세상이다.

웃음은 두려움을 없애며 이것은 악마에 대한 두려움을 없애는데, 두려움이 없으면 신에 대한 믿음이 없어진다.

움베르토 에코의 소설 『장미의 이름』에 등장하는 호르헤 신

공정하지 않다

부가 한 말이다. 이 소설에서 베네딕트파에 속한 호르헤 신부는 '성직자는 웃어선 안 된다'는 교칙을 신봉한다. 교회의 엄숙주의를 상징하는 인물이다. 베네딕트파는 '웃음은 인간의 품위를 떨어뜨린다' '웃을 때 인간의 얼굴은 원숭이처럼 변한다' '예수님이 웃었다는 기록이 없다' 같은 논리를 펼쳐 성직자들의 웃음을 금지한다. 급기야 아리스토텔레스의 『희극론』을 번역하는 성직자들을 간접적으로 살해하기에 이른다.

호르헤 신부의 말처럼 웃음은 두려움을 없앤다. 잘못된 두려움을 없애는 데도 웃음이 가장 좋은 무기다. 웃음의 위력을 생각하면 떠오르는 인물이 바로 방송인 홍석천 씨다. 홍석천 씨는 대한민국에 성소수자의 '커밍아웃'이라는 개념을 대중적으로 알렸던 사람이다. 나무위키에는 홍석천 씨에 대해 '한국에서 동성애에 대한 인식을 바꾸는 데 앞장섰던 것으로 유명하다'고 기록되어 있다. 지금이야 '대한민국 톱게이'라는 유쾌한 별명을 갖고 있지만 커밍아웃을 한 2000년 당시에는 많은 고초를 겪었다.

여러 사회단체에서 홍석천의 커밍아웃을 지지하고 격려했으나 그는 한동안 방송에 등장하지 못했다. 현관문이 욕과 낙서로 가득차는 일도 겪었다. 몇몇 아침방송, 시트콤, 드라마에 간신히 뜨문뜨문 조연으로 출연해야 했다. 커밍아웃 직후 그렇게 고초를 겪었던 홍석천 씨가 2010년대 들어서는 공중파까지 당당하게 등장하며, 예능에서 그야말로 '틀면 나오는' 메이저급 게스트와 MC가 됐다. 그는 성소수자에 대한 사회 인식을 어떻게 변화시켰을까. 이를 이해하기 위해 홍석천이 선보인 '게이 유머'를 빼놓고는 설명하기 어렵다.

게이 유머는 대한민국에서 홍석천밖에 할 수 없는 종류의 유머이다. 예컨대 이런 식이다. 2005년 배우 한가인 씨와 연정훈 씨가 결혼을 했다. 많은 남성들이 연정훈 씨를 부러워하며 "연정훈 도둑놈" "연정훈 나쁜 놈"이라는 반응을 보였다. 그때 홍석천은 결혼식에 나타나 "정훈아, 가지 마"라며 장난스럽게 절규하여 모든 사람들에게 웃음을 주었다. 홍석천은 배우 김아중 씨, 주원 씨와 함께 찍은 사진을 SNS에 올리면서도 비슷한 개그를 보여줬다. 여배우 김아중을 등지고 미남배우 주원에게 밀착해 있는 사진을 올린 것이다. "아중이가 이런 대접받기는 처음일 걸"이라는 글과 함께 올린 사진에 사람들은 "아웃 오브 아중"이라는 댓글을 달며 좋아했다.

JTBC 〈마녀사냥〉에 출연하면서부터 그는 '톱게이'라는 포지셔닝에 완벽히 성공했다. 2014년 3월 8일 방송에서 '남자가 처음일 때(섹스 경험이 없을 때) 솔직히 말하는 게 좋은가'를 토크 주제로 다뤘다. 남자 방청객들을 상대로 '나라면 솔직하게 말할 것 같은지'를 두고 비밀투표를 했는데, 홍석천은 열두 명이 솔직하게 말할 것이라 예측했다. 정답은 열한 명이었다. 함께 나온 여성 패널들은 모두 한 명도 없거나 두 명 정도로 예측했는데 홍석천이 가장 근접하게 맞춘 것이다. 홍석천은 의기양양하며 여성들에게 "너희들이 남자를 모르는 거야"라고 말해 방청객들을 폭소하게 했다. 이어서 남자 방청객들을 상대로 '섹스 경험이 없는 사람이 몇 명인지' 알아보는 비밀투표를 실시한다. 홍석천은 세 명일 것이라 예측했는데 놀랍게도 답이 세 명이었다. 홍석천은 "나 (그 세 명이) 누군지도 맞출 수 있을 것 같아"라고 말해 폭소를 자아냈다.

가수 아이유에게 쓴 글을 통해 홍석천은 '세상에서 제일 안전한 오빠'라는 별명도 얻었다. 2013년 10월 아이유와 찍은 사진을 트위터에 올리면서 "열정에 찬 아이유에게 응원박수 짝짝짝. 이제 오빠가 지켜줄게. 세상에서 제일 안전한 오빠니까"라는 글을 올린 것이다. 몇몇 남성 네티즌들은 홍석천의 유머에 "세상에서 제일 안전한 오빠지만, 가장 위험한 형이기도 하다"며 반응해주었다.

홍석천에 대해 '실제로 게이가 아니고 게이인 척 한다'는 유머코드도 있다. 여성과 스스럼없이 스킨십을 하려고 게이인 척한다는 것이다. 2014년 9월 〈마녀사냥〉 방송에서 모델 한혜진이 체형 관리를 위해 올누드로 사진을 찍는다고 밝히자 홍석천은 "나 좀 보여줘. 나는 괜찮잖아"라고 말했다. 그러자 MC 신동엽이 "저 자식, 게이 아닐지도 몰라"라고 말한다. 홍석천은 이를 즐기며 자신의 유머코드로 만들었다. 여자 출연자들과 껴안으

면서 홍석천이 음흉한 미소를 짓고, 그 밑에 '게이 위장범 현장
검거'와 같은 자막이 달리는 식이다.

그는 편견 때문에 고초를 많이 겪었는데도 게이에 대한 편견
을 이용한 유머를 스스로 활용했다. 그는 자신을 성소수자로 편
견을 갖고 대하지 말라고 한 게 아니라 오히려 대놓고 '게이'로
대하게 만들었다. 많은 사람들의 머릿속에 게이를 '우리 눈에
안 보이는 미지의 존재'가 아니라 '세상에서 가장 안전한 오빠'
같은 캐릭터로 각인시켰다. 그가 웃음을 무기로 선택했기 때문
에 가능한 일이다. 덕분에 사람들은 그를 조심스럽게 대하거나
뒤에서 편견을 드러내는 게 아니라 그의 앞에서 솔직해질 수 있
다. 웃음은 사람과 사람의 경계를 허무는 가장 좋은 감정표현이
기 때문이다.

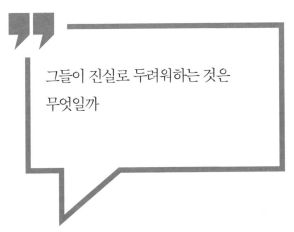

그들이 진실로 두려워하는 것은
무엇일까

홍석천 씨가 한 일은 자신의 성정체성을 유머코드로 만듦으

공정하지 않다

로써 동성애에 대한 두려움을 없앤 것이다. 동성애에 반대하는 기독교 극우단체들이 가장 두려워하는 것이 무엇일까. 바로 대부분의 사람들에게 동성애에 대한 두려움이 사라지는 일이다. 이걸 알기에 기독교 극우단체들은 〈인생은 아름다워〉 같은 드라마 속 동성애 묘사에 대해 극렬히 반대한다. 일상적으로 자주 보는 대중문화에 동성애 모습이 자연스럽게 나오면, 동성애에 대한 두려움이 옅어지기 때문이다. 기독교 극우단체들이 동성애를 늘 에이즈와 연결시키는 것도 두려움을 불러일으키기 위해서다.

웃음이 얼마나 강력한 무기인지를 보여주는 사례가 있다. 한국기혼자협회라는 단체명을 내세운 플래카드였다. 동성 결혼 찬성을 주장하며 내건 플래카드에는 "주여! 동성 커플에게도 우리와 같은 지옥을 맛보게 하소서"라고 적혀 있었다.

이 플래카드를 보면 기독교신자이고 이성애자이며 기혼자인 이들도 웃음이 터지지 않을 수 없을 것이다. 그렇게 한 번 웃고 나면 동성 결혼 합법화에 대한 이유 없는 두려움이 사라진다. 이 플래카드를 두고 누가 '동성애를 희화화한다'고 비판하겠는가.

오늘날 청년세대가 극심하게 겪고 있는 젠더갈등을 PC주의나 페미니즘이 더 부추긴다고 생각하는 건 이런 태도에 '유머'가 존재할 틈이 없기 때문이다. 모두가 말조심 입조심을 하며 상대를 규제하고 스스로를 검열하는 것보다 서로가 갖고 있는 편견과 약점을 '웃음'으로 드러내는 게, 평등한 세상으로 가는 더 빠른 지름길이다. 유머가 중요한 것은 흑과 백, 옳고 그름 중에 하나를 선택하는 게 아니라 우리에게 다양한 상상력을 가능하게 하기 때문이다. 이는 오늘날 만연한 PC주의 자체를 유머의 대상으로 삼아버리는 다양한 대중문화 콘텐츠에서 쉽게 찾아볼 수 있다.

영화 〈데드풀〉 시리즈가 대표적인 사례일 것이다. 일반적으로 대중문화 속 PC주의는 다양한 인종들과 성정체성을 가진 인물들에게 평등한 기회를 주는 모습으로 반영된다. 일종의 '정체성할당제'다. 예컨대 주인공 다섯 명이 있다면 이 중 한 명은 레즈비언이고 다른 한 명은 게이이고 또 한 명은 흑인이고 다른 한 명은 동양계여야 한다는 식이다.

〈데드풀〉은 정체성할당제라는 기준에 따르면 PC주의의 끝판왕 격인 영화이다. 일단 주인공 데드풀부터 흉물스럽게 생긴 추남이다. 데드풀을 돕는 인물들은 흑인 여성(도미노), 흑인 장님 할머니(블라인드 알), 인도인 택시기사(도핀더), 레즈비언 커플(유키오, 네가소닉 틴에이지 워헤드) 등이다. 꼭 일부러 작정하고 배역을 설정한 것 같다. 심지어 데드풀이 영화 속에서 구하려고 하는 아동학대의 피해자 러셀 콜린스는 마오리족 출신의 뚱뚱한 남자아이다.

하지만 〈데드풀〉은 이렇게 구성한 멤버로 정치적 올바름을 뒤틀어버린다. 영화에서 아동학대의 피해자 러셀은 순수한 아이로 그려지지 않는다. 자신을 학대한 어린이집 원장을 죽이려고 계획을 꾸미고, 악랄하게 자신의 능력을 사용하는 것을 즐긴다. 뚱뚱한 러셀이 "오버사이즈 히어로는 세상에 없죠?"라고 절규하듯 말하면 다른 등장인물들은 "아냐, 넌 좋은 히어로가 될 수 있어!"라고 격려하지도 위로하지도 않는다. "응, 그러게. 없네"라고 말한다. 다 같이 웃지 않을 수 없다.

영화에서 러셀이 최종 악당 격인 어린이집 원장을 죽이려 하자 사람들이 그를 뜯어말린다. 원장을 죽이면 러셀이 살인의 맛을 깨달아 살인마로 돌변할 것을 우려한 것이다. 겨우 목숨을 부지한 어린이집 원장은 그들에게 욕설을 내뱉으며 도망친다. 그때 나타난 인도인 택시기사 도핀더가 택시로 원장을 쳐서 죽여버린다. 도핀더는 택시 문을 열고 나타나 소리친다. "내가 해냈어! 이게 바로 용기다!"

영화 〈데드풀〉은 소수자와 약자를 선하기만 한 존재로 그리지 않는다. 대부분의 인간이 그렇듯이 서로를 놀리기도 하고, 편견도 드러낸다. 영화에서 주인공 데드풀은 레즈비언 커플이 위기에 처한 자신을 구하러 오자 "너희 커플이었어?"라며 놀란다. 커플 중 한 명이 '성소수자에 대한 편견을 갖고 있는 거냐'라는 의미의 표정을 짓자 데드풀이 "너 같은 녀석이 연애를 한다는 사실이 놀라운 거야"라고 말한다.

〈데드풀〉과 같은 이런 유머코드를 기성세대는 이해하기 어렵다. 이는 오늘날 넘쳐나는 '올바른 규범'이라는 것에 지친 젊은 세대의 특수한 문화를 반영하기 때문이다. 이를 이해하기 위해서는 박근혜 대통령 탄핵 국면 당시에 나왔던 〈더러운 잠〉 그림 논란을 기억하면 될 것이다. 표창원 의원 등이 '표현의 자유를 향한 예술가들의 풍자 연대'와 함께 국회의원회관 로비에 그림 전시회를 열었다. 여기에 마네의 누드화에 박근혜 대통령과 최순실의 얼굴을 갖다 붙인 풍자 그림이 전시되었다. 문제는 나체로 묘사된 박근혜 대통령의 모습을 보고, 하태경 바른정당 의원이 자신의 페이스북에 '여성비하'이며 '성폭력 수준'이라고 강하게 비난한 데서 시작한다. 그리고 진보, 보수를 가리지 않고 몇몇 여성 정치인들과 여성단체들도 이 그림이 '여성비하'라며 비판하는 입장을 밝혀 논란이 된다. 여성비하는 아닐지라도 국회에 누드화가 걸리는 것은 어울리지 않는다는 입장도 있었다. 박근혜 대통령을 함께 비판하던 국민들이 갑자기 '여성비하'를 두고 서로 다른 입장으로 갈라섰다. '예술의 자유'를 두고 갑론을박을 벌이게 되었다.

〈더러운 잠〉은 예술을 통한 풍자이다. 풍자는 힘없는 이들이 권력을 가진 이들에게 저항하는 방법 중의 하나다. 박근혜 대통령이 여성이어서 누드화가 걸린 게 아니라, 그가 불공정한 최고 권력자였기 때문에 누드화로 풍자된 것이다. 이런 논란에 대해 많은 여성들이 "도대체 진짜 더러운 게 뭔지 몰라서 저러느냐"고 반응했지만, 일단 '여성비하'라는 잣대가 걸리게 되면 논란

공정하지 않다

자체가 남녀 대결 구도로 바뀐다.

　이런 해프닝은 매우 예외적인 경우라고 생각할 수 있겠지만 '사과하기'를 강요하는 대학 캠퍼스 문화에서 보았듯이, 20대들에게는 이런 해프닝조차 '나도 잘못하면 걸려들 수 있는 일'이라고 심각하게 생각될 수 있다. 만약 그 당시에 동아리방에서 옆에 있는 여학생에게 〈더러운 잠〉 그림을 보여주었다면 '성희롱'이라고 비난받고 공개사과를 요구받을 수도 있다는 공포가 있는 것이다.

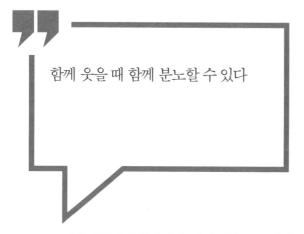

함께 웃을 때 함께 분노할 수 있다

　이런 세상이기에 웃음의 힘이 더욱 중요하다. 왜냐하면 웃음은 '차이'보다는 '공통점'에 기반하고 있기 때문이다. 위스퍼는 익명을 기반으로 하는 미국의 SNS 플랫폼이다. 아직 한국에서는 생소한 이 플랫폼은 아이디도 없고 닉네임도 없다. 젊은 세대가 주로 이용하는 위스퍼에는 유머러스한 게시물이 많다. 가벼운 잡담부터 지인에게 터놓기 힘든 내밀한 고민상담까지 자유롭게 글을 올릴 수 있다는 장점이 있다. 위스퍼가 가진 익명성 때문에 성소수자의 커밍아웃 경험담이 많이 공유되는데 여기에 주목한 한 유튜브 채널이 그중 인상적인 사례를 뽑아 낭독하는 형식의 영상을 만들었다. 이 중 일부는 한국어로도 번역되면서 화제가 되었다.

여기에 네티즌들에게 큰 공감을 산 에피소드가 있다. 한 레즈비언 여성이 자신의 할아버지에게 성정체성을 커밍아웃하게 된다. 성소수자에 대해 상대적으로 개방적인 미국 사회라고 해도 조부모에게 커밍아웃을 하는 일이 쉽지는 않을 것이다. 이 영상의 핵심은 자신이 레즈비언이라는 사실을 털어놓자 할아버지가 보인 반응이다. 할아버지가 이렇게 말한다. "여자는 네가 봐도 매력적이지, 그치?"

화제가 된 또 다른 사례도 이와 비슷하다. 레즈비언 딸이 아버지에게 커밍아웃을 하자 아버지는 매우 공감한다는 어조로 "맞아, 여자는 정말 핫해"라고 반응했다는 것이다. 이에 "최고의 아빠best dad ever"라는 댓글이 달리는 등 유쾌한 반응들이 이어졌다.

이 경험담이 사람들에게 크게 공감을 받는 이유는 무엇일까. 극명하게 '다르다'고 생각되는 할아버지와 손녀 사이에 있는 의외의 인간적 공통점을 환기하기 때문일 것이다. 유머스한 너스레가 할아버지든 아빠든 딸이든 성적 욕망을 가진 인간이라는 공통점을 드러냈기 때문이다.

농담과 웃음은 두려움을 없애는 가장 좋은 무기다. 그 농담과 웃음에 '올바름'을 물을 필요는 없다. 출신배경이 완전히 다른 젊은이들이 군대 훈련소에서 만나 저속한 농담을 하며 어색한 분위기를 풀고 친해지는 경우가 종종 있다. 그런 저속한 말이 누군가에게 상처를 입히기보다는 오히려 동질성을 확인하는 유머가 되기도 한다. 그러면 된 것이다. 핵심은 우리가 함께 웃을 수 있는 일을 만들어내는 게 중요하다는 점이다.

〈데드풀〉의 등장인물들이 보여주는 유머는 각자 어떤 정체성을 갖고 있든 인간으로서 공통적으로 우스꽝스러운 면이 있다는 것이다. 레즈비언 친구를 향해 "네가 연애할 줄 몰라서 놀랐다"고 놀리는 데드풀의 모습은 이성애자지만 연애를 못하는 모태솔로로 친구를 놀리는 일과 같다. 유머와 풍자는 사람들은 똑같구나. 똑같이 찌질하구나. 똑같이 고민하는구나, 이런 깨달음을 드러내는 데 매우 유용하다. 인간이라면 누구나 희노애락이라는 감정을 갖고 있다. 여기에서 우리가 '분노'와 '슬픔'에만 집중한다면 삶의 진실을 반쪽만 알게 되는 것이다. 앞서 소개한 한 마사지사의 말대로 웃기면 웃어야 한다. 웃음이야말로 다수를 같은 편으로 만들 수 있고 소수자와 다수자가 자연스럽게 어우러질 수 있는 지름길이다. 무엇보다 생각이 다른 사람을 설득할 수 있는 가장 좋은 방법이다.

영화 〈스타워즈 : 라스트 제다이〉가 개봉했을 때 이 영화에 등장하는 로즈 티코라는 인물에 대한 항의가 빗발친 일이 있었다. 로즈 티코는 역대급 민폐 캐릭터로 나온다. 작전에 실패해 동료들을 죽게 만들고 무모한 돌출행동을 일삼는다. 목숨을 걸고 자폭 공격을 하려는 동료를 막아서며 "우리가 이기는 길은 증오와 싸우는 게 아니라 사랑하는 걸 지키는 거예요"라는 철학을 읊어댄다. 여기에 스타워즈의 팬들이 이 캐릭터에 대해 항의하는 글을 올릴 때마다, 그 아래에는 "여성차별주의자" "인종차별주의자"라는 댓글이 주르륵 달린다. 로즈 티코가 동양인에 뚱보에 못생긴 외모를 가진 여성 캐릭터이기 때문에 항의를 한다고 생각하는 것이다. 그런 대응보다는 "저라고 민폐 캐릭터가 되고 싶었겠어요?"라며 로즈 티코가 유머러스하게 대응한 듯한 게시물을 올리는 게 훨씬 나았을 것이다.

영화 〈데드풀〉에서는 등장인물인 케이블이 범죄자들과 싸우다 이름이 '블랙Black'인 백인 범죄자를 죽이자, 데드풀이 분노해 소리치는 장면이 나온다. 왜 하필 이름이 '블랙'인 사람을 죽이냐며 "이 인종차별주의자 새끼!"라고 외친다. 데드풀은 또 총과 칼을 들고 적들을 쓰러뜨리다 여성인 적이 앞에 쓰러져 있자 고개를 갸웃거리며 고민한다. "여성인데 때리면 성차별이 되는 건가? 아니지. 적인데 안 때리면 그게 성차별 아냐? 너무 애매하잖아!"

이런 유머코드에 20대들은 쉽게 공감한다. 이런 유머를 잘 아는 세대인 만큼 과거의 어떤 기성세대보다 웃음의 힘을 잘 이용할 수 있다. 웃음을 함께 나눈 사람만이 슬픔과 분노도 같이 나눌 수 있다.

유머코드를 통해 성소수자에 대한 두려움을 없앤 홍석천은 이제 톱게이에서 한 걸음 더 나아가 새로운 역할을 시도하고 있다. 바로 '자영업자의 대변인'이다. 홍석천의 또 다른 별명은 이태원 재벌, 이태원 지주, 이태원 졸부다. 커밍아웃을 하고 방송 출연이 끊겨 힘들던 시절에 생계를 위해 이태원에서 음식점을 오픈한 이후 지금까지 자영업자로 살고 있기 때문이다. 2019년 5월 8일에는 TBS〈홍석천의 Oh! 마이로드〉라는 프로그램을 시작했다. 죽어가는 골목상권을 살리기 위해 홍석천이 자영업자들을 도와주는 프로그램이다. 주목할 점은 홍석천이 자영업자의 대변인으로 스스로를 포지셔닝하며 던지는 메시지이다.

나도 굉장히 힘들었던 적이 있다. 한때 직원이 200명까지 있었다. 그 친구들 월급 안 밀리려고 방송에서 번 돈으로 그 친구들 월급을 주고 있었는데 그것도 힘들어서 가게 몇 개를 처분했다. 그 친구들이 어디에 있는지 저는 잘 모른다. 하지만 나 같은 사람이 전국에 많다. 어떻게 그들에게 도움이 될까 생각하며 버티고 있다. 20년 전 처음으로 커밍아웃했을 때도 대한민국에 동성애자들이 분명히 있는데 아무도 목소리를 안 낸다는 게 화가 나고 답답했다. 희생하는 한이 있어도 한 번 싸워보겠다는 마음가짐이었는데 20년 만에 이 프로그램을 통해 그때와 비슷한 감정을 느끼고 있다. 말뿐인 정책이 너무 많다. 전국의 자영업자들에게 어떻게든 도움이 되고 싶은 마음에 버티고 있지만 어른들이 나서주지 않으면 힘들다. 전체적인 큰 문제들을 해결해주셔야 한다. 힘이 있는 분들이 해결해주셔야 젊은 친구들이 희망을 갖게 된다.

홍석천은 커밍아웃에 대한 고민으로 힘들어하는 성소수자와 의지할 곳 없이 각자도생의 정글에 던져진 젊은 자영업자의 처지를 연결시킨다. 이런 연결이 가능한 것은 홍석천이라는 개인이 그간 만들어낸 웃음이라는 단단한 기지가 있기 때문이다. 앞으로 홍석천의 도움을 받은 자영업자들이 성소수자에 대해서 어떤 태도를 갖게 될지 쉽게 예상할 수 있다.

오늘날 20대가 세상을 살아가는 데 가져야 할 무기는 바로 이런 것이다. 웃기면 웃어라. 함께 웃어라. 우리의 감정을 통제하려는 모든 시도를 거부하라. 터져 나오는 웃음을 막고 웃는 게 실례가 아닌지 고민하지 마라. 자신이 웃음거리가 되는 것도 두려워할 필요가 없다. 세상에서 웃음을 적극적으로 찾아내자. 웃음이 많아지는 만큼 세상이 자유롭고 평등해질 수 있기 때문이다.

공정하지 않다

5   다른 점에 주목하기보다 같은 점을 발견하자

우리가 다양성을 가진 나라라는 것, 그것만으로 충분하지 않습니다.
버니 샌더스의 연설 중에서

차이에 눈이 가는 건,
우리가 같기 때문

옥스퍼드대학 로빈 던바$^{Robin\ Dunba}$ 교수의 연구에 따르면 개인
이 관계를 유지할 수 있는 친구의 숫자는 아무리 많아도 150명
까지가 한계라고 말한다. 진화의 과정 속에서 폭발적인 인지능
력의 혁명을 겪은 인간조차 인간관계를 수용할 수 있는 두뇌 용

량에 한계가 있다.

우리는 수많은 사람들의 다양성과 개성을 존중해야 한다고 믿는다. 하지만 실제로 우리가 생각하는 다양성과 개성의 범위도 바로 이러한 인지능력의 경계 내에 존재한다. 별별 산전수전을 겪었다고 생각하는 사람도, 정말 생각지도 못한 이상한 사람을 만날 수도 있다. 그래서 사람들 사이에 일어나는 오해와 불협화음은 어찌 보면 불가피한 것이다.

사회에서 일어나는 많은 갈등이 '너와 내가 다르다'는 인식에서 출발한다. 유발 하라리의 저서 『사피엔스』에 따르면 우리 인간 종은 다른 어느 생물 종보다 조그만 '차이'에 인지적으로 매우 민감하게 반응하는 생물이라고 한다.

우리는 서로의 '차이'에 민감하게 반응할 뿐만 아니라 그 다름에 대해 상대방이 어떻게 반응할지에 대해서도 굉장히 예민하게 반응한다. 〈어서 와~ 한국은 처음이지?〉와 같은 텔레비전 프로그램을 보며 다른 인종적·문화적 배경을 가진 외국인들이 한국을 방문하면서 보이는 반응에 대해 궁금해한다. 그러나 여기에는 비단 '차이'를 확인하려는 욕구만 있는 게 아니다. 동시에 우리가 다름에도 불구하고 공유하고 있는 것이 무엇인지를 확인하고 싶은 욕구도 있다. 외국인이 우리가 맛있다는 것을 맛없다고 말할 때의 재미도 좋아하지만, 우리가 맛있다고 여기는 걸 똑같이 "우와! 맛있다"라고 할 때 느껴지는 '기분 좋음'도 있다.

그동안 집단적 단일성을 강조하는 문화에 대한 반작용, 집단적 소속감만 중요시하는 시대에 대한 반작용으로 우리는 개인의 차이를 인정함으로써 사회의 다양성을 보장할 수 있다고 믿어왔다. '틀린 게 아니라 다른 겁니다'라는 표어가 대표적이다.

이런 표어가 공감을 얻을 수 있었던 것은 인간이 가진 다양성에 대한 존중만이 아니라 그 밑바탕에 '우리는 인간으로서 보편적 자유, 권리, 평등을 함께 나눈다'라는 전제가 깔려 있기 때문이다. 우리가 '인간으로서 같기' 때문에 차별해서는 안 된다는 정신이 있는 것이다. 서로의 차이점을 찾아내는 데만 집중하면, 다름에도 불구하고 함께 할 수 있는 능력은 점점 줄어든다. 여기서 해야 할 질문은 이것이다. 그렇다면 다 함께 변화를 만들어내기 위해서는 어떤 '같음'에 주목해야 하는 것일까.

미국에서 돌풍을 일으키고 있는 여성 청년 정치인이 있다. 오카시오-코르테스는 미국 민주당 대선 후보였던 버니 샌더스의 선거운동에 참여한 것 외에는 별다른 정치 경력이 없었다. 그의 본격적인 정치 행보는 2018년 미국 중간선거 경선에서 민주당 거물급 정치인에 맞서 승리를 거두고 민주당 후보가 되면서부터 시작한다. 민주당 후보 경선 당시 오카시오-코르테스는 의회에서 기업의 후원을 가장 많이 받는 정치인에게 도전하겠다는 포부를 밝혔다. 그는 차기 민주당 하원의원 원내대표로 유력했던 다선 의원 정치인을 56.7퍼센트 대 43.3퍼센트의 득표율로 따돌리는 데 성공한다. 그리고 그 기세를 몰아 2018년 11월 6일 미국 의회 총선에서 하원의원으로 당선된다. 총선 당시 오카시오-코르테스는 등록금 면제, 국가 고용책임 강화, 보편적 의료 보장, 복지 강화 등 사회경제적 개혁을 중심으로 하는 파격적 공약을 내세웠다. 청년층을 중심으로 그의 지지율이 올라갔고, 결국 뉴욕 제14선거구에서 78.2퍼센트의 득표율로 당선되었다.

그는 평범한 대학생이었다. 2008년 글로벌 금융위기로 가족이 극심한 생활고를 겪게 되자, 바텐더로 일하면서 생계를 직접 책임져야 하는 하층 출신 청년이었다. 오카시오-코르테스는 히스패닉이고 여성이지만 자신이 소수자라는 사실을 구태여 강조하지 않는다. 그보다 다른 사람들과의 공감대를 찾아내는 정치를 한다. 오카시오-코르테스는 미국 민주당 내부에서 좌파 진영인 '민주적 사회주의자' 모임 소속이다. 이들은 지난 미국 의회 중간선거에서 오카시오-코르테스 이외에도 몇몇 여성 청년 정치인을 배출한 바 있다. 이들이 선거에 도전하는 과정을 그린 다큐멘터리 〈넉 다운 더 하우스Knock down the house〉를 보면 이들이 대중들과 소통하는 방식에서 공통점을 발견할 수 있다.

이들은 대중을 상대로 연설할 때 '위대한 미국인들', 절대 다수의 '일하는 사람들'을 즐겨 호명한다. "미국인들은 과거 파시즘과 대공황과 맞서 싸운 위대한 사람들이다. 이런 위대한 사람들이기에 오늘날 기후변화 문제도 해결할 수 있고 서로를 돌보는 복지 시스템도 훌륭하게 만들어낼 수 있다"고 말한다. 이것이 오카시오-코르테스를 비롯한 민주적 사회주의자 소속의 정치인들이 지지자를 모으는 방법이다. 이는 지난 미국 대선에서 힐러리와 대선 후보 경선을 치뤘던 버니 샌더스의 입장에서 더 분명하게 발견할 수 있다. 보스턴에서 열린 한 강연에서 "미국 역사상 두 번째 라틴계 여성 상원의원이 되고 싶다"는 한 청중의 의견에 대해 버니 샌더스는 이렇게 대답한다.

대답이 마음에 들지 모르겠지만, 너무나 당연한 얘기입니다. 우리는 모든 차별에 맞서 싸우고, 더 많은 여성이 정치에 참여할 수 있도록 싸워야 합니다. 라틴계, 흑인, 아메리카 원주민 등. 마찬가지로 매우 중요합니다. 이것이 실현되기를 저 역시 바랍니다. 하지만 "저는 라틴계 여성이에요. 저를 찍어주세요"라는 말은 충분하지 않습니다. 그 라틴계 여성이 이 나라의 노동자 계급을 대변하고 금권 세력에 맞설 것인지 저는 알고 싶습니다. 이쪽에 흑인 지지자들이 있고, 라틴계도 있고, 여성 지지자들도 있어. 우리는 다양성을 가진 나라야, 이것만으로 충분하지 않습니다.

우리는 여성들이 정치권에 진출하는 데 많은 성과를 이뤘습니다. 20명의 여성 상원의원은 50명으로 늘어야 하고, 더 많은 흑인 상원의원이 필요합니다. 하지만 제가 강조하고 싶은 얘기는 이것이 민주당이 분열하는 원인이라는 것입니다. "저는 여성입니다. 저를 찍어 주세요." 아뇨, 이것만으로는 안 됩니다. 우리에게 필요한 여성은 월 스트리트와 보험업계에 맞서고 제약업계와 화석에너지업계에 맞설 배짱을 가진 여성입니다. 흑인이 대기업의 회장이나 CEO가 되는 것은 미국이 한 걸음 나아간다는 의미입니다. 하지만 일자리를 해외로 이전시키거나 노동자를 착취하는 CEO라면 그 사람이 흑인이건 백인이건 라틴계이건 전혀 의미 없습니다.

버니 샌더스는 민주당 경선에서 돌풍을 일으켰지만 후보로 선출되지는 못했다. 힐러리 클린턴이 대선 후보로 선출되었다. 최초의 여성 대통령을 탄생시키기 위해 힐러리를 찍어야 한다는 여성계의 지지 선언이 줄을 이었다. 이에 대해 버니 샌더스를 지지했던 진보적 성향의 영화배우 수잔 서랜든은 "나는 버자이너(여성의 성기)로 투표하지 않는다"고 일침을 놓은 바 있다.

버니 샌더스는 1퍼센트에 맞서는 99퍼센트를 위한 정치를 이야기해온 좌파 정치의 전통을 잇는 정치인이다.

미국에선 소득과 자산의 불평등이 극심하고 4,000만 명 이상이 빈곤에 허덕이고 있습니다. 반대편에선 최상류층이 유례없이 부유해지고 있습니다. 제가 생각하기에 최소한 '국가'라고 한다면 적어도 굶주리는 사람은 없어야 합니다.

이런 버니 샌더스의 주장이 고리타분한 옛 운동권처럼 느껴지지 않는 것은 그가 오늘날 미국 사회에 휘몰아치고 있는 정체성 정치를 넘어서 미국 국민 전체를 대변하는 입장에 서 있기 때문이다. 오카시오-코르테스 역시 그 자신이 '히스패닉 여성'이라는 정체성 정치에 어필할 만한 요소를 갖추고 있지만, 자신의 인종과 성별을 강조하기보다는 '일하는 이들의 가족working family'임을 강조한다. 그랬기에 그는 기후변화 문제와 같은 급진적인 주제에 대해서 많은 시민들의 지지를 얻어내고 있다.

오카시오-코르테스는 하원의원에 당선된 후 동료 정치인들과 함께 '그린 뉴딜 정책'을 제안한다. 그린 뉴딜은 심각한 탄소 배출로 인해 세계의 기후가 변화하는 데 대처하기 위해 정부가 적극적으로 나서 대체에너지를 발굴하고 육성해야 하며, 이를 위해 대규모 투자를 감행해야 한다는 내용이다. 이 그린 뉴딜은 에너지 전환 프로그램에 참여하는 노동자들에게 일정한 소득과 일자리를 보장하자는 내용을 담고 있다. 그린 뉴딜 지지자들은 그동안 많은 일을 해낸 미국의 노동자들이기에 힘을 합쳐 기후변화 문제도 해결할 수 있다고 말한다. 이 의제를 환경활동가들만의 의제가 아니라 전 국민적 의제로 만들기 위해 노력하고 있다. 이처럼 우리가 다르기 때문에 서로 주의해야 할 점을 늘여가는 것이 아니라, 같기 때문에 해야 할 일을 늘여가는 것이 중요하다.

"이번 명절에는 외모, 결혼, 취업, 성적 이야기 빼염(안녕)!"

: 90년대생들이 정말 원하는 것

추석 명절을 앞두고 걸린 한 진보 정당의 현수막 내용이었다. 지난 몇 년 동안 명절이면 가부장적인 시월드에 대한 비난, 여성이기에 겪어야 하는 극심한 명절 가사노동, 꼰대 어르신들의 옳지 않은 잔소리와 간섭 등을 비난하는 내용이 온갖 미디어에 등장했다. 앞의 추석 캠페인에서는 '외모, 결혼, 취업, 성적'과 같은 주제어가 들어간 말이 나오면 이렇게 쏘아붙이라는 Q&A 답안을 제시하기도 했다. 그런데 그렇게 쏘아붙이고 난 다음이 문제다. 그렇게 냉랭해진 다음에 우리는 어떤 이야기를 할 수 있을까.

그보다는 '이런 주제가 아니라 저런 주제를 이야기하자'라고 제안했다면 더 많은 이들이 공감했을지 모른다. '이것이 아니다'라는 것보다는 '저것을 말하자'에 집중하는 것이 훨씬 낫다. 그런 말하기가 앞에서 살펴본 대로 '웃음'을 불러일으킨다면 더 좋은 일이고, 오카시오-코르테스가 말하는 것처럼 모두에게 이익이 되고 자부심이 되는 내용이라면 더 환영받을 것이다.

공정하지 않다

> 진짜 없애야 할 것을 없애자

2019년 1월 서울시교육청에서 일선 기관에 수평적 조직문화 확산을 위해 호칭을 '○○쌤' 혹은 '○○님'이라고 통일할 것을 권고한 일이 있었다. 이 조치는 광범위한 부정 여론에 부딪쳤다. 교육 현장의 권위주의를 없앤다는 의도는 분명 누구나 반길 만한 일인데 왜 이 조치가 반감을 산 것일까.

우선 보수적 성향의 언론은 서울시교육청의 조치가 교육계에서 사제 간의 구분을 흐트러뜨릴 수 있다고 비판했다. 이에 서울시교육청은 해당 조치가 교사와 학생 사이에는 적용되지 않는다고 한발 물러섰다. 일부 교원단체는 '수평적 호칭'을 기계적으로 적용하기보다는 '상호존중 호칭'을 권하는 것이 더 바람직하다는 입장을 제시하기도 했다. 그런데 '선의'에 입각한 이 조치에 사람들이 시큰둥한 반응을 보인 이유는 따로 있다. 이는 이후 일어난 학교 비정규직(계약직) 파업 사태가 학교, 학생들은 물론 수많은 국민들의 지지를 받았던 일과 비교해보면 알 수 있다.

2019년 7월 공공부문 비정규직 노조가 한시적 총파업을 감행했다. 여기에는 학교 급식조리사, 고속도로 요금수납원, 청소 노동자들도 함께 했다. 이 파업의 주축은 학교 비정규직 노동자들이었다. 이들 학교 노동자들은 시·도교육청 산하의 각급 교육기관에서 교육 및 행정실무를 담당하는 직원들이었으며 대부분 무기계약직이었다. 파업에 나선 이들은 수당 및 기본급을 인상해달라고 요구했다.

일부 보수 언론은 이들이 시험을 거쳐 선발된 다른 정규직 노동자들과 '똑같은' 대우를 바란다고 보도했지만 이는 사실이 아니었다. 이들의 주장은 다른 공무원들에게는 매년 기본급 인상도 보장해주고 명절 수당도 챙겨주면서 자신들은 단지 무기계약직이라는 이유만으로 이런 혜택에서 제외시키는 건 부당하다는 것이다. 또 일부 직군은 기간제에서 무기계약직으로 전환된 이후에도 저임금과 생활고 문제가 전혀 해소되지 않아 거리로 나섰다.

이 사태에는 한국 노동계 특유의 기형적인 '낮은 기본급' 문제도 한 축을 차지했다. 기본급도 낮은데 다른 정규직 공무원들에게 얹어주는 수당에서도 별다른 이유 없이 소외되자 반발이 터져 나온 것이다. 이에 파업 참여자들은 '교육공무직'을 법제화할 것을 요구하며 이를 통해 직종, 호칭, 임금체계가 중구난

방으로 정해진 계약직 노동자들의 처우를 전반적으로 개선해야 한다고 주장했다.

　한편 정부는 2018년 무렵 상당수 비정규직 노동자들을 무기계약직으로 전환함에 따라 이들의 고용이 이미 보장되었으니 더 이상의 처우 개선은 어렵다며 난색을 표했다. 시·도교육청도 정부의 입장을 거들었다. 한 교육청 관계자는 파업과 관련하여 "어쨌든 갑작스러운 임금 인상은 부담이 된다"는 입장을 표했다. 이는 얼마 전까지만 해도 평등한 문화를 조성한다며 '○○쌤' '○○님' 하는 수평적 호칭을 권고한 교육청의 조치와 대비된다. 파업에 나선 계약직 학교 노동자들에게 절실했던 것은 이러한 호칭의 변화가 아니라 임금과 수당의 변화였다.

　파업에 나서며 "다음 세대에게는 비정규직의 고통을 물려주지 않겠다"는 학교 급식 노동자들의 플래카드는 '○○쌤' '○○님' 같은 호칭에 대한 권고보다 훨씬 더 많은 이들의 공감을 샀다. 급식을 못 받게 된 학생들이 급식 노동자들의 파업을 지지하는 일도 널리 알려지며, 이들의 파업은 국민적 지지를 받았다.

　이와 비슷한 사례는 군대 문화에서도 찾을 수 있다. 우리나라 군대의 권위적이고 폭력적인 문화는 오래되었다. 이에 '선진 병영'을 만든다면서 병사들 간의 호칭을 '전우님' '용사님'이라고 부르게 하는 등 수평적 문화를 도입하기 위해 캠페인을 벌이기 시작했다. 특히 이 과정에서 국방부 이하 군대는 병사들 간의 구타와 기합 그리고 폭언과 욕설을 없애는 데 힘을 기울였다. 부조리한 문화를 없애고 병사들 간의 관계를 개선하는 것은 좋은 일이다. 하지만 병사 간의 규율을 유지하는 데 사용된 폭력적 관습이 해체된 이후에도 병사와 병사, 병사와 간부 사이의 갈등을 낳는 근본적인 원인은 전혀 해소되지 않았다는 문제가 남아 있다.

병사들이 놓인 조건을 생각해보자. 병사들은 자유로운 휴가와 외출은 고사하고 병영을 이탈하면 처벌을 받아야 하는 극단적 구속 아래 놓여 있다. 최저임금에도 못 미치는 보상을 받는데다, 부상을 당했을 때 잘못하면 치료도 제대로 받지 못한다. 여기에 현역판정을 받는 청년들의 비율은 지난 30년 동안 2배 가까이 뛰었는데, 군생활지원과 병사복지는 턱없이 부족해 군대에 적응하지 못하는 병영 내 '관심 병사' 문제가 심해졌다. 이렇게 군대에 적응하지 못하는 병사들 때문에 병영 내에 문제가 종종 발생하지만, 이에 대한 책임은 군대 시스템이 아니라 일부 병사 개인에게 돌려진다.

〈돼지의 왕〉으로 유명한 연상호 감독이 제작한 단편 애니메이션 〈창〉은 이런 문제를 다룬다. 애니메이션에 등장하는 병장 정철민은 유능한 모범 병사이다. 병사들과 간부들의 신뢰를 절대적으로 얻고 있다. 이에 비해 홍영수 이병은 군대에 제대로 적응하지 못하는 이른바 관심 병사이다. 정철민 병장은 홍영수 이병이 참 군인으로 거듭날 수 있도록 진심을 다해 돌본다. 하루는 훈련 상황에서 홍영수 이병이 군장을 대충 싼 것이 중대장에게 발각되어 부대 전체가 혹독한 단체 기합을 받는다. 정철민 병장은 자신이 열심히 돌봤다고 믿었던 홍영수 이병에게 실망하고, 이 실망이 분노로 바뀌어 홍 이병을 구타하고 폭언을 퍼붓게 된다. 이런 일을 당한 홍 이병은 자살을 기도하게 되고 이 때문에 부대는 다시 한 번 발칵 뒤집힌다. 사건이 커지자 결국 대대장이 정 병장을 호출한다. 사람 좋은 미소를 지으면서 "이상한 녀석 하나 때문에 네가 고생하는구나"라고 다독이는 대대장의 유도 심문에 걸려, 정 병장은 가끔 말을 듣지 않아서 꿀밤 정도 때렸다고 실토한다. 그러자 대대장은 갑자기 안색을 바꾸며 "이 새끼 당장 구속시켜!"라며 노발대발한다. 이번 기회에 군대 내 가혹행위를 끊어버리겠다면서 말이다. 결국 정 병장과 홍 이병이 있던 분대는 해체되고 정 병장 이하 분대원들은 헌병대에 끌려간다. 그리고 그들이 있던 내무반(생활관)에는 창문이 새로 뚫린다. 헌병대가 구타와 가혹행위가 만연했던 원인을 내무반에 창문이 없어서 간부의 감시를 피할 수 있었던 것으로 결론지었다.

이 이야기에서 정철민 병장이 선인이냐 악인이냐는 중요한 문제가 아니다. 진짜 문제는 병사들을 폭력의 악순환 속으로 밀어 넣은 부조리한 병역제도 그 자체에 있다. 군대에 적응하기 힘든 병사를 군대에 보내고 그 병사가 실수한 것에 대해 분대원들 모두에게 가혹한 책임을 지우고, 책임자를 만들어내기 위해 유도 심문을 하는 일련의 과정이 모두 부조리하다. 그러나 정작 해결책은 내무반에 창문을 새로 뚫어놓는 일이다. 감시를 늘리면 폭력이 사라질까. 병사들을 '전우님' '용사님'이라는 호칭으로 부른다고 군대의 악습이 사라지지 않듯이 그럴 리가 없다.

불공정과 차별을 없애는 일은 언어를 평등하게 쓰고 감시를 강화하는 정도만으로 이루어지지 않는다. 가장 밑바닥에 있는 이들의 고통을 없애는 일에 함께 하고 삶의 실질적 조건을 바꿀 때 이루어진다. 오늘날의 20대들이 기성정치에 냉소적이라면 바로 이런 이유 때문일 것이다. 진짜 건드려야 하는 일은 건드리지 못하고 개인의 언어나 문화를 바꾸는 일에만 몰두하거나 개인적 차원의 책임자를 찾아내는 일에만 집중하기 때문이다. 그러면서 '소수자를 보호한다는 대의'를 내세우는 이율배반적인 모습에 20대들은 '비겁하다'고 느끼는 것이다.

그러면 어떻게 해야 진짜 바뀌어야 할 것은 바꿀 수 있을까. 이때 필요한 것이 바로 다른 점이 아닌 '같은 점에 주목하는 것'이다. 나이도 성별도 문화도 다르지만 함께 할 수 있는 일을 찾는 것이다. 그럴 때 더 바꾸기 어려운 것, 정말 바꿔야 하는 것들을 개선하라고 요구할 수 있다.

오늘날 20대가 다르지만 같을 수 있다는 점을 확인할 수 있는 사실 하나를 언급하는 것으로 마무리해보자. 군대 문제는 흔히 20대 남녀 사이의 갈등을 야기하는 소재로 자주 언급된다. 그러나 2018년 1월에 있었던 리얼미터 여론조사는 한 반례를 보여준다. 군복무 기간을 3개월 단축하는 방안에 대해 남성들의 찬성률은 43.7퍼센트에 불과했지만 여성의 찬성률은 60.3퍼센트에 달했다. 이 중 20대 찬성률이 67.5퍼센트를 기록해 모든 세대를 통틀어 가장 높았다. 조사기관의 관계자는 여성들이 남자친구, 남자형제, 아들이 빨리 돌아오길 바라는 경우가 많아 찬성하는 비율이 높은 것으로 풀이했다. 이렇게 군대의 처우 개선 문제에 대해서 여성도 공감대가 크다는 점은 잘 알려져 있지 않다.

사회에는 여러 현상이 벌어진다. 그중 어떤 현상이 더 지배적인가를 파악하는 것도 중요하지만 어떤 현상에 더 가치를 부여할 것인가도 매우 중요하다. 그 사회가 어떤 가치에 더 주목하느냐에 따라 동일한 현상도 다르게 해석할 수 있고, 작은 현상도 큰 파도가 되어 퍼져 나갈 수 있다. 그것이 바로 '관점'의 힘이다.

오늘날 여러 갈등으로 첨예한 청년세대가 가져야 할 관점은 바로 나의 문제를 해결하기 위해 필요한 무기를 다른 누군가와 공유하고 있다는 관점을 가지는 것이다. 그 출발점은 우리가 가진 공통점을 재확인해보는 데 있다.

6   세상이 바뀔 수 있다고 믿자

참 오랫동안 부산을 떨고 나서야 깨달은 것이 있습니다.
실패한 투쟁이란 것은 우리가 포기한 투쟁이라는 것을요.
우루과이 호세 무히카 대통령 퇴임 연설 중에서

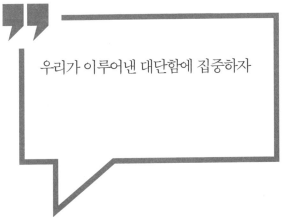

우리가 이루어낸 대단함에 집중하자

2019년 4월 29일 마블 영화 〈어벤저스 : 엔드게임〉 개봉 이후 미국의 엔터테인먼트 매체 《긱 타이런트Geek Tyrant》에서 설문조사 결과를 공개했다. 바로 미국 각 주마다 마블 히어로 가운데 누굴 가장 좋아하는지에 대한 것이었다. 어느 주든 공통적으로

공정하지 않다

캡틴아메리카, 아이언맨, 토르가 선전했다. 그중 캡틴아메리카의 선호도는 매우 흥미로웠다. 캡틴아메리카는 콜로라도, 네브래스카, 텍사스 등 미국 중부와 남부에서 압도적 지지를 받았다. 이 지역은 공화당 표밭으로 불리며 정치적으로 보수적인 성향을 띠는 곳들이다. 이름 자체에 '아메리카'가 들어가니까 당연한 거 아니냐고 짐작할 수도 있겠지만, 사실 캡틴아메리카는 전통적인 보수 성향을 가진 사람들에 대해 매우 반대하는 사상을 가진 캐릭터이다.

캡틴아메리카는 안보보다 자유를, 국가보다 개인을 중요하게 여긴다. 심지어 자신이 법을 지키지 않을 때도 있다. 영화 속에서 캡틴아메리카는 국제안보기구인 쉴드의 해체를 주장하며 쉴드가 수집한 정보를 인터넷에 모두 공개해버린다. 이를 우리나라의 상황에 비유한다면 시민의 자유를 침해한다는 이유로 '국정원 해체'를 주장하면서 국정원이 수집한 정보들을 인터넷에 모두 풀어버린 것이다. 웬만큼 급진적인 좌파도 이런 주장과 행동을 쉽사리 하지 못할 것이다.

하지만 공화당 지지자들마저 캡틴아메리카를 사랑한다. 여기에는 물론 캡틴 '아메리카'라는 이름과 성조기를 두른 코스튬이 큰 영향을 미쳤을 것이다. 그리고 또 하나 유심히 봐야 할 것이 있다. 캡틴아메리카가 급진적인 주장을 펼칠 때 취하는 방식에 주목할 필요가 있다. 바로 캡틴아메리카는 미국적 이상주의,

즉 미국 국민의 가슴 속에 남아 있는 보편적 자부심을 건드리며 급진적 주장을 펼친다는 것이다. 영화에서 캡틴아메리카는 자유의 편에 서서 나치와 싸웠던 미국의 역사를 상징한다. 미국인들의 자부심을 고양하는 인물이기에 급진적인 주장을 하더라도 설득이 되는 것이다.

미국의 진보적 정치인 버니 샌더스는 '캡틴 샌더스'라고 종종 불린다. 온라인에는 버니 샌더스 사진에 캡틴아메리카의 코스튬을 입힌 이미지가 돌아다니기도 한다. 미국 유학을 간 한 친구는 "샌더스의 연설을 들으면, 이유는 모르겠는데 애국심이 솟아오르는 느낌이야"라고 말한 적이 있다. 이 친구가 말하는 애국심이란 백인 우월주의나 미국 제국주의와 전혀 다른 것이다. 그것은 공동체가 다 함께 이루어낸 성과에 대한 자부심의 다른 표현이다.

버니 샌더스는 "아메리칸 드림을 방해하는 정치경제적 과두제寡頭制에 반대한다"는 표현을 자주 쓴다. 아메리카 드림은 지난 미국의 역사에서 종교적 박해를 피해온 이들에게는 사상의 자유를, 신분제와 가난을 피해온 이들에게는 삶의 자유를 상징하는 말이었다. 오늘 미국의 역사에서 원주민과 노예의 고통을 기억해야 하듯이 자유를 찾아온 온갖 이민자들에게 문을 열고 기회를 주었던 아메리카 드림의 포용성도 기억해야 할 일이다. 아메리카 드림의 핵심은 유럽 귀족사회처럼 타고난 신분에 따라 부와 지위를 세습하는 것이 아니라 땀과 노력에 따라 새로운 삶을 꾸려나갈 수 있다는 믿음이었다.

오늘의 불평등한 미국 사회에는 더 이상 아메리카 드림이 없다. 버니 샌더스는 정치와 경제를 장악한 소수의 기득권 세력이 아메리칸 드림을 해치고 있다고 전선을 긋는다. 버니 샌더스는 아메리카 드림 자체가 거짓이었다고 비판하지 않는다. 그 위대한 꿈을 불평등 구조와 몇몇 엘리트들이 권력을 차지한 과두제가 망치고 있다고 말한다. 그는 미국 시민들이 자부심을 느끼는 '자유'라는 이상을 특권층이 가져가도록 내버려두지 않는다.

세계 역사상 가장 부유한 국가인 미국은 주 40시간 이상 일하는 사람이 가난해서는 안 된다는 원칙을 경제생활의 기본으로 삼아야 합니다.

오늘날 대한민국의 청년들이 듣고 싶은 말도 이와 같은 말일 것이다. "식민 지배와 전쟁이라는 고통과 폐허를 딛고 일어난 위대한 대한민국은 열심히 일하는 이들이 정당한 대가를 얻고, 일하지 않는 이들이 특권을 물려받는 일이 없는 사회여야 한다." 이런 말을 듣고 싶을 것이다. 《프레시안》에 소개된 버니 샌더스의 연설을 살펴보자. 그는 2019년 6월 조지워싱턴대학의 연설에서 자신을 사회주의자라고 공격하는 트럼프와 공화당에 대해 다음과 같이 말했다.

내가 믿는 것은 미국인들은 자유를 누릴 자격이 있다는 것입니다. 자유롭다는 것은 진정 무엇을 의미합니까? 당신이 아플 때 의사에게 갈 수 없다면, 당신은 진정 자유롭습니까? 당신이 생명을 유지하기 위해 필요한 약을 살 돈이 없다면, 당신은 진정 자유롭습니까? 70세가 넘었는데도 연금이나 은퇴하기에 충분한 돈이 없어 노동을 강요받는다면, 당신은 진정 자유롭습니까? 당신 가족이 돈이 없어서 대학이나 직업학교에 가지 못한다면, 당신은 진정 자유롭습니까? 적정 임금을 받지 못해 주당 60~80시간을 일해야 한다면, 당신은 진정 자유롭습니까? 당신의 아이가 태어났는데 육아휴직을 쓸 수 없어 출산 직후 일터로 복귀해야 한다면, 당신은 진정 자유롭습니까? 지구상에서 가장 부유한 나라에서 이 질문들에 대한 대답이 '노no'라면, 당신은 자유롭지 않습니다.

도널드 트럼프 대통령과 그의 과두제적 동료들은 우리가 민주적 사회주의를 지지한다고 우리를 공격하지만, 그들도 모든 형태의 사회주의에 반대하는 것은 아닙니다. 그들은 '근로 대중working people'에게 이익을 주는 민주적 사회주의는 증오하겠지만, 트럼프 자신과 다른 억만장자들을 더 부자로 만들어주는 '기업 사회주의corporate socialism'는 절대적으로 사랑할 것입니다.

트럼프는 부자와 권력자를 위한 '기업 사회주의'를 믿습니다. 나는 이 나라의 근로 대중 가족을 위한 민주적 사회주의를 믿습니다. 이것이 트럼프와 나의 차이입니다. "이 나라에는 부자들을 위한 사회주의가 있지만, 가난한 자들을 위해서는 단호한 개인주의만이 있다"는 말이 있습니다. 트럼프가 사회주의를 공격할 때, 나는 이 말을 떠올립니다.

버니 샌더스는 "이 나라에는 부자들을 위한 사회주의가 있지만, 가난한 자들을 위해서는 단호한 개인주의만이 있다"는 마틴 루터 킹 목사의 말도 자주 인용한다. 그가 자주 쓰는 표현 중에 이런 말도 있다. "우리의 풀뿌리 선거운동은 민중의 민중에 의한 민중을 위한 것 of the people, by the people, for the people 입니다." 단번에 떠오르겠지만 이는 공화당 출신의 대통령이었던 링컨의 말이다.

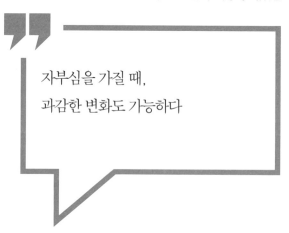

자부심을 가질 때,
과감한 변화도 가능하다

버니 샌더스는 미국인 다수의 보편적인 정서를 공격하거나 교정해야 할 대상으로 삼지 않는다. 오히려 미국 국민이 가지고 있는 자부심이 사실은 진보적인 가치였다는 사실을 드러낸다. 앞에서 살펴본 오카시오-코르테스가 기후변화에 맞서는 정책으로 '그린 뉴딜'을 내세울 때도 똑같은 방법을 쓴다. 기후변화를 막기 위해 전기에너지원을 100퍼센트 재생가능 에너지로 전환하고, 온실가스 배출 제로라는 목표를 10년 내 실현하겠다는 이 엄청난 프로젝트를 들으면, 처음에는 현실이라고는 전혀 모르는 이상주의자가 내뱉는 허무맹랑한 소리로 들린다.

그런데 여기에 '뉴딜'이라는 이름을 붙였다. 뉴딜 정책은 미국 제32대 대통령 루스벨트가 대공황을 극복하기 위해 추진한 사회개혁 프로그램이다. 루스벨트는 극심한 공황을 타개하기 위해 빈곤과 불안에 떠는 국민을 구제하는 것을 최우선 과제로 삼았다. 이 정책의 핵심은 정부가 적극적으로 시장경제에 개입하는 것이다. 정부의 권한을 확대하고, 정부는 적극적으로 구제 정책을 펼쳐 가난한 이들의 일자리와 생계를 만들어냈다. 미국인들은 '뉴딜'을 위기의 시대에 함께 어려움을 이겨낸 승리의 역사로 기억한다.

마찬가지로 오카시오-코르테스가 말하는 그린 뉴딜의 핵심은 바로 일자리 창출이다. 정부가 대규모 재정을 쏟아부어 탈脫탄소 경제 시스템에 투자하고 이 과정에서 생활임금 이상을 보장하는 일자리 수백만 개를 창출하자는 것이다. 이를 위해 필요한 재정은 부자들에 대한 소득세를 최고세율 70퍼센트로 인상하고, 상속·증여세를 강화하여 마련하겠다는 계획이다.

　코르테스는 "우리의 목표는 더 안전하고 나은 미래로 가기 위해 단 한 명도 버려두지 않겠다는 것이다. 그것이 그린 뉴딜이다"라고 설명한다. "단 한 명도 버려두고 가지 않겠다No person left behind"는 말은 "병사 단 한 명도 두고 가지 않겠다No man left behind"와 같은 표현으로 미국이 2차세계대전 중에 자주 사용하던 표현이다. 부상자든 포로든 단 한 명도 적지에 내버려두지 않겠다는 의지를 표현하는 말이다. 이 말은 미국 시민들의 자부심을 상징한다.

　오카시오-코르테스는 그린 뉴딜을 종종 '위대한 사회Great Society' '문샷Moonshot'이라는 단어에 비유한다. '위대한 사회'는 미국의 존슨 대통령이 1960년에 추진한 불평등 해소 정책의 슬로건이다. 국가와 공공의 노력으로 경제적 불평등과 빈곤 문제를 해결할 수 있다는 믿음이 담긴 말이다. '문샷'은 '달 탐사선 발사'를 뜻하는 말로, 혁신적인 프로젝트를 의미하는 단어로도 쓰인다. 1962년 케네디 대통령이 "달을 잘 보기 위해 망원경의 성능을 높이는 대신 직접 달에 가보자"는 제안을 내놓으면서 사용한 말이다. 이에 문샷은 혁신적인 프로젝트를 뜻하는 말이 되었다.

　이처럼 오카시오-코르테스는 그린 뉴딜을 설명하기 위해 미국의 역사적 상징들을 거침없이 활용한다. 전쟁에서 승리하기 위해 루즈벨트 시기에 부자들에게 소득세 90퍼센트를 도입했고, 당시 미국 국민 다수가 이에 동의했다. 코르테스는 오늘날 기후변화와 불평등이라는 적과 싸우기 위해 우리도 부자들에게서 더 많은 세금을 걷어야 한다고 말한다. 오카시오-코르테스는 "어려워 보이지만 할 수 있다. 왜냐하면 우리(미국)는 2차세계대전에서 자유를 지켜냈고, 위대한 사회 프로젝트를 통해 빈곤과 싸웠으며 문샷으로 인류를 달에 보낸 위대한 나라이기 때문이다"라고 말하는 것이다. 버니 샌더스와 오카시오-코르테스를 비롯한 민주적 사회주의자 그룹이 오늘의 미국 청년들에게 엄청난 지지를 받는 것은, 그들이 미국 국민 모두가 함께 이루어낸 대단함에 집중하기 때문이다. 그렇기 때문에 그들의 과감한 주장이 현실성을 얻는 것이다.

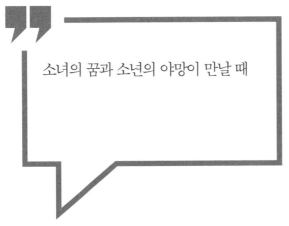

소녀의 꿈과 소년의 야망이 만날 때

불평등하고 불공정한 대한민국에서 20대들이 가져야 할 태도

공정하지 않다

도 '우리가 이뤄낸 대단함'을 믿는 것이다. 그래야 세상을 바꿀 수 있고, 세상이 바뀔 수 있다는 생각으로 나아갈 수 있다. 그런 점에서 세상의 변화를 꿈꾼다는 진보가 우리가 아직 바꾸지 못한 것에만 집착하고 과거보다 나아진 게 없다고 반문하고, 심지어 과거보다 더 못하다고 말하는 건 사람들을 비관 속에 빠뜨리는 일이다. 이런 말들이 대표적인 예이다.

"우리는 수십 년을 싸웠는데 여전히 대한민국은 자본가의 편이다" "아직도 대한민국은 여자가 대통령을 하기 어려운 나라다" "세상을 바꾸자는 촛불집회에서도 여성혐오 노래가 울려 퍼졌다" 등등. 이런 말들은 오늘의 진보주의가 자주 쓰는 말이다.

물론 세상은 여전히 문제가 많다. 세상이 항상 좋아지는 것도 아니다. 심지어 애를 써도 퇴행할 때가 있다. 그러나 아무리 노력해도 세상은 바뀌지 않는다고 말하는 순간, 아무것도 바뀌는 것은 없고 주변 사람들을 원망하는 마음만 든다. 정말 가슴에 손을 얹고 생각해보자. 지난 역사에서 우리가 이룬 것은 아무것도 없을까. 우리가 사는 세상이 정말 나빠지기만 했던가.

만약 그렇게만 생각한다면 이는 그래 봐야 바뀌는 건 없다는 보수의 언어를 받아들이는 일이다. 정치경제학자 앨버트 O. 허시먼 Albert O. Hirschman이 『보수는 어떻게 지배하는가 The Rhetoric of Reaction』라는 책에서 말한 것이 있다. 역사를 퇴보시키는 반동의 세 가지 논리 가운데 하나가 바로 '그래 봐야 기존의 체제는 바꿔지 않을 것이다'이다.

이와 달리 '진정한 변화는 여전히 오지 않았다'는 논리도 있다. 이를테면 19세기와 21세기 여성의 처지는 근본적으로 바뀐 게 없다. 명절이면 여전히 가사노동을 전담해야 하고, 성차별과 성폭력에 시달리기 때문이다. 빨래방망이가 세탁기로 바뀌었을 뿐이라는 것이다. 진정한 성평등이라는 관점을 가져야 한다는 것이다. 영국의 사회주의자 조지 오웰은 『위건 부두로 가는 길』에서 일찍이 이런 태도 때문에 사회주의가 대중의 지지를 광범위하게 받지 못한다고 통찰한 바 있다.

진정한 사회주의는 무엇인가? 나는 진정한 사회주의란 압제가 타도되는 꼴을 보기 바라는 사람이라고 정의하겠다. 하지만 정통 마르크스주의자라면 대부분 그런 정의를 받아들이지 않을 것이고, 받아들인다 해도 몹시 못마땅해할 것이다. 이따금 나는 그들이 말하는 걸 들을 때 그리고 그들의 책을 읽을 때는 더더욱, 사회주의 운동 전체가 그들에겐 일종의 흥미로운 이단 사냥에 불과한 것이라는 인상을 받는다. 장단에 맞춰 이리저리 미친 듯 뛰어다니며 "어험, 어험 이거 변절자의 피 냄새가 나는구만!" 하는 듯하다.

조지 오웰 식으로 말하자면 '진정한'을 입에 달고 다니는 진보주의자는 아직도 바뀌지 않은 것을 찾아내는 이단 사냥꾼인

공정하지 않다

셈이다. 장단에 맞춰 이리저리 뛰어다니며 "이거 혐오주의자의 피 냄새가 나는구만!"이라고 말하고 있다.

이런 태도는 사람들이 서로 적대하게 만드는 오류를 범한다. 힐러리 클린턴은 2016년 9월 9일 LGBT(성소수자) 기부행사에서 "트럼프 지지자들의 절반은 개탄스러운 집단이라고 말할 수 있다"고 말했다. 동성애 혐오, 외국인 혐오, 이슬람 혐오의 성향에 맞서 미국의 다원주의를 지켜온 사람으로 자신을 대표한 것이다. 반면에 트럼프는 "위대한 미국인들이 고통받고 있다"고 말했다. 세계 1위 경제대국을 만들어낸 지금의 미국인들은 더 잘살 자격이 있다는 것이다. 즉, 미국의 기존 시스템에 문제가 있으니 그 시스템을 바꿔야 미국인들에게 미래가 있다고 말하는 것이다.

힐러리는 기존의 정치제도를 방어하려 했고, 트럼프는 그 제도를 뒤흔드는 시늉을 했다. 힐러리가 기존 체제의 수호자 역할을 자처하는 엘리트 정치인이라면, 트럼프는 기존 체제가 품지 못하는 대중을 흔들어 사회에 대한 혐오만 부추기는 우파 포퓰리스트이다.

이럴 때 필요한 것이 바로 버니 샌더스의 방식이다. 그는 자유민주주의라는 제도를 살리면서 미국의 민주당, 미국의 시민운동 밖에 있는 대중들을 하나로 결집시킨다. 그는 기존 체제를 개혁하려는 좌파 포퓰리스트라고 할 수 있다. 그의 전략은 정치철학자 샹탈 무페^{Chantal Mouffe}가 쓴 『좌파 포퓰리즘을 위하여^{For a left} ^{populism}』의 한 대목을 연상시킨다.

　　시민들의 목소리를 빼앗는 것은 대표성 그 자체가 아니라 바로 이 경합적 대결의 결핍인 것이다. 해결 방안은 대표성을 제거하는 데 있는 것이 아니라, 우리 제도를 더욱 대표적이게 만드는 것이다. 이 것이 진정 좌파 포퓰리즘 전략의 목표인 것이다.

　　청년들이 개인화되고 냉소적으로 변하고 있다면, 이는 오늘날 한국 사회에 기존 체제의 개혁을 주장하면서 경제적 자유를 비롯해 국민의 기본권을 확대하려는 과감한 흐름이 없기 때문이다. 그러면 청년들은 어디로 몰리게 될까.

　　서구의 2030세대 청년들에게 선풍적 인기를 끌고 있는 조던 피터슨이라는 임상심리학자가 있다. 캐나다 토론토대학교 교수인 조던 피터슨은 서구의 20대들 사이에서 선지자, 사상가라고 불린다. 피터슨은 그의 저서 『12가지 인생의 법칙』에서 당신을 다른 사람과 비교하지 말고, 오직 어제의 당신하고만 비교하라고 조언한다. 앞에서 말한 표현으로 바꾸자면 '허상'과 싸우는 데 너의 소중한 인생을 낭비하지 말라는 말이다.

　　조던 피터슨은 페미니스트들과 격렬한 토론을 벌이고 진보 진영의 주장에 반대하는 입장을 취한다. 이에 서구의 많은 진보주의

　　　　　　　　　　　　　공정하지 않다

자들이 피터슨에 빠진 청년들을 걱정스러운 눈빛으로 바라본다. 한국의 윗세대들이 2030세대를 바라보는 시선처럼 '청년세대의 보수화'를 우려하는 것이다. 하지만 2030세대들이 피터슨에 열광하는 이유는 그가 보수주의를 설파해서가 아니다. 《슬로우뉴스》에도 소개된 한 인터뷰에서 피터슨은 다음과 같이 말했다.

요즘 젊은이들은 의미에 굶주려 있다. 그들은 방황하고 혼돈에 어쩔 줄 몰라 한다. 그러다가 책임을 지라는 나의 말을 듣고 '바로 이게 내가 원하던 거야!'라고 깨달은 거다. 그래서 그들이 나의 말에 빨려 들어온 것이다.

피터슨은 개인들의 삶이 더 의미 있고 가치 있을 수 있다고 이야기한다. "어깨를 펴고 똑바로 서라" "당신을 오직 어제의 당신하고만 비교하라" "세상을 탓하기 전에 방부터 정리하라" "쉬운 길이 아니라 의미 있는 길을 선택하라" 등이 삶을 더 의미 있고 가치 있게 바꾸는 방법이라고 말한다.

피터슨의 한계를 비판하려면 그가 진보 진영에 반대하기 때문이 아니라 그의 주장이 '개인의 삶'만을 이야기한다는 점을 지적해야 한다. 개인의 삶이 바뀌기 위해서는 사회적 조건이 바뀌어야 한다. 정치에 참여하고 다수와 연대하고 일터를 바꾸기 위해 노동조합을 만들고 특권의 세습에 반대하는 일을 통해 구조를 바꾸는 행동으로 나아가야 한다. 그것 또한 피터슨이 말하는 인간이 자신의 욕망과 믿음을 실현하는 방법이다. 그렇지 않으면 피터슨이 말하는 '삶의 의미'는 '작은 자유'에 지나지 않을 것이기 때문이다.

그렇게 사회를 바꾸려면 '나의 위대함'이 곧 세상의 위대함과 연결되어 있다는 것을 기억해야 한다. 나는 약한 한 사람이 아니라 '위대한 다수'의 일원이라는 것을 생각해야 한다. 미국인들은 미국의 지난 역사를 통해서, 한국인들은 한국의 지난 역사를 통해 그 의미를 이미 알고 있다. 위대한 개인이 다수의 위대함으로 모이지 않았을 때 어떤 비극과 고통을 겪었는지 알고 있다. 결국 그 비극과 고통을 없애는 일도 다수의 위대함을 통해서만 가능했다는 것도 알고 있다.

"너라는 위대함을 믿어"는 나이키 코리아에서 만든 광고 제목이다. 엠버, 청하, 박나래, 골프선수 박성현, 보아 등 자신의 분야에서 일가를 이룬 여성들의 이야기로 채워진 이 광고는 "너 스스로를 믿을 때 네가 어디까지 갈지는 아무도 상상할 수 없거든. 넌 너만이 만들 수 있는 최고의 작품이야. 너라는 위대함을 믿어"라는 메시지를 던진다. 특히 여성이 부엌에서 권투시합을 할 때 끼는 마우스피스를 삶고 있는 장면, 여자아이가 돌잡이 때 축구공을 잡는 장면은 성역할에 대한 고정관념을 깨주는 장면이다. 여성들은 물론 2030세대 남성들도 이 광고가 멋지다며 환

공정하지 않다

호한다. 이 광고가 젊은 세대 모두에게 지지를 받았던 이유는 여성들이 차별받는 환경에 고통스럽다고 말하는 대신, 더 위대해질 수 있다는 점에 집중해서다. 이 광고에서 개그우먼 박나래의 얼굴은 자신이 뭐든지 할 수 있다는 것을 한 번도 의심해본 적이 없는 자신만만한 표정이다. 위대함이라는 메시지를 통해 '소녀는 무엇이든 할 수 있다girls can do anything'와 '소년이여, 야망을 가져라boys be ambitious'가 하나된 것이다.

> ## 다수의 지지는 어떻게 얻을 수 있나

우리가 이루어낸 위대함에 집중하고 세상을 바꿀 수 있다는 믿음을 가질수록 실제 세상을 변화시킬 가능성이 높아진다. 자연스럽게 다수를 내 편으로 만들 수 있기 때문이다. 트럼프 지지자 절반을 혐오주의자로 규정한 힐러리와 달리 버니 샌더스는 아메리칸 드림을 미국의 이상으로 여기는 수많은 미국 시민들, 특히 백인 하층 남성들을 같은 편으로 만들었다.

: 90년대생들이 정말 원하는 것

대한민국도 마찬가지다. 오늘날의 세대갈등과 빈곤의 문제도 이와 같은 방식으로 답을 찾아갈 수 있다. 광화문에 나가면 태극기부대의 노인들과 2030세대 청년들이 갈등을 겪는 모습을 쉽게 찾아볼 수 있다. 이를 어떻게 해결할 수 있을까.

바로 청년들이 앞서서 노인들의 빈곤 문제를 해결하자고 목소리를 높이면 된다. 우리나라의 노인들은 OECO 노인빈곤율 1위라는 위태로운 현실을 겪고 있다. 이들 노인들을 대변한다고 말하는 정치 세력은 보수 정당이다. 보수 정당이 노인복지를 비롯한 복지정책에 미온적인데도 불구하고 말이다. 왜냐하면 보수 정당이 6.25전쟁, 산업화 과정에서 있었던 윗세대들의 희생을 긍정하고 치켜세우는 데 앞장서기 때문이다. 그렇기에 자유한국당 같은 보수 정당은 늘 노인들을 표밭으로 이용한다. 노인들에게 30만 원씩 주자는 기초연금조차 깎아버리는 파렴치한 표튀(표 받고 튀는) 정당이면서도 뻔뻔하게 노인들에게 다시 표를 달라고 요구하는 것이다.

만일 진보 정당이 앞장서서 노인세대의 공로에 감사하며, 이들에게 더 나은 복지를 누릴 자격이 있다고 말해왔다면 어땠을까. 산업화의 어두운 측면을 지적하는 것과 산업화를 일궈낸 노인들을 정당하게 인정하는 것은 다른 문제다. 한국 군대의 병폐를 이야기하는 것과 군대에 끌려가는 남성 청년들에게 합당한 대우를 해주는 것이 다른 문제인 것처럼 말이다.

공정하지 않다

작가 김훈은 2019년 5월 태안화력발전소에서 죽은 고 김용균씨의 문제를 이야기하며, 정부가 입법예고한 산업안전보건법(일명 김용균법) 하위 법령의 개정을 요구하는 기자회견에 참석했다. 그는 그 자리에서 다음과 같이 말했다.

세월호 참사 이후, 생명과 안전에 대한 국민의 각성은 고조되었고 국민과 정부의 인식은 새로운 시대를 향해 크게 전환되었지만, 일상의 현실을 개선하는 데까지는 미치지 못했습니다. 지난 연말에 국회를 통과한 '산업안전보건법'은 비록 불완전하지만, 세월호가 일깨워준 국민의 여망을 모아서 미래를 열어나가기 위한 법제의 틀로써 소중한 것이었습니다. 세월호 이후에도 노동 현장에 노동자의 생명이 보호받지 못한 채 방치되어 있었는데, 수많은 노동자들은 죽음과 죽음을 잇대어 여기까지 왔습니다. 그러나 지난 4월 고용노동부가 입법예고한 산업안전보건법의 하위 법령은 모법의 정신을 크게 훼손하고 모법의 적용 범위를 축소하고 집행력을 무력화시켜서 법 전체를 공허하고 무내용한 작문으로 전락시켜 놓았습니다. 정부의 이 같은 태도는 세월호의 교훈과 수많은 노동자들의 죽음의 의미를 배반하는 것입니다.

또한 김훈 작가는 《한겨레》 칼럼을 통해서도 노동자들의 죽음을 이야기했다. 그는 "국민소득이 3만 달러에 육박하고 최고급 자동차를 만들고 비행기를 만들고 스마트폰을 만들고 첨단 유도무기를 만드는 나라에서, 돈이 없고 기술이 없어서 이 문제를 바로잡지 못하는가"라며 이렇게 말한다.

왜 바로잡지 못하는가. 나는 그 이유를 안다. 돈 많고 권세 높은 집 도련님들이 그 고공에서 일을 하다가 지속적으로 떨어져 죽었다면, 한국 사회는 이 사태를 진즉에 해결할 수 있었다. 그러나 고층에서 떨어지는 노동자들은 늘 돈 없고 힘없고 줄 없는 사람들이었다. 나는 이 사태가 계속되는 한 4차산업혁명이고 전기자동차고 수소자동차고 태양광이고 인공지능이고 뭐고 서두를 필요 없다고 생각한다. 사람들이 날마다 우수수, 우수수 낙엽처럼 떨어져서 땅바닥에 부딪쳐 으깨지는데, 이 사태를 덮어두고 한국 사회는 어디로 가자는 것인가. 앞으로 나아갈수록 뒤에서는 대형 땅 꺼짐이 발생한다.

김훈 작가의 이 말에 "노동운동이 나라 경제를 망친다"고 말하던 어르신들도 굳이 할 말이 없으실 거라고 생각한다. 그는 우리가 함께 이루어낸 성과를 기반으로 노동자의 고통을 이야기하고 있기 때문이다. 세월호와 김용균법을 거치며 우리 사회가 변화해왔다고 말하기 때문이다. 국민소득 3만 달러를 달성하고 최고급 자동차를 만들고 비행기를 만들고 스마트폰을 만드는 나라에서, 왜 노동자들이 죽어 나가는지 그 이유를 밝히고 있기

공정하지 않다

때문이다. 앞에서 말한 표현을 빌리자면 우리 사회의 '최종 보스'를 정확하게 지목했기 때문이다. 김훈 작가의 말에 그가 보수적인 마초이기에 그의 말을 들을 필요 없다고 말할 수 있는 진보주의자는 아무도 없을 것이다.

오카시오-코르테스가 제안한 그린 뉴딜도 마찬가지다. 기존의 민주당이 개별적인 인종·젠더·정체성 이슈에 매몰되면서 적극적 우대 정책Affirmative action이 '역차별 논란'까지 일으킨 데 반해, 그린 뉴딜은 다수의 삶을 바꾸는 보편주의적 기획으로 미국 국민의 광범위한 지지를 받고 있다(2018년 12월, 'Yale Program on Climate Change Communication' 조사에서 그린 뉴딜에 대해 민주당원의 92퍼센트, 공화당원의 64퍼센트가 지지한다고 응답했다).

우리는 행복하게 살 자격이 있다

90년대생은 생애주기의 가장 중요한 시기에 위대한 역사적 경험을 했다. '왕을 끌어내리는' 혁명을 이뤄냈다. 오늘날 20대 보수화론은 이 세대들에게 '먹고살기에 바빠 정치에도 공동체에도 관심 없고 자기밖에 모른다'는 딱지를 붙인다. 지금의 청년 세대가 과거세대에 비해 '나 자신'에 집중한다는 말은 맞다. 하지만 그것이 공동체에 무심하고 자기밖에 모른다는 결론으로 곧장 이어질 수는 없다. 더 이상 개인이 노력해도 안 되는 시대, 90년대생은 자기 자신에 집중했기에 더 큰 변화를 이루기 위해 촛불을 들고 거리로 나왔다.

나는 그 누구보다 더 열심히 노력하며 살고 있고 그만큼 행복하게 살 자격이 있다. 그런데 그 미래를 부패한 권력을 등에 업은 특권층이 무너뜨리고 있다면, 직접 거리에 나서서 촛불을 들고 그 힘으로 대통령도 끌어내릴 수 있다는 소중한 경험을 했다. 이들은 다른 사회적 문제에 대해서도 이와 같은 태도를 가지고 있다. 부당한 것은 참지 않는다. '나밖에' 모르는 것이 아니라 목소리를 내는 것이다.

이런 청년들에게 세상이 얼마나 혐오와 차별로 가득차 있는지 모르겠냐고 소리치거나 스스로가 가진 가해성과 폭력성을 성찰하라고 요구한다고 해서 통할 리 없다. 혹은 20대들이 겪고 있는 고통에 대해 미안한 마음을 토로하고만 있을 일도 아니다. 그보다는 청년들이 보여준 위대함을 북돋우고, 세상을 바꾸는 일에 함께 하자고 말해야 한다. 기성세대가 할 수 있는 변화를 보여주는 것이 오늘날 '공정세대'인 청년세대와 함께 할 일이다.

'다시 시도해라. 다시 실패하고, 더 나은 실패를 하라'는 극작가 사무엘 베게트Samuel Beckett의 말이 있다. 세계 청년들의 우상 BTS는 2018년 뉴욕 유엔본부에서 열린 유니세프 청년어젠다 행사에서 다음과 같이 연설했다. "오늘의 저는 과거의 실수들이 모여서 만들어졌습니다. 내일, 저는 지금보다 조금 더 현명할지도 모릅니다. (…) 저는 많은 단점을 가지고 있고, 더 많은 두려움도 가지고 있습니다. 하지만 저는 제가 할 수 있는 만큼 저 자신을 북돋우고 있습니다." 사무엘 베게트의 말과 BTS의 연설은 오늘의 대한민국 청년들에게 무엇을 알려주고 있을까. 다른 무엇보다 우리가 '나아갈 수 있고, 실제로 나아가고 있다'는 사실을 알려준다.

대한민국의 청년들은 열심히 노력한 만큼 행복하게 살 자격이 있는 공정한 세상을 위해 행동할 준비가 되어 있다. 2016년 촛불혁명을 통해 이미 승리한 경험도 갖고 있다. 《내일신문》이 2017년 1월 정치효능감 조사를 벌였다. 정치효능감이란 '나 같은 사람이 정부가 하는 일에 대해 뭐라고 말해봤자 아무 소용이 없다'는 의견에 대해 어떻게 생각하는지 물어보는 것이다. 이 질문에 '동의하지 않는다'고 답할수록 정치효능감이 높다.

조사결과 20대의 정치효능감은 69.7퍼센트로 전 세대에서 가장 높았다. 2016년 같은 조사에서 31.7퍼센트였던 효능감이 2배 넘게 훌쩍 뛰었다. 내가 나서면 정치가 바뀐다는 자신감을 얻은 것이다.

이 세대는 불합리함을 참지 않고 끊임없이 고발하며 시스템의 개혁을 거듭 요구한다. 때문에 혜화역 집회에 나온 20대 여성과 여성할당제에 주저하지 않고 반대하는 20대 남성은 사실 같은 존재들이다. 자신들이 생각하는 바를 표출하는 데 주저함이 없는 적극적인 세대라는 점에서 같다.

물론 청년세대를 둘러싼 갈등의 양상은 매우 심각하다. 그 한복판에 있으면 이렇게 서로 싸우는데 무슨 변화를 만들어낼 수 있을까 하는 절망감도 든다. 그러나 생각해보자. 변화는 일어난다. 이명박 대통령이 당선되던 2007년에 미래에서 타임머신을 타고 날아온 사람이 "그거 알아? 10년 뒤에 시민들이 광장으로 몰려나가 대통령을 끌어내릴 거야"라고 말했다면 과연 우리는 믿었을까. 미친 소리 하지 말라고 비아냥거렸을 것이다.

세상은 변한다. 우리가 생각하는 것보다 훨씬 더 빨리 변한다. 그 변화를 더 앞서 주장하는 이들이 미래를 가진다. 과거에 대한민국의 가장 심각한 갈등은 지역갈등이었다. 하지만 오늘날 지역갈등을 대한민국의 고질적인 문제라고 꼽는 사람은 거의 없다. 한때 지역갈등을 대한민국 역사에서 영영 사라지지 않는 문제로 여겼던 시절도 있었다. 심지어 지역갈등의 연원을 조선시대, 고려시대, 삼국시대까지 올라가서 찾는 입장도 있었다.

그러나 20여 년 전 새천년민주당 대통령 후보 경선에 나온 노

공정하지 않다

무현은 앞서서 지역갈등 타파를 외쳤다. "광주에서도 콩이면 부산에서도 콩이고 대구에서도 콩이다"라는 상식을 외쳤다. "경상도의 노동자와 전라도 노동자가 싸우는 동안 누가 이득을 보는가"라고 물었다. 자기의 온몸을 던져 지역주의에 도전했고, 그의 무모해 보이는 도전에 함께 한 수많은 사람들이 결국 지역주의를 없애는 일을 현실로 만들었다.

이런 일을 기억하자. 이런 변화를 또 만들어내기 위해서 우리가 해야 할 일은 진짜 중요한 갈등이 무엇인지에 집중하는 것이다. 겉으로 드러나는 갈등을 두고 함께 해야 할 사람들끼리 싸우는 게 아니라, 변화를 가로막고 있는 진짜 갈등이 무엇인지 발견하고 이 갈등에 집중하는 것이다.

대한민국에서 90년대생이 마주한 가장 심각한 갈등은 무엇인가. 그것이 세대갈등이고 젠더갈등이고 보수와 진보의 갈등인가. 그렇지 않다. 대한민국의 평등과 자유를 막고 있는 '불평등'이다. 이 불평등은 곧 세습자본주의를 의미하며 90년대생들이 할 일은 세습자본주의와의 싸움이다. 자신들의 기득권을 대대로 이어가려는 특권층 엘리트 권력층과 싸우는 것이 공정세대가 벌여야 하는 진짜 싸움이다. 교회를 세습하고 학교를 세습하고 기업을 세습하는 특권에 20대가 가장 앞서 맞서는 것이다. 더 많은 사람들이 함께 할 수 있는 보편적인 개혁을 이루라고 목소리를 높이는 것이다. 그 와중에 함께 할 수 있는 이들을 소중히 여기고 작은 변화와 성공에도 기뻐하며 내일을 향해 나아가는 것이다. 우리는 행복하게 살 자격이 있다. 세상이 바뀔 수 있다고 믿어라.

인용 및 참고문헌

다음의 리스트는 이 책을 만드는 데 참고하고 인용한 자료들 중에서 번역자료
및 단행본을 중심으로 정리한 것입니다. 그 외에 많은 도움을 주신 연구자, 미
디어, 기관 분들께 진심으로 감사드립니다.

『소모되는 남자』　　　　　　　　로이 F. 바우마이스터 | 서은국 외 옮김 | 시그마북스 | 2015

『정의란 무엇인가』　　　　　　　마이클 샌델 | 김명철 옮김 | 와이즈베리 | 2014

『더 나은 진보를 상상하라』　　　마크 릴라 | 전대호 옮김 | 필로소픽 | 2018

『역설과 반전의 대륙』　　　　　　박정훈 | 개마고원 | 2017

『브레히트 희곡 선집 2』　　　　　베르톨트 브레히트 | 서울대학교출판문화원 | 2016

『살아남은 자의 슬픔』　　　　　　베르톨트 브레히트 | 한마당 | 1985

『계급에 대해 말하지 않기』　　　벨 훅스 | 이경아 옮김 | 모티브북 | 2008

『좌파 포퓰리즘을 위하여』　　　　샹탈 무페 | 이승원 옮김 | 문학세계사 | 2019

『정치적 올바름에 대하여』　　　　스티븐 프라이 외 | 조은경 옮김 | 프시케의숲 | 2019

『도덕감정론』　　　　　　　　　　애덤 스미스 | 박세일 · 민경국 옮김 | 비봉출판사 | 2009

『보수는 어떻게 지배하는가』　　　앨버트 O. 허시먼 | 이근영 옮김 | 웅진지식하우스 | 2015

『장미의 이름』　　　　　　　　　　움베르트 에코 | 이윤기 옮김 | 열린책들 | 2006

『사피엔스』　　　　　　　　　　　유발 하라리 | 조현욱 옮김 | 김영사 | 2015

『90년생이 온다』　　　　　　　　임홍택 | 웨일북 | 2018

『12가지 인생의 법칙』   조던 B. 피터슨 | 강주헌 옮김 | 메이븐 | 2018

『나는 왜 쓰는가』   조지 오웰 | 이한중 옮김 | 한겨레출판 | 2010

『위건 부두로 가는 길』   조지 오웰 | 이한중 옮김 | 한겨레출판 | 2010

『21세기 자본』   토마 피케티 | 정경덕 옮김 | 글항아리 | 2014

『어두운 시대의 사람들』   한나 아렌트 | 홍원표 옮김 | 한길사 | 2019

"Entrevista con la historia"   Oriana Fallaci | Noguer | 1975 | 본문 인용 박정훈 옮김

"Troubles with Identity"   Slavoj zizek | The Philosophical Salon | 2018 | 본문 인용 김보현 옮김

김용민 TV 우먼스플레인   김용민, 이선옥, 황현희 | www.kimyongmin.com

버니 샌더스 조지워싱턴대학 연설   《프레시안》 | 2019. 6. 14.

버니 샌더스 보스턴 강연   Snufkin Och My 유튜브 | Snufkin 옮김

슬라보예 지젝 인터뷰   Big Think 유튜브 | Eneloop 옮김 | 홍차넷 추천게시판 https://redtea.kr

조던 B. 피터슨 인터뷰   《슬로우뉴스》 | 2018. 12. 7.

토마 피케티 블로그   www.lemonde.fr/blog/piketty

공정하지 않다
90년대 생들이 정말 원하는 것

초판 1쇄 발행 2019년 9월 20일
초판 4쇄 발행 2021년 9월 10일

지은이   박원익 · 조윤호
펴낸이   김보경

편집   한산규
디자인   이승욱
마케팅   권순민

펴낸곳   지와인
출판신고   2018년 10월 11일 제2018-000280호
주소   (04015) 서울시 마포구 포은로 81-1 에스빌딩 201호
전화   02)6408-9979
팩스   02)6488-9992
전자우편   books@jiwain.co.kr

ⓒ   박원익 · 조윤호, 2019

ISBN   979-11-965334-5-8 03300